바이블매트릭스

바이블 매트릭스

3
고대 수메르 전자문학문서

차원용 지음

BIBLE MATRIX

갈모산방

신들은 이 땅에 왜 오셨는지? 무슨 목적으로 언제 오셨는지? 인간을 왜 창조했는지? 어떤 구체적인 방법으로 창조했는지? 처음엔 임신을 못하는 염색체 한 가닥의 인간을 왜 창조했는지? 그러다가 염색체 두 쌍의 임신이 되는 인간을 왜 창조했는지? 이것이 선악과와 무슨 관계가 있는지? 그러한 인간을 창조해놓고 인간을 죽이려는 여섯 번의 기근과 질병을 왜 내리셨는지? 「창세기」 6장 3절의 '일백이십 년'이란 무엇을 의미하는지? 노아의 홍수가 왜 일어났는지? 구약성경은 그 구체적인 『인간 창조와 노아 홍수의 비밀』에 대한 사실들을 말해 주지 않는다. 그렇다고 창세기가 잘못 기록되었다는 뜻은 아니다. 다 기록하였으되 자세한 내용을 말하지 않을 뿐이다. 그래서 이해하기 힘들다.

구약의 『모세오경(Five Books of Moses)』은 모세(Moses, BC 1526-BC 1406)가 40년 동안 광야생활(BC 1446-BC 1406)을 할 때 썼다고 알려져 있다. 그런데 구약은 참고문헌도 없고 그 사건이 언제 일어났는지 연대가 표시되어 있지 않다. 아담(Adam)이 대략 BC 301000년 전에 창조되었고, 노아 홍수가 BC 13020년에 일어났다는 것을 가정하면, 그 당시에는 대부분의 사람들이 그 전의 역사와 실체를 다 알고 있었기 때문에, 「창세기」는 참고문헌 없이 간략하게 기록된 것으로 보인다.

그렇다면 『모세오경』보다 더 오래된 고대문서가 존재하지 않을까? 만약 존재한다면 모세도 그러한 고대의 기록을 참고하지 않았을까? 그런 고대문서가 존재한다면 '인간 창조와 노아 홍수의 비밀」에 대한 구체적인 사실들을 알 수 있지 않을까? 그렇다! 그런 고대문서들이 존재한다. 이러한 고대문서를 연구하다 보면 「창세기」가 자세히 기록되지 않아도 정확하게 기록되었음을 발견하고 또 한 번 놀라게 된다.

『바이블 매트릭스』 시리즈 4권 『하나님들의 과학기술과 우리가 창조해야 할 미래』의 부록인 "출애굽(Exodus) 요약"을 보면 모세가 시내산(Mt. Sinai)에서 여호와 하나님, 즉 야훼로부터 십계명(The Ten Commandments)인 증거(언약)의 두 판(Two tablets of Testimony or Covenant)을 받을 때가 출애굽한 지 1년이 지난 BC 1445년이다. 이를 인정한다 해도 그 원본과 사본은 현재 발견되지 않고 있다. 고고학적으로 가장 오래된 『모세오경』은 1947년에서 1956년에 이스라엘 사해(死海) 서쪽 해안가인 쿰란 동굴(Qumran Cave)에서 발견된 BC 150-AD 75년경에 히브리어로 쓰여진 타나크(Tanakh)의 사본인 사해사본(Dead Sea Scrolls, DSS)이다. 이 사해사본이 가장 오래된 『모세오경』의 문서이다.

BC 150년경의 사해사본인 「창세기」를 보다 근원적으로 접근하려면 이보다 훨씬 오래된 고대문서들을 봐야 한다. 그게 바로 BC 280년에 쓰여진 『베로수스(Berossus)』로 대홍수의 기원과 신들이 이 땅에 오신 기원을 담고 있다. 이보다 더 앞선 『길가메시 서사시(Epic of Gilgamesh)』는 인간 창조와 노아 홍수의 비밀을 담고 있는데, 이는

c.BC 1150년경에 쓰여진 것이다. 이보다 더 오래된『아트라하시스 서사시(Epic of Atra-Hasis)』는 c.BC 1640년경에 쓰여진 것으로 인간 창조와 노아 홍수의 비밀을 담고 있다. 이는 원본인『모세오경』보다 200년 앞선 것이다. 이보다 더 앞선 c.BC 2119년에 쓰여진『수메르 왕 연대기(Sumerian King List & Flood Story)』는 신들이 이 땅에 오신 기원을 담고 있으며, 그리고 이보다 더 오래된 c.BC 2150년에 쓰여진『에리두 창세기(Eridu Genesis, The Flood Story)』는 인간 창조와 노아 홍수의 비밀을 담고 있다. 이는『모세오경』보다 무려 800년이나 앞선 것으로 대략 아브라함(Abraham, BC 2166~BC 1991) 시대에 쓰여진 것이다.

이들 고대문서들은 고고학적으로 발굴되고 확인된 문서들로 지금은 영국 옥스포드 대학의 수메르 전자문학문서(The Electronic Text Corpus of Sumerian Literature)로 집대성하여 일반에게 공개하고 있다.

따라서 우리는 이들 고고학적으로 발굴된 고대문서들에 기록된 내용을 자세히 살펴보아야 「창세기」에서 구체적으로 언급하지 않은 '인간 창조와 노아 홍수의 비밀'을 밝혀낼 수 있으므로, 이들 다섯 건의 문서들을 집중적으로 소개하고자 한다.

마지막으로 여러 저서를 통해 필자에게 이들 고고학 문서들을 접할 수 있는 기회를 주시고, 이들 고대문서들의 내용이 구약에서 말해주지 않는 많은 구체적인 내용들을 파악할 수 있는 통찰력과 상상력을 주시고 불러일으키게 해주신, 2010년 10월 10일 작고하신 제카리아 시친(Zecharia Sitchin, July 11, 1920 - October 9, 2010; http://www.sitchin.com/)에게 이 책을 바친다. 삼가 고인의 명복을 빈다.

차례

3장 c.BC 2150년에 쓰여진 『에리두 창세기』 ——————— 192

1장
c.BC 1150년에 쓰여진
『길가메시 서사시』

c.BC 1150년에 쓰여진 『길가메시 서사시(Epic of Gilgamesh)』는 「창세기」에서 말해 주지 않는 '인간 창조와 노아 홍수의 비밀'을 파악할 수 있는 귀중한 고대문서이다. 뿐만 아니라 그 당시 여러 신들의 지구에서의 생활, 레바논의 바알벡(Baalbek)에 위치한 신들의 우주공항인 세다 산(Cedar Forest/Mountain/Felling), 오늘날의 로봇에 해당하는 훔바바(후와와, Humbaba), 페르시아만 동쪽의 해가 뜨는 지역의 우주기지인 딜문(Dilmun, Til.Mun) 등 다양한 고대의 역사와 자료들을 제공해 주고 있다는 점에서 매우 가치 있는 고대문서이다.

1절 고고학적 발굴

영국의 레이어드(Austen Henry Layard)와 그의 조수인 라삼(Hormuzd Rassam)은 1852-1854년에 큐윤지크(Kuyunjik)라 불리는 아시리아의 수도였던 니네베(Niniveh)를 발굴하고, 신아시리아 왕조(Neo-Assyrian Empire, BC 912-BC 612)의 마지막 왕인 아수르바니팔(Ashurbanipal, 통

치 BC 668-BC 612)이 세운, 그러나 그 후 폐허가 된 아수르바니팔의 도서관(Library of Ashurbanipal)을 1853년에 발굴하여, 수메르시대(c.BC 5000-c.BC 2023)의 첫 번째 우르크(Uruk) 왕조(c.BC 2900-c.BC 2370)의 다섯 번째 왕이자 반신반인(半神半人, Demigod), 즉 2/3는 신이고 1/3은 인간인 길가메시(Gilgamesh, c.BC 2700, 통치 126년)를 칭송하는 『길가메시 서사시』를 발견하였다.

오늘날 우리에게 알려진 이 표준 버전(Standard Version)의 『길가메시 서사시』는 1-12개의 점토판(Clay tablets, 粘土板)에 아카드어 설형문자(Akkadian Cuneiform)로 쓰여진 완벽한 버전으로 그 점토판들에는

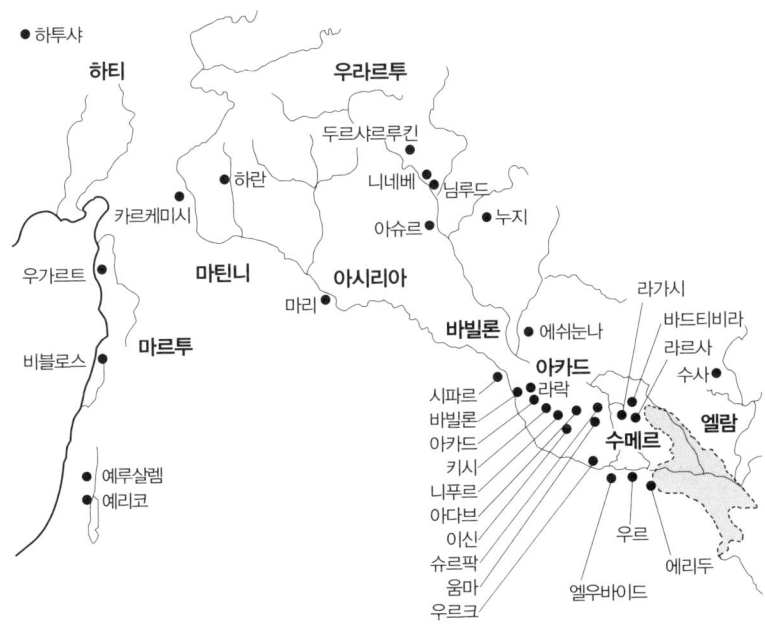

수메르시대의 도시국가(City-States, c.BC 5000~c.BC 2023). Credit : 시친, I, 2009, p 86. © Z. Sitchin, Reprinted with permission.

c.BC 1150년에 신-리크-우니나니(Sin-liqe-unninni)가 옛 수메르 전설과 신화[1]를 바탕으로 편집했다고 기록되어 있다. 즉 중세 아시리아 왕조(Middle Assyrian Empire, BC 1380-BC 912)에 쓰여진 서사시이다. 이것은 무엇을 말하는가 하면, 아카드어의 『길가메시 서사시』는 수메르어(Sumerian)로 쓰여진 『길가메시 서사시』를 바탕으로 편집했다는 것을 의미한다. 하지만 아쉽게도 더 오래된 수메르어의 『길가메시 서사시』는 오늘날까지 발견되지 않았다.

아카드어로 쓰여진 서사시의 내용은 아시리아 학자인 조지 스미스(George Smith)가 1872년에 『갈대아의 대홍수 이야기(The Chaldean Account of Deluge(Flood))』와 1876년에 『갈대아의 창조 이야기(The Chaldean Account of Genesis)』라는 제목으로 최초로 영어로 번역하여 출간했다(Smith, 1872 & 1876). 단 주의할 것은 수메르시대에 일어난 일을 중세 아시리아 왕조시대에 아카드어로 점토판에 기록했기 때문에 몇몇 수메르 신들의 수메르어(Sumerian) 이름이 아카드어 이름으로 표현되고 있다는 점이다. 예를 들어 수메르시대의 여신인 수메르어의 인안나(Inanna)를 아카드어인 이시타르(Ishtar)로 표현하고 있다. 『길가메시 서사시』의 원래 제목은 '깊은 곳을 보는 자(He who Saw the Deep)' 혹은 '모든 왕들을 능가하는 자(Surpassing All Other Kings)'이다. 이들이 발견한 점토판들은 영국으로 옮겨져 지금은 영국 대영박물관(British Museum)의 방 55에 전시되어 있다.

---

1 수메르 창조 신화 - http://en.wikipedia.org/wiki/Sumerian_creation_myth
수메르 신화 - http://en.wikipedia.org/wiki/Sumerian_mythology

영국 대영박물관에 보관되어 있는 길가메시 점토판 11(Gilgamesh Tablet XI fragment (British Museum), Room 55. Credit : Thackara, 『The Epic of Gilgamesh: A Spiritual Biography』, at Sunrise Magazine Online; British Museum[2]

2절 반신반인(半神半人, Demigod)인 길가메시의 족보

c.BC 2119년경의 『수메르 왕 연대기(Sumerian King List)』(Black et al, 1998-2006)와 『엔메르카르와 아라타의 영주(Enmerkar and the lord of Aratta)』(Black et al, 1998-2006)라는 고대 수메르어로 된 서사시에 따르면 첫 번째 우르크 왕조(c.BC 2900-c.BC 2370)의 첫 번째 왕은 난나(Nannar) 신(神)의 아들인 우투(Utu) 신이 인간의 아내인 아야(Aya)로

---

2 http://www.britishmuseum.org/explore/highlights/highlight_objects/me/t/the_flood_tablet.aspx

사르곤 2세(Sargon II, 통치 BC 721–BC 705)의 왕궁인
코호르사바드에 보관되어 있는 BC 8세기경의 조각상
인 길가메시(Gilgamesh, 8th Century BCE, Palace of
Sargon II, Khorsabad). Credit : Thackara, 『The Epic
of Gilgamesh: A Spiritual Biography』, at Sunrise
Magazine Online.

부터 얻은 반신반인의 메시키앙가세르(Meshkianggasher, Meskiagkasher, Meckiagkacer, Mec-ki-aj-gacer, 통치 324년)였다.

　대홍수 이전의 시대(Antediluvian or pre-diluvian period or before the deluge)에는, 「창세기」 6장 1절~7절에 나오듯이, 하나님의 아들들(sons of God), 즉 네피림(Nephilim), 즉 젊은 이기기(Igigi) 신들이 인간의 딸들을 아내로 삼아 반신반인이자 거인(Great/Giant Man)을 낳고, 그들이 고대의 용사인 동시에 세상에 죄악(wickedness)을 퍼뜨렸다고 기록되어 있듯이, 이들 때문에 신들의 진노를 사 노아의 홍수가 일어났지만, 대홍수(Flood, Deluge) 이후에는 신들과 인간의 통혼이 일상적인 일이었다.

대홍수 이전에는 인간의 유전자와 키가 매우 큰 젊은 신들, 즉 거인의 네피림의 유전자가 잘 융합되지 않아 키메라(Chimera)나 켄타우로스(Centaurs)같이 피를 빨아 먹는 반신반인의 키가 130~160미터에 달하는 거인들이 태어났지만(Charles & Laurence, 인터넷 공개, 에티오피아어의 번역, 외경인 「에녹1서」7:12), 대홍수 이후에는 신들과 인간의 유전자가 진화되고 안정화됨에 따라 보통 4~6미터 크기의 반신반인이 태어났다. 하지만 이들은 모두 지능적인 위대한 지도자였다.

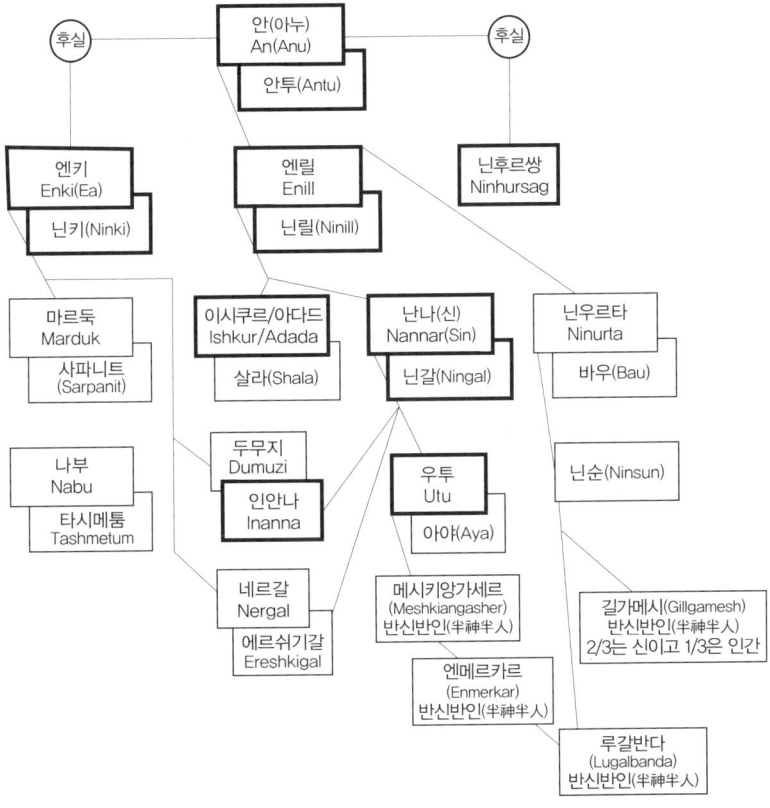

반신반인인 길가메시의 족보

따라서 대홍수 이후에 샤마시(우투) 신도 인간인 아야를 아내로 맞아 반신반인인 메시키앙가세르를 낳았다. 그는 이시타르(인안나)의 지구라트(Ziggurat) 신전인 에안나(Eanna)의 대제사장 자리에 올랐고, 샤마시 신과 이시타르 여신이 합세하여 메시키앙가세르 대제사장을 우르크의 왕으로 임명하고 최초의 우르크 왕조를 연다. 이로써 수메르 시대에 수메르 북쪽의 키시 또는 구스(Kish, Cush)에 세워졌던 첫 번째 키시 왕조(c.BC 3800-c.BC 2900)가 그 아래 지역인 우루크에 세워진 우루크 왕조(c.BC 2900-c.BC 2370)로 넘어가 이시타르 여신의 시대가 도래하게 된다. 이 당시 우르크는 이시타르 여신이 관할하던 지역이라 『길가메시 서사시』에 이시타르 여신이 등장하는 것은 필연적이며 샤마시 신도 필연적으로 등장한다. 샤마시 신과 이시타르 여신은 난나(Nannar) 신이 낳은 쌍둥이 남매지간으로 샤마시 신이 오빠이다.

수메르에서 발견된 원통형 인장(Cylinder seal)에 새겨진 그림. 위대한 신인 샤먀시(우투)신의 후손인 길가메시. Credit : 시친. II, 2009, p 217, ⓒ Z. Sitchin, Reprinted with permission.

수메르에서 발견된 원통형 인장에 새겨진 그림. 길가메시의 어머니였던 여신인 닌순. Credit : 시친, Ⅱ, 2009, p 218, © Z. Sitchin, Reprinted with permission.

메시키앙가세르의 아들인 엔메르카르(Enmerkar)가 그 뒤를 이어 두 번째 우르크의 왕이 된다. 그리고 엔메르카르의 아들이 루갈반다 (Lugalbanda)인데, 그는 엔릴(Enlil) 신의 첫째아들인 닌우르타(Ninurta) 신의 딸인 닌순(Ninsun) 여신과 결혼하여 그 유명한 길가메시를 낳는 다. 따라서 길가메시는 신인 어머니와 반신반인인 아버지 사이에서 출 생한 반신반인(2/3는 신이고 1/3은 인간)으로 우르크의 다섯 번째 왕이 된다.

3절 『길가메시 서사시』의 내용 및 여행의 배경

길가메시를 칭송하는 『길가메시 서사시』는 길가메시가 동물에 의

해 야생에서 길러진 짐승 같은 인간(wild-man)인, 그의 친구 엔키두 (Enkidu)와 함께 불멸의 생명나무(Tree of Life)를 찾아 레바논의 바알벡에 위치한 신들의 우주공항인 세다 산(Cedar Forest/Mountain/Felling) 으로의 여정, 세다 산을 지키는 오늘날의 로봇과 같은 훔바바(후와와, Humbaba)와의 격투, 엔키두의 죽음, 그리고 페르시아만 동쪽의 해가 뜨는 지역의 우주 기지인 딜문(Dilmun, Til.Mun)으로 여행을 떠나 대홍수의 영웅인 슈루팍(Shuruppak, Suruppag, Curuppag)의 왕이었던 우트나피시팀(Utnapishtim)을 만나 대홍수의 비밀(이야기)을 듣고, 불멸의 영생은 아니지만 생명을 연장할 수 있는 비밀의 식물을 얻고 돌아오는 길에 뱀에게 도난당해 실망하는, 그러나 인간은 죽는다는 사실을 인정하는 내용으로 구성되어 있다.

샤마시(우투) 신은 시파르(Sippar, 수메르어로 Zimbir)에 있던 우주공항과 세다 산의 우주공항, 그리고 그 당시 생명나무가 있던 페르시아만 동쪽의 해 뜨는 지역인 딜문 우주기지 등 전체 신들의 우주공항과 우주기지를 책임지고 있던 신이다. 결국 길가메시는 위대한 신인 샤먀시 신의 후손이며, 어머니는 여신인 닌순이었기 때문에 자기 이름 앞에 '신성한(divine)'이라는 말을 붙일 수 있는 특권을 누렸다(Temple, 『길가메시 서사시』, 서두와 점토판 2, 1991).

자긍심과 자신감에 넘쳤던 길가메시는 처음에는 자비롭고 성실한 왕으로, 도시의 성벽을 쌓거나 디자인하는 등, 과거의 왕들보다 더 열심히 수행했다. 하지만 신과 인간의 역사에 대해 알면 알수록, 그는 점점 사색적이고 불안한 사람이 되어 갔으며, 점점 오만해져 갔다. 즐거운 일을 하면서도 늘 죽음을 생각하게 되었다. 자신의 2/3가 신적인 피를 받았지만, 정말 신들처럼 영생불멸을 할 수 있는지, 아니면 인간처럼 죽을 것인지 고민하기 시작한다. 그래서 길가메시는 인간의 숙명인 죽음을 피할 수 있는 방법을 찾아 나서게 된다. 그 방법은 하늘로 오르는 신들의 우주공항이 있는 세다 산을 여행하게 되고, 그리고 홍수의 영웅인 슈루팍의 왕이었던 우트나피시팀이 '인간과 동물을 홍수로부터 보호했다'는 공을 인정받아 하늘의 신인 안(An, Anu)과 이 땅의 최고 높으신 엔릴(Enlil) 신으로부터 영생(Eternal Life)을 얻어 살고 있는, 생명나무가 있는, '살아 있는 자'의 땅인 딜문을 여행하게 된다.

4절 『길가메시 서사시』의 출처/인용

다음은 여러 인터넷 사이트와 템플(Temple)의 영문 번역서인 『길가메시 서사시(A verse version of the Epic of Gilgamesh)』(1991)를 참조하여 한글로 번역 정리한 것이며, 여기에 소개하는 내용은 템플의 영문 번역본을 인용한 것이다.

5절 서문(Prologue) - 현명한 자인 길가메시

서사시의 서문에서 고대의 기록자인 신-리크-우니나니는 길가메시를 '모든 것을 경험한 현명한 자'라고 적고 있다.

'그는 모든 지구의 비밀을 보았고,
알려질 모든 것을 알고 있으며,
모든 것을 경험하고…
숨겨진 비밀들도 알고 있으며,

심지어 대홍수 이전의 일들도 알고 있는…

모든 왕들을 능가하는…

2/3는 신이고 1/3이 인간인 길가메시는…

지루하고 어려운 긴 여행을 하고 돌아와

그의 여정을 석주에 기록했다.'

(He who saw everything in the broad-boned earth,

and knew what was to be known,

Who had experienced what there was…

He knew the secret of things and laid them bare.

And told of those times before the Flood…

Surpassing all kings…

He was two-thirds god(divine), one third man…

Long was his journey, weary,

worn down by his labours.

He inscribed upon a stone when he returned,

This story)(Temple, 『A verse version of the Epic of Gilgamesh』, Prologue, 1991)

또한 그는 우르크의 왕으로서 성벽을 쌓았으며, 그 성벽은 하늘의 신(Sky God)인 안(An, Anu)께서 이 땅에 내려올 때 사용하였고, 동시에 사랑과 풍요와 전쟁의 여신(Goddess of sexual love, fertility, and warfare/ battle)인 이시타르가 사용했던 지구라트 신전인 에안나(Eanna)를 보호 하려고 성벽을 쌓았다고 기록하고 있다. 길가메시는 11큐빗(11cubits, 1 큐빗=40~55센티미터, 그러므로 4미터 40센티~6미터 5센티미터)의 키에 가슴 둘레만 9스팬(9spans, 1스팬=약 23센티미터, 그러므로 2미터 7센티미터)으로 어느 누구도 대적할 수 없었다고 기록하고 있다.

특히 위대한 여신(The Great Goddess)인 아루루(닌후르쌍, Ninhursanga, Aruru)가 길가메시를 디자인하고 그의 몸을 계획했으며, 그의 형태를 준비하고, 많은 신들(the gods)이 길가메시를 창조하여 완벽한 몸매를 만들었다고 기록함으로써, 최초의 똑똑한 지구의 인간, 즉 「창세기」의 아담이 지구의 원인(猿人, 진화된 원숭이, 즉 호모 에렉투스=Homo Erectus)의 난자(유전자)와 신(神)의 정자(유전자)를 추출하고 진흙에서 구리 등 기본 원자들을 추출하여 시험관에서 수정된 후 아루루—〈점토판 1〉에는 창조의 여신(Goddess of Creation)으로 표현—의 자궁에서 탄생했음을 확인해 주고 있다.

6절 〈점토판 1(Tablet 1)〉 - 엔키두의 등장

〈점토판 1〉에는 길가메시의 소개와 원시 인간인(a primitive man, 猿人) 짐승 같은 엔키두(Enkidu, ENKI.DU)가 소개된다. 길가메시는 낮에는 배회하고 밤에는 불안에 떨었다. 불평하기도 하고 거만해져 갔다. 젊음을 유지하기 위해 갓 결혼한 부부의 침실로 들어가 신랑보다 먼저 신부와 성관계(Sex)를 가졌다. 뿐만 아니라 모든 처녀들과 성관계를 가졌다. 그의 욕정은 대단해서 우루크에는 처녀가 하나도 없었다(No virgin left to her lover, For he lusts strongly!). 그래서 당시 우루크에는 불안해하고 오만해져 가며 색정에 사로잡힌 길가메시를 한탄하는(lament) 소리가 여기저기서 들렸다.

이 소리가 하늘에 거주하는 위대한 신인 안(An, Anu)의 귀에까지 들린다. 이에 신들은 그 소리에 대한 보답으로 창조의 여신(Goddess of Creation)인 아루루(Aruru)로 하여금 안(An)의 형상(image=selem=영

=Spirit) 대로 엔키두를 창조해 길가메시와 대결하도록 한다.

이 대목이 매우 중요하다. 「창세기」 1장 26절과 27절에는 인간을 어떻게 창조했는지가 나온다. 즉 하나님의 이미지, 즉 형상(영)대로 만들었다고 기록되어 있는데, 이 말씀의 원천이 『길가메시 서사시』에서 왔다는 것을 알 수 있다. 정확하게 말하면, 아직 발견되지 않은 수메르어의 『길가메시 서사시』에서 온 것이다. 여기에서 모양, 즉 모습(Likeness=dmut)은 육신/육체(Flesh)를 의미한다.

창세기 1:26 – "하나님이 가라사대 우리의 형상을 따라 우리의 모양대로 우리가 사람을 만들고(Then God said, "Let us make man in our image, in our likeness….)"(NIV)
1:27 – "하나님이 자기 형상 곧 하나님의 형상대로 사람을 창조하시되 남자와 여자를 창조하시고(So God created man in his own image, in the image of God he created him; male and female he created them.)"

고고학적으로 고대문서를 살펴보면 구약성경의 현존하는 가장 오래된 문서는 1947년에서 1956년에 이스라엘 사해(死海) 서쪽 해안가인 쿰란 동굴에서 BC 150~AD 75년에 히브리어로 쓰여진 타나크(Tanakh)의 사본인 사해사본이다. 그러나 앞서 살펴보았듯이 『길가메시 서사시』는 아시리아의 수도였던 니네베(Niniveh)에서 발굴된 c.BC 1,150년 사이에 신-리크-우니나니가 옛 수메르 전설과 신화를 바탕으로 1-12개의 점토판들에 아카드어로 기록한 것이다. 따라서 구약성경의 원천은 『길가메시 서사시』라고 해도 틀린 말이 아니다.

『길가메시 서사시』에 등장하는 엔키두의 창조 이야기를 좀 더 자세히 살펴보자.

하늘에 계신 위대한 신이 이 소리를 듣고
창조의 여신인 아루루에게
그리고 모든 신들에게 소리쳤다:
'아루루가 길가메시를 창조했듯이 그와 견줄 수 있는 똑같은 것을
창조하라!
창조되는 그는 길가메시와 쌍둥이처럼 보이게 만들라,
달리는 바람은 달리는 바람이 맞이 하도록!
그 둘이 서로 싸우도록 하라
그래서 우르크에 평화가 있도록 하라!'
그래서 창조의 여신은 그녀가 이미 길가메시를 창조하고
그 전에 인간을 창조할 때에 착상한 이미지를 떠올리고-
창공의 위대한 신(안)의 이미지를 구성하는 물질로,
이 물질을 물에 씻어 아주 작은 진흙을 끄집어냈다.
창조의 여신은 창조한 진흙을 야생에 떨어뜨렸다.
이렇게 하여 위대한 엔키두가 창조되었다.
엔키두는 전쟁의 신인 닌우르타의 강인함을 갖고,
닌우르타의 형태, 강력한 몸, 긴 머리카락을 갖고,
그의 머리카락은 물결 치는 옥수수의 가는 섬유 같았고-
여신의 머리카락 같았다.

(The Great God heard this, then
To the Goddess of Creation, Aruru-
Cried all the gods:
'You created this Gilgamesh! Well, create him his equal!
Let him look as into mirrors- Give a second self to him, yes;

Rushing winds meet rushing winds!

Let them flow heart to heart against-

Give them each other to fight,

Leaving Uruk in peace!'

So the Goddess of Creation took and formed in her mind

This image, and there it was conceived-

in her mind, and it was made of material

That composes the Great God,

He of the Firmament.

She then plunged her hands down into water and pinched off a little clay.

She let it drop in the wilderness, Thus the noble Enkidu was made.

For this was he the very strength of Ninurta, the God of War, was his form, rough bodied, long hair.

His hair waved like corn filaments-

Yes, like the hair of that goddess.)(Temple, Tablet I, 1991)

이것은 분명 진흙에서 구리 등 기본 원자 22개를 추출하고 닌우르타의 정자에서 유전자를 추출한 후 여신의 난자(유전자)와 함께 오늘날의 과학으로 얘기하면 시험관아기를 만들 듯이 엔키두가 탄생했음을 확인해 주고 있다. 그래서 엔키두는 <u>위대한 안(An) 신의 이미지에 닌우르타 신의 강인함과 여신의 옥수수같이 가는 섬유의 웨이브 머리카락을 유전으로 받았다</u>고 기록하고 있다.

엔키두는 야생에 던져져 야생동물의 젖을 먹고 살았다. 엔키두는 덥수룩한 수염과 머리카락으로 뒤덮인 얼굴과 옷도 입지 않은 채, 자신의 동물 친구들과 함께 있는 모습으로 종종 묘사되곤 했다. 엔키두는 어느 날 동물들과 물을 마시러 물구멍(water-hole)에 왔다가 덫 사냥꾼(trapper or hunter)을 만난다. 그리고 덫 사냥꾼과 게임이 벌어진다. 엔키두는 덫에 걸린 모든 그의 친구들인 야생동물들을 도망치게 한다. 덫 사냥꾼은 길가메시에게 가서 엔키두가 하늘의 아버지인 안 신의 힘을 갖고 있다고 털어놓는다. 길가메시는 덫 사냥꾼에게 여사제(a priestess; Temple, 1991) 또는 매춘녀(a courtesan-girl, a hetaera; Thompson, 1928)를 데리고 엔키두에게 가라고 한다.

결국 엔키두를 길들이기 위해 우르크의 귀족들은 그에게 신을 섬기는 신전의 매춘녀(a temple prostitute)인 샴햇(Shamhat)을 소개하고, 엔키두는 6일 낮과 7일 밤 동안의 섹스를 통해, 동물성 엔키두에서 문명화된 인간으로 변신한다. 섹스가 끝나고 엔키두는 야생으로 가봤지만, 그의 친구 동물들은 그를 보고 다 도망간다. 그렇다고 그들을 따라갈 힘조차 없다. 여사제 때문에 힘이 다 빠졌기 때문이다. 그러나 이제

수메르에서 발견된 원통형 인장에 새겨진 그림. 엔키두가 덥수룩한 수염과 머리카락으로 뒤덮인 얼굴과 옷도 입지 않은 채, 자신의 친구들과 함께 있는 모습. Credit : 시친, II, 2009, p 223, © Z. Sitchin, Reprinted with permission.

엔키두에게는 지혜가 생겼다. 샴햇은 엔키두에게 우르크에 가면 이시타르(인안나)의 사랑의 신전(Temple of Love)인 에안나(Eanna)에도 갈 수 있고, 여기에서 하늘의 신인 안(An, Anu)을 볼 수 있으며, 태양 신인 사먀시(우투)가 자랑하는 가장 힘이 센 길가메시도 만날 수 있다고 제안한다. 또한 우르크에 가면 안의 아들인 엔릴(Enlil) 신과 엔키(Enki, Ea) 신이 있는데, 이들은 인간에게 지혜를 주신 신들이라고 소개한다.

엔키두가 야생에서 우루크로 오기 전에, 길가메시는 획기적인 꿈을 꾸는데, 안의 물건(Anu's own self, Thompson, 1928; The essence of An, Temple, 1991)이 하늘에서 내려오는 꿈이었다. 그리고 이 꿈을 어머니인 닌순 여신에게 말하고 꿈이 무엇을 의미하는지 해석해 달라고 조른다. 하늘에서 떨어진 안의 물건은, 오늘날의 '<u>하늘을 나는 물체인 우주선</u>'이었다. 그러나 실망스럽게도 어머니 닌순은 별처럼 하늘에서 떨어진 물건은 '너를 구원할 힘센 동료(The meaning of this is of a strong friend who saves his companion)'라면서, '그는 이 땅에서 가장 힘센 자이며… 그는 절대 너를 버리지 않을 것(He is the strongest of the land… he will never forsake you)'이라며 엔키두의 도래로 해석한다.

수메르에서 발견된 원통형 인장에 새겨진 그림. 하늘에서 떨어진 안(An) 신의 물건을 묘사한 그림.
Credit : 시친, II, 2009, p 221, © Z. Sitchin, Reprinted with permission.

이에 질세라 두 번째 꿈을 길가메시가 설명한다. 이번에는 우르크 성곽에 하나의 도끼(an axe)가 충돌하여 걸렸다고 말하지만 닌순은 같은 의미라고 해석한다. 결국 길가메시는 닌순에게 엔키두를 친구로 맞이 하겠다고 대답한다. 길가메시는 이 새로운 친구가 온다는 것을 꿈을 통해 알게 된다.

7절 <점토판 2(Tablet 2)> - 길가메시와 대결하는 엔키두

<점토판 2>에는 여사제가 옷을 반으로 나누어 엔키두에 입히고, 엔키두를 손에 이끌어, 양치기들의 움막(the hut of the shepherds)으로 데려온다. 테이블에는 빵과 맥주가 놓여 있다. 그러나 엔키두는 이런 음식이 처음이라 먹는 방법을 몰라 처음에는 먹지 못한다. 여사제의 가르침에 배불리 먹고 맥주를 일곱 잔이나 마신다. 그리고 양치기들과 양우리(sheepfold)를 위해, 사자와 늑대를 때려 눕히고, 자기가 가장 강한 인간이라고 자랑한다.

한편 길가메시는 젊음을 유지하기 위해 사람들의 결혼 방법을 바꾼다. 즉 길가메시는 갓 결혼한 부부의 침실로 들어가 신랑보다 먼저 신부와 성관계를 가진다(He may mate with any new bride. Before the lawful husband may have her). 엔키두는 한 남자를 만나 이러한 길가메시의 색정을 자세히 듣는다. 이 말을 들은 엔키두는 얼굴이 창백해지고 가슴으로부터 화가 치밀어오른다. 그리고 화가 난 어조로 남자에게 말한다.

"이것은 말도 안 되는 일이다!
내가 우루크 성으로 가서,
길가메시를 만나,
그의 과도한 색정을 끝장낼 것이다."
(This cannot continue to be!
I will go to ramparted Uruk.
I will meet Gilgamesh.
I will bring his excesses to an end!")(Temple, Tablet II, 1991)

엔키두는 우르크로 여사제와 같이 떠난다. 우루크의 사람들은 엔키두가 길가메시를 상대할(his equal) 사람이라며 기뻐한다. 귀족들은 엔키두에게 '길가메시를 꼼짝 못하게 하고 길가메시와 대등하게 싸우라'고 주문한다. 마침내 두 사람은 만난다. 길가메시를 만난 엔키두가 그를 가로막는다. 둘은 황소처럼 서로의 혁대를 잡아 끌며 레슬링하듯 격투를 벌인다. 둘이 격투를 하자 바람이 일고 벽이 흔들리고 문 기둥이 무너져내렸다. 마침내 길가메시가 무릎을 꿇었다. 싸움은 끝났고, 길가메시는 낯선 자에게 졌다. 길가메시는 싸움에 지자 화가 치밀어올랐다. 그리고 화가 가라앉자 돌아섰다. 바로 그때 엔키두가 다가가 말을 했다.

"길가메시여, 당신은 현명한 여신인 닌순 어머니가 당신을 유일하고 독특하게 낳아 길러, 모든 사람들 중에 으뜸으로 성장하지 않았소. 당신은 위대한 신인 안의 아들인 엔릴 신의 명령에 따르는 사람들의 진정한 왕이로소이다."

8절 <점토판 3(Tablet 3)> - 신들의 우주공항인 세다 산 여행 준비

〈점토판 3〉에는 길가메시와 엔키두가 싸움을 통해 진정한 친구가 되고 길가메시는 엔키두에게 지금의 레바논의 바알벡에 위치한 신들의 우주공항인 세다 산(Cedar Forest/Mountain/Felling), 즉 삼목나무 숲으로 여행을 떠나자고 제안한다. 우주공항에는 우주공항시설을 지키는 불을 내뿜는(오늘날 레이저와 같은) 괴물(fire-belching monster), 즉 오늘날의 로봇에 해당하는 훔바바(후와와)가 인간의 진입을 막고 있다. 이에 대해 엔키두는 야생동물들과 돌아다니다가 우연히 세다 산을 찾았다고 하면서, 그곳에는 어느 누구도 이길 수 없는 엔릴 신이 임명한 훔바바가 지키고 있어 불가능하다고 말한다.

> "훔바바가 거기에 있었고,
> 그의 울부짖는 소리는 대홍수와 같고,
> 그의 입은 불이며,
> 그의 숨은 죽음이네."
> (And Humbaba -
> his roaring is the Great Flood,
> His mouth is fire,
> His breath is death!")(Temple, Tablet III, 1991)

이는 「창세기」 3장 24절에 나오는 "이같이 하나님이 그 사람을 쫓아내시고 에덴 동산 동편에 <u>그룹들</u>(cherubim)과 두루 도는 화염검을 두어 생명나무의 길을 지키게 하시니라(After he drove the man out, he placed on the east side of the Garden of Eden cherubim and a flaming <u>sword</u> flashing back and forth to guard the way to the tree of life.")(NIV)의

내용을 보다 구체적으로 이해할 수 있는 대목이다.

이 말을 듣고 길가메시는 그곳에 가고 싶다는 욕망을 더욱 부채질한다. 하늘에 오르는 신들의 세계에 합류하여, 인간의 죽을 운명을 피할 수 있는 곳이 바로 그곳임이 분명했기 때문이다. 길가메시는 이렇게 엔키두에게 말한다.

"내 친구여 누가 하늘로 올라갈 수 있는가? 오직 신들만이 샤마시 신의 지하장소로 가서 우주선을 타고 하늘에 올라 불멸(Immortal)의 신이 되네. 죽을 운명의 인간들은 반드시 끝나게 되어 있으니, 무엇을 성취한들 허망한 바람과 같네. 아무리 영웅적 힘을 자랑할지라도 결국 죽음을 두려워하네. 그러니 내가 인도할 테니 그대의 입으로 내게 말하게. 두려워 말고 앞으로 가라고. 설사 내가 실패한들 내 이름은 길이 남을 것이네. 길가메시가 저 사나운 괴물인 훔바바와 싸우다가 세다 산에서 죽었다고."

길가메시가 훔바바와 싸우기 위해 특수한 무기를 주문하자, 우루크의 원로들은 길가메시에게 재고하라고 말한다. 길가메시가 굽히지 않자 원로들은 샤마시(우투) 신이 도와줄 수 있을지 모른다고 말한다. 길가메시는 무릎을 꿇고 샤마시 신에게 기도한다.

"오 샤마시 신이여, 저를 가게 해주소서;
두 손을 올려 기도 드리오니,
앞으로의 제 영혼을 축복해 주소서.
저를 안전하게 우르크로 돌아오게 하소서.
저를 보호해 주소서."

("I go, o Shamash, my hands raised in prayer;

Bless the future well-being of my soul.

Bring me back safely to the quay of Uruk, and

Cause thy protection to be established over me.")(Temple, Tablet III,
1991)

마침내 길가메시가 세다 산에 가려고 한다는 소식이 퍼지자 사람들이 길가메시에 가까이 와서 그의 성공을 기원한다. 우르크의 원로들은 실질적인 조언을 한다.

"절대 혼자의 힘을 믿어서는 안되오!.
항상 경계를 풀지 마시오.
엔키두가 먼저 가도록 하시오.
그는 길을 잘 알고 가는 길을 압니다.
길을 잘 리드하고 아는 자가
친구의 목숨을 구하고 보호하는 법이오."
("Trust not your strength alone!
Be wary and alert, on guard.
Let Enkidu walk before you.
He has seen the way, has travelled the road.
He who leads the way saves his companion,
He who knows the path protects his friend.")(Temple, Tablet III, 1991)

원로들은 또 샤마사 신과 길가메시의 아버지인 루갈반다 (Lugalbanda)가 함께 하기를 원하는 축복도 빌었다. 그리고 길가메시는 어머니인 닌순 신을 찾아가 도움을 요청하고, 닌순은 샤마시 신에게 이 둘의 모험적인 여행을 도와줄 것과 보호와 지원을 요청하는 기도를 한다. 닌순은 엔키두를 아들로 인정하고 길가메시를 잘 보호해 줄 것을 부탁한 후, 길가메시와 엔키두는 모험의 여행을 떠난다.

9절 <점토판 4(Tablet 4)> - 세다 산에 도착

<점토판 4>에는 세다 산으로 떠난 두 사람의 여행을 다루고 있다. 그러나 불행하게도 <점토판 4>는 심하게 조각나 있어, 히타이트 버전(Hittite Version) 같은 내용의 파편들(fragments)을 발견했음에도 불구하고 일관된 이야기를 만들어내기가 쉽지 않다. 분명한 것은 길가메시와 엔키두가 세다 산 우주공항의 문(Gate)에 접근했다는 것이다. 하지만 기록에는 두 사람이 서쪽에 있는 세다 산을 향해 상당히 먼 거리를 여행했다고 기록하고 있다. 두 사람은 떠나기 전에 했던 말들을 되풀이한다. 즉 훔바바를 절대 두려워해서는 안 된다고 서로를 격려한다. 마침내 두 사람은 푸른 산(green mountain)에 도착했다. 그리고 두 사람은 침묵에 쌓여 잠자코 서 있었다(And so they both arrived at the green mountain. They fell silent and stood quite still).

10절 <점토판 5(Tablet 5)> - 훔바바(후와와)를 때려눕히다

<점토판 5>에는 두 사람이 조용히 서서 삼목나무 숲을 응시하고 삼목나무가 얼마나 큰 키인지 직접 본다. 그리고 삼목나무 숲으로 들어가는 입구를 응시한다. 입구에는 정교한 길이 있고, 여행하기에 좋은 곧게 뻗은 길이지만, 거기에는 훔바바가 인간의 출입을 막고 있다. 그들

은 또한 세다 산을 보았다. 거기에는 신들이 살고 있는 처소이자 사랑의 여신인 이시타르(인안나)가 그녀의 신성한 왕관을 쓰고 앉아 있는 곳이며, 그녀가 오가는 곳이다. 두려움에 사로잡혀 있던 그들은 긴 여행에 지쳐 잠이 들었다.

길가메시가 잠에서 깨어나 꿈을 말한다. 꿈속에서 초원의 거친 황소(wild bull)를 만나 그가 마실 물을 주었다는 것이다. 엔키두는 거친 황소가 아니라 그게 바로 태양의 신인 빛나는 샤먀시(The radiant Shamash the Sun) 신이 우리를 도와주는 것이라고 설명한다. 둘은 다시 잠이 들고 한밤중에 길가메시가 깨어나 두 번째 비몽사몽간에 본 광경을 말한다.

"자네가 나를 깨웠나?
왜 내가 깨어 있지?"
("If you have not waked me,
then how do I wake?")(Temple, Tablet V, 1991)

그러면서 두 번째 꿈을 말한다.

"꿈에서 말이지,
하나의 거대한 산이 무너지고,
나를 땅에 꽂더니 내 발이 그 아래에 끼었네.
너무나 눈부신 빛이 나를 압도했네.
한 남자가 빛에서 나타났지.
전에 난 그런 사람을 본 적이 없네.
그는 이 땅에서 가장 우아하고 아름다웠네.

그가 나를 산에서 구해 주고,

내게 마실 물을 주었네.

그리고 내 마음은 진정되었다네."

("In my dream a great mountain fell,

Pinned me to the ground,

trapped my feet beneath it.

A great glare of light overwhelmed me.

A man like any other–

Such a man as we have never seen–

Stepped forth from the light.

His grace and beauty were more,

More than any on this earth.

He freed me from the mountain,

Gave me water to drink,

Quieted my heart.")(Temple, Tablet V, 1991)

그 다음 몇 줄이 소실되어 길가메시의 꿈을 엔키두가 해석했는지는 알 수 없다. 여기에서 가장 우아하고 아름다운 사람은 첫 번째 꿈에서 길가메시가 본 황소(a bull), 즉 태양의 신인 샤마시가 분명하다. 『길가메시 서사시』 내용의 시기가 BC 4380~BC 2220년 사이로 이때에는 세차운동(歲差運動, Precession)과 대년(Great Year)에 의해 태양의 춘분점이 황소자리에서 뜨던 황소좌(Age of Taurus, 금우궁, 金牛宮, 12궁의 제2궁)시대였기 때문이다.

지친 길가메시와 엔키두는 다시 잠이 들었다. 그러나 밤의 고요는 또 다시 깨진다. 잠에서 깬 길가메시는 다음과 같이 말한다.

"친구여, 자네가 나를 불렀나?

내가 왜 깨어 있지?

자네가 나를 건드렸나?

혹시 어떤 신이 지나가지 않았나?

왜 내 몸에 아무런 감각이 없지?"

("My friend, have you called me?

Why am I awake?

Did you touch me?

Did not some god pass by?

Why have I gone numb?")(Temple, Tablet V, 1991)

길가메시는 계속해서 세 번째 꿈에서 본 것을 얘기한다.

"내가 본 것은 정말 놀라운 것이라네.

하늘이 떨고 땅이 그 소리와 함께 폭풍에 휩싸였네.

어둠이 장막처럼 왔지.

번개가 번쩍이고 불꽃이 솟구쳤네.

구름이 솟아오르더니 죽음의 비가 내렸네.

그러더니 광채와 불꽃이 사라졌네.

그리고 땅에 떨어진 것들은

모두 재로 변하더군."

("And this dream was terrible in every way.

The heavens were roaring and screaming.

The earth was blasted with booming sounds,

And darkness descended like a shroud-

A sudden streak of fire as lightning flashed.

The clouds grew bloated and full,

And they rained down death!

Then the fire-glow of the skies died out,

And all the fallen of the fire

Of that downpour of death,

Crusted over to ashes.")(Temple, Tablet V, 1991)

이게 무슨 장면일까? 시친(Sitchin)의 말을 인용해 보자. 이것은 로켓 발사 장면이다. 로켓 발사에 대한 고대의 목격담이라는 것을 깨닫는 데는 별다른 상상력이 필요할 것 같지 않다. 먼저 로켓이 분사를 시작하면서 엄청난 굉음이 들리고(하늘이 떨고) 지축이 흔들린다(폭풍에 휩싸였네). 배출된 연기와 구름이 발사기지를 뒤덮는다(어둠이 장막처럼 왔지). 그리고 로켓이 하늘로 올라가면서 불꽃이 솟구치고 불붙은 엔진의 광채가 번개처럼 번쩍인다. 구름과 먼지가 솟아오르다가 죽음의 비가 되어 내려온다. 높이 솟구친 로켓은 이제 광채와 불꽃이 모두 사라진다. 그리고 로켓의 잔해와 먼지들은 모두 땅에 떨어져 모두 재로 변한다(시친, I, 2009, p. 231; II, 2009, p. 231).

그야말로 정말 놀라운 광경이 아닌가! 그 광경은 길가메시를 앞으로 더 나가도록 용기를 주었다. 왜냐하면 그 광경은 길가메시 자신이 우주공항에 왔다는 것을 확인시켜 주었기 때문이다.

엔키두가 길가메시의 꿈에서 본 것을 듣고 그 꿈을 해석한다. 그리고 길가메시로 하여금 그 꿈을 수용하도록 한다. 그런데 그 다음 내용의 점토판이 많이 손실되어 어떻게 엔키두가 꿈을 해석했는지는 알 수 없다.

그 다음 내용의 점토판은 길가메시와 엔키두가 더 이상 꿈에 대해 논하지 않고 막바로 홈바바의 숲(forest of Humbaba)에 도착한 내용을 담고 있다. 아침이 되자 두 사람은 삼목나무 숲으로 들어간다. 첫 번째 산의 영역을 넘고 마침내 일곱 번째 산의 영역에 도착해, 도끼를 이용해 삼목나무를 자르고, 가지를 잘라 쓰러뜨리기 시작한다. 홈바바가 이 소리를 듣고 침입자를 찾아내고 화를 낸다(Humbaba, hearing the sound of this, Fell into a fury and raged).

c.BC 3000~c.BC 2100년경으로 추정되는 영국 옥스포드 대학의 수메르 전자문학문서(ETCSL)의 길가메시 관련 5편의 시(Poems) 중『길가메시와 후와와, 버전 A와 B(Gilgamesh and Huwawa)』(Version A & B, Black et al., 1998~2006)의 내용에는 홈바바의 모습이 다음과 같이 기록되어 있다.

그의 싸움을 좋아하는 이빨은 용의 이빨과 같고,
그의 얼굴은 사자의 찡그린 얼굴과 같다.
그의 가슴은 마치 홍수가 들이닥치는 것과 같아서,
아무도 감히 접근할 수 없으며
어느 누구도 도망칠 수 없다.
그의 이마에서 나오는 광선은
나무와 잡목을 다 삼켜버린다.
(His pugnacious mouth is a dragon's maw,
his face is a lion's grimace.
His chest is like a raging flood,
no one dare approach,
no one can escape from a terror(radiance) of his brow,
which devours the reedbeds.)(Black et al., 1996~2006)

영국 대영박물관에 보관되어 있는 7세기경의 조각상인 훔바바(Humbaba, c. 7th century BC, British Museum). Credit : Thackara, 『The Epic of Gilgamesh: A Spiritual Biography』, at Sunrise Magazine Online & British Museum[3]

훔바바가 길가메시와 엔키두를 위협한다. 이들은 세다 산에 접근하는 인간을 막는 오늘날의 기술로 얘기하자면 레이저로 무장한 로봇들이다. 길가메시는 처음에는 두려움에 사로잡혔으나 엔키두의 격려를 받고 싸움이 시작된다.

길가메시는 도끼를 들고
세다 산의 삼목나무를 잘라 쓰러뜨렸다.
이때 훔바바가 이 소리를 듣고,
노여움과 화를 내며:

3 http://www.britishmuseum.org/explore/highlights/highlight_objects/me/c/clay_mask_of_the_demon_huwawa.aspx

'누가 들어온 거야-

왜 감히 나의 나무들을 간섭하는 거야?

나의 나무들은 나의 산에서 자라는데?

감히 세다 산을 쓰러뜨리는 자가 누구야?'

(Gilgamesh gripped the axe

And with it felled the cedar.

Humbaba, hearing the sound of this,

Fell into a fury and raged:

'Who is it who has come-

Come and intefered with my trees?

My trees which have grown on my own mountains?

And has also felled the cedar?')(Temple, Tablet V, 1991)

이때 두 사람이 곤경에 처한 것을 보고 하늘에서 샤마시(우투) 신의
음성이 들린다.

바로 그때 하늘에서,

위대한 태양의 신인 샤마시의 음성이 들린다:

'두려워 말고

훔바바에게 접근하라…

훔바바가 그의 집으로 들어가지 않는 한…

전진하라.'

(But just then from heaven came the voice

Of the Great God Shamash the Sun:

'Have no fear.

Approach him and… March,

as long as··· He enters not into his house···.)(Temple, Tablet V, 1991)

그 다음 줄이 손상이 많이 되어서 자세한 내용은 알 수 없으나, 길가메시와 엔키두가 훔바바를 죽이기 위해서 샤먀시 신의 자세한 지시를 따른 것이 틀림이 없다. 훔바바의 움직임에 어떻게 대처하라는 특별한 지시와 정보를 주었을 것이다. 그렇지만 두 영웅은 그러한 샤마시 신의 지시를 무시한 것 같다.

길가메시의 얼굴에는 눈물이 흘렀다
그리고 하늘의 샤마시 신에게 말했다:
(His tears streamed down from him
And Gilgamesh said to Shamash in heaven:)(Temple, Tablet V, 1991)

이어 두 줄이 손상이 되어 읽을 수가 없다. 이어지는 대화는 다음과 같다. 처음엔 샤마시 신의 지시를 무시했지만 이제부터 샤마시 신이 알려주는 방법으로 훔바바의 길을 박살내겠다고 한다.

'자 이제부터 하늘의 샤마시 신의 방법을 택해,
그 길을 박살내겠다.'
('But I have taken the way of heavenly Shamash,
I have trod the way he said.')(Temple, Tablet V, 1991)

이에 대해 훔바바는 길가메시와 엔키두를 다 싸잡아 비난하고, 특히 엔키두의 과거를 들추며 놀리며, 길가메시를 죽여 독수리와 까마귀가 먹게 할 것이라고 말한다.

수메르에서 발견된 원통형 인장에 새겨진 그림. 길가메시와 엔키두가 로봇처럼 보이는 훔바바와 싸우고 있는 모습. Credit : 시친, II, 2009, p 233, © Z. Sitchin, Reprinted with permission.

훔바바는 길가메시에게 말했다:

'바보 멍청이-

너희들은 충고를 들어야 한다, 길가메시!

왜 내게 접근하는 것이냐?

바다 고기[4]의 아들인,

아버지가 누군지도 모르는,

작은 거북이 큰 거북이가 친구인,

어머니의 젖을 한 번도 먹어 본 적이 없는,

엔키두를 데리고?

네 어릴 적을 내 쭉 지켜봤는데

내 배를 채우기 위해 너를 죽여 줄까?'

(Humbaba said to him, said to Gilgamesh:

'The fool, the stupid man-

They should take advice, Gilgamesh!

Why do you now approach me?

---

4 〈점토판 8〉에 보면 엔키두는 죽어 강물 수장(a riverbed burial)이 된다.

With that Enkidu, that son of a fish

Who knew not his father,

Companion of the small turtles, of the large turtles,

And who never sucked the milk of his mother?

In your youth I beheld you

Now should I kill you to satisfy my belly?')(Temple, Tablet V, 1991)

'샤마시가 너(길가메시)를 나에게 접근하도록 여기 데려왔군.

그래서 너는 샤마시의 도움으로 여기까지 왔다.

그러나 길가메시여, 내가 너를 입천장-핀으로

네 식도와 목을 물어뜯을 것이다.

그리고 날카로운 비명을 질러

독수리와 까마귀로 하여금 먹게 할 것이다.'

('Shamash brought you, Gilgamesh, and allowed you to reach me.

It is through his assistance that you are stepping along thus.

But, Gilgamesh, I will bite through the palate-pin

Of your throat and your neck.

I will allow the shrieking serpent-bird

The eagle and the raven to eat your flesh!')(Temple, Tablet V, 1991)

하늘에 있던 샤마시 신은 길가메시의 기도를 듣고 위험한 상황을 직시한다. 그리고 샤마시 신은 13개 바람(13Winds 또는 8개 바람)을 일으켜 훔바바의 눈을 때리고, 훔바바의 레이저 광선을 무력화시킨다.

하늘에 있던 사먀시 신은 길가메시의 기도를 듣고

훔바바에 대항하는 전능의 바람을 일으킨다:

메소포타미아에서 발견된 원통형 인장에 새겨진 그림. 길가메시와 엔키두가 훔바바(후와와)를 죽이는 모습. Credit : Crysalinks.com[5]

위대한 바람, 북풍, 남풍, 회오리바람,

폭풍, 냉풍, 비바람치는 폭풍,

뜨거운 바람- 8개의 바람을.

8개의 바람이 훔바바를 강타했다.

보라! 훔바바가 앞으로 나아갈 수 없다!

보라! 훔바바가 뒤로 움직일 수 없다!

그렇게 해서 훔바바는 가엾게 되었다.

(Shamash in heaven heard the prayer of Gilgamesh

And against Humbaba rose up mighty winds:

The Great Wind, the North Wind, the South Wind, the Whirlwind,

The Storm Wind, the Chill Wind the Tempestuous Wind

The Hot Wind - eight were the winds.

They rose up against Humbaba.

---

5 http://www.crystalinks.com/sumergods2.html

Lo! He cannot move forwards!

Lo! He cannot move backwards!

And so Humbaba relented.)(Temple, Tablet V, 1991)

이 틈을 타 길가메시와 엔키두는 훔바바를 묶고 훔바바는 체포된다. 훔바바가 살려줄 것을 애원하자, 길가메시는 이에 동정을 보내나, 엔키두는 이에 분노하며 훔바바를 죽이자고 제안한다.

훔바바가 길가메시에게 대답을 했다:

'오, 살려 주시오, 길가메시! 당신은 나의 주인, 나는 당신의 신하가 되겠소.

그리고 나의 나무들은,

나는….

강한…

내가 나무들을 베어 당신의 집을 지어 드리겠소.'

엔키두가 길가메시에게 얘기했다.

'훔바바의 말을 듣지 마시오.

훔바바의 말에 귀를 기울이지 마시오.

훔바바는 반드시 죽어야 하오!'

(Then Humbaba answered Gilgamesh:

'Oh, do let me go, Gilgamesh! You will be my master, I will be your servant.

And as for my trees, My trees which I have grown,

I will…

Strong…

I will cut them down and build you houses.'

But Enkidu said to Gilgamesh:

'Do not listen to him,

Hark not to the word of Humbaba,

Humbaba must not live!')(Temple, Tablet V, 1991)

이에 훔바바는 이들을 저주하지만, 엔키두는 훔바바의 목을 한 방에 날려 박살낸다.

엔키두가 훔바바의 목을 베고….

(He struck his head and….)(Temple, Tablet V, 1991)

이렇게 해서 오늘날의 로봇에 해당하는 훔바바는 운명을 다한다. 그리고 두 영웅은 세다 산의 많은 거대한 삼목나무들(gigantic trees)을 베어내 엔릴(Enlil) 신의 지구라트 신전, 즉 니푸르(Nippur)에 있는 에쿠르(Ekur, 높은 집) 신전의 문(게이트)에 사용할 계획을 세운다. 두 영웅은 뗏목을 만들어 훔바바의 머리와 거대한 삼목나무들을 싣고 유프라테스 강(Euphrates, 「창세기」 2장 14절의 '유브라데')과 티그리스 강(Tigris, 「창세기」 2장 14절의 '힛데겔')의 중간 길을 따라 우르크로 돌아온다.

11절 <점토판 6(Tablet 6)> - 길가메시를 꼬시는 인안나(이시타르) 여신

<점토판 6>에는 이 전투에서 승리한 후, 우르크로 돌아온 길가메시는 머리를 감고 털이 달린 외투를 입고 허리띠를 묶고 깨끗이 몸단장을 한 후 그의 왕관을 쓴다. 이때 우주선(Skyship)에서 이를 지켜보던 이

시타르(인안나) 여신의 눈이 번쩍 뜨인다. 길가메시가 참으로 아름다웠기 때문이다. 이시타르는 다음과 같이 청혼한다.

"오 길가메시, 이리 와서 나의 연인이 되어 다오.
와서 너의 열매를 내게 다오.
너는 나의 남편이 되고,
나는 너의 부인이 되리라."
("O Gilgamesh, will you not be my lover?
Give me that fruit the tree of man yields to woman.
I will give you myself as wife:
you shall be my husband!")(Temple, Tablet VI, 1991)

그러나 길가메시는 이시타르의 남성 편력을 잘 알고 있었다. 길가메시는 다음과 같이 말한다.

"당신의 연인 중에
당신이 영원히 사랑한 사람이 있습니까?
연인들 중에 오랫동안 당신을 만족시키는 연인이 있습니까?
자 당신의 연인들에 대해 말해 주겠는데,
두무지(탐무즈/담무스) 신은 당신이 젊었을 때의 남편인데,
당신은 그에게 매년 비탄만을 안겨주고!"
("What lover did you love forever?
Which of your shepherds is there,
Who has satisfied you for long?
Come, I will tell you the tales of your lovers:
For Tammuz, your young husband,

수메르에서 발견된 원통형 인장에 새겨진 그림. 날개 달린 방, 즉 천상의 방인 우주선에 있는 이시타르(인안나) 여신. Credit : 시친, II, 2009, p 235, © Z. Sitchin, Reprinted with permission.

For him you wail year after year!")(Temple, Tablet VI, 1991)

  길가메시는 이시타르의 복잡한 남성 편력을 예로 들면서, 자기가 이시타르의 연인이 된다 한들 조만간 다른 연인들과 마찬가지로 개털이 될 것이라며, 이시타르의 청을 거절한다. 청을 거절당하고 모욕을 당한 이시타르는 하늘에 올라가 아버지인 안(An, Anu)[6]과 어머니인 안룸(Anrum, 수메르어로는 Antu)에게 울면서 하소연을 한다. 그러면서 하늘의 황소(Bull of Heaven)인 구갈라나(Gugalana, Gugalanna)를 자기에게 달라고 요청한다. 하늘의 황소로 하여금 길가메시를 죽이겠다는 것이다. 이시타르는 만약 황소를 안 준다면 죽은 자들(the dead)로 하여금 모두 일어나서 산 자들(the living)보다 수를 많게 하여, 산 자들을

---

6 수메르 기록에는 안 신은 인안나 여신의 증조할아버지인데, 아카드어의 길가메시에는 인안나의 아버지로 나온다. 수메르 기록이 더 오래된 것으로 증조할아버지가 맞다.

c.BC 2700년경의 우르(Ur)에서 발견된 원통형 인장에 새겨진 크기 1-1/2인치의 그림. 길가메시와 엔키두가 하늘의 황소인 구갈라나를 죽이는 모습(Gilgamesh and Enkidu. Cylinder seal from Ur, 3rd millennium BCE, height 1-1/2 inches). Credit : Thackara, 『The Epic of Gilgamesh: A Spiritual Biography』, at Sunrise Magazine Online.

모두 삼키게 하겠다고 안 신을 협박한다. 결국 안 신은 이 협박에 굴복하고 이시타르는 하늘의 황소를 데리고 내려와 길가메시와 싸우게 한다.

싸움의 결과, 길가메시와 엔키두는 신의 아무런 도움 없이 하늘의 황소인 구갈라나를 죽이고 사지를 절단하고 심장을 도려내서 샤마시 신에게 바친다. 이시타르가 고통에 슬피 울고 있을 때 엔키두는 구갈라나의 둔부를 이시타르 여신에게 흔들어대면서, 이시타르 여신도 잡히기만 하면, 구갈라나와 같은 운명을 맞이하게 될 것이라고 위협한다. 우르크 도시는 축제가 한창이지만 엔키두는 불길한(ominous) 꿈을 꾼다. 신에 대한 경건하지 못한 행동(impiety)으로 엔키두는 결국 죽게된다. 하늘의 황소는 죽어 아래세계(Underworld or Netherworld)로 내려져 거기에서 장사 의식이 치러진다. 이는 이시타르로 하여금 아래세계를 두 번째 여행하는 동기를 제공하게 된다.

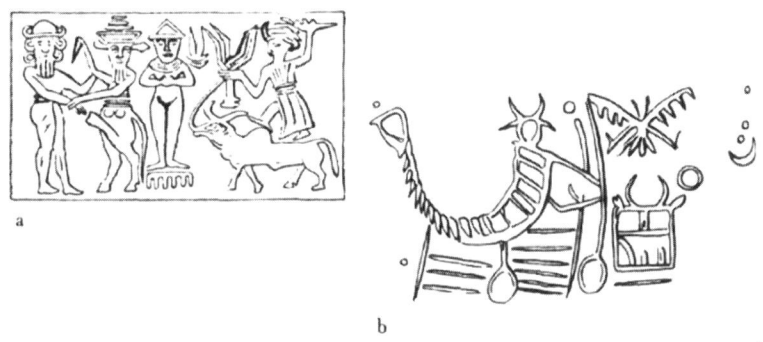

수메르에서 발견된 원통형 인장에 새겨진 그림. a. 황소와 싸우는 길가메시를 바라보는 이사타르 (인안나). b. 기계로 만들어진 무기처럼 보이는 황소의 모습. Credit : 시친, II, 2009, p 237, © Z. Sitchin, Reprinted with permission.

12절 <점토판 7(Tablet 7)> - 인안나 여신을 모욕한 엔키두가 죽다

<점토판 7>에는 엔키두가 꿈을 꾸는데, 신들은 길가메시와 엔키두 두 영웅 중 반드시 한 명은 죽어야 한다고 결정을 한다. 그 이유는 훔바바 와 하늘의 황소인 구갈라나를 죽였을 뿐 아니라, 인안나 여신을 모욕 했으니, 둘 중에 하나는 반드시 죽어야 한다는 것이다. 이에 샤마시 신 이 항의를 하지만, 결국 엔키두가 죽어야 할 표적으로 결정된다. 엔키 두는 그가 만든 엔릴 신전의 위대한 문을 생각하면서 그 문을 지주한 다. 그는 또한 야생으로부터 자기를 올가미에 걸리게 한 덫 사냥꾼과 매춘부인 샴햇(Shamhat)도 저주한다. 이에 대해 샤마시 신이 하늘에 나 타나, 샴햇이 어떻게 엔키두를 먹였으며 옷을 입히고 길가메시에게 소 개시켰는지를, 엔키두에게 상기시킨다. 또한 길가메시는 엔키두의 장 례식에서 엔키두에게 위대한 존경심을 보일 것이고, 장례식이 끝나면 슬픔에 가득 차서, 야생들판을 방황하게 될 것이라고 샤마시 신은 얘

수메르에서 발견된 원통형 인장에 새겨진 그림. 날개 달린 사자에게 끌려가는 엔키두의 모습. Credit : 시친, II, 2009, p 239, © Z. Sitchin Reprinted with permission.

기한다. 이 말을 듣고 엔키두는 그가 한 저주를 후회하고, 샴햇을 축복한 다음에 마음이 편안해진다.

그럼에도 불구하고 죽음의 사자(Angel of Death)가 엔키두를 사로잡아 아래세계로 데려가는 꿈을 꾼다. 아래세계는 네르갈(Nergal) 신과 그의 배우자인 에르쉬기갈(Ereshkigal) 여신이 지배하는 세계로, 먼지의 집(house of dust)이고 어둠의 세계인지라, 여기에 거주하는 인간들은 흙을 먹고 새털로 된 옷을 입으며 무서운 존재들이 감독하는 세계이다. 12일 동안 엔키두의 상태가 악화되고, 길가메시에게 전쟁터에서 영웅으로 죽지 못해 슬프다는 얘기를 하고 죽는다.

13절 <점토판 8(Tablet 8)> - 강물 수장된 엔키두

〈점토판 8〉에는 길가메시가 엔키두의 죽음에 오랫동안 슬퍼하는(Weep for you!) 장면이 등장한다. 산을 헤매고 숲 속을 헤매며, 강과 야생동물 등 우르크 전체를 돌아다니며 엔키두를 불러댄다. 엔키두와 모험 여행을 상기하며 길가메시는 엔키두의 머리칼과 옷을 보며 눈물을 흘린다.

거창한 장례식을 위한 엔키두의 상(statue)을 만들고, 무덤의 제물 등 선물까지 준비하면서, 죽음의 세계에서 엔키두를 잘 맞이할 것이라 확신한다. 위대한 연회가 베풀어지고, 아래세계의 신들에게 드리는 제사 의식이 거행된다.

그 다음 손실된 문장 앞에 아눈나키(Anunnaki)의 판단(Judge, Jude)을 길가메시가 듣고, 강물의 이미지(He conceived in his heart the concept, or image of the river)(Temple, 1991)나, 강물의 단어 혹은 언어 (the zikru of the river he created)(ancienttexts.org, The Epic of Gilgamesh) 를 만들었다는 내용이 나오는 것으로 보아, 엔키두의 장례식은 아마도 강물 수장(a riverbed burial)된 것일 가능성이 높다. 영국 옥스포드 대학의 수메르 전자문학문서(ETCSL)의 길가메시 관련 5편의 시 중『길가메시의 죽음(The Death of Gilgamesh)』이라는 영어 번역본을 보면 길가메시도 죽어 강물수장이 된다(Black et al., 1998-2006).『길가메시의 죽음』의 니브루로부터의 버전(A version from Nibru), 〈세그먼트 H〉의 1-21 줄(Segment H 1-21)에는 다음과 같이 유프라테스 강물의 수장이 기록되어 있다.

유프라테스 강…
그 강의 껍질이 열리고…
그 다음 유프라테스 강의 땅바닥이 보이고
땅바닥의 갈라진 곳이 마를 때… 돌로 만든 관….
돌로 만든 관…그것은 매우 무겁고 견고한 섬록암…
그 관의 빗장(결쇠)도 무거운 돌…
그리고 금에 던져지고…
매우 무거운 돌로… 관이 수장되고… 미래의 날들을 위해…

(the Euphrates. ··· its shells.

Then, as in the bed of the Euphrates, the earth cracked dry. ···

was built from stone. ··· was built from stone. ···

were hard diorite. ··· its latches were hard stone. ···

were cast in gold. ··· heavy blocks of stone. ···

heavy blocks of stone. ··· brought in ··· for future days.)(Black et al.,
1998-2006)

또 다른 버전인 미-투란(A version from Me-Turan), 〈세그먼트 H〉의
10-32줄(Segment H 10-32)에는 다음과 같이 유프라테스 강물의 수장
이 기록되어 있다.

그 다음 유프라테스 강 바닥의 물이 다 빠져나갈 때,

그의 돌로 만든 관이 넣어졌다.

그 관의 벽들은 돌로 만들었다.

그 관의 문은 입구의 소켓으로 구축되어 있다.

그리고 빗장과 문지방은 무거운 돌로 만들었다.

문의 추축도 무거운 돌로 만들었다.

그 다음 관을 금 빔(선)으로 쌓았다.

그 다음 무거운 돌이 옮겨져···

그 관의 두꺼운 층을 덮었고···. 며칠 동안

(Then as soon as the water in the bed of the Euphrates had receded,

his tomb was built there from stone.

Its walls were built from stone.

Its door leaves were installed in the sockets (?) of the entrance.

Its bolt and thresholds were hard stone.

Its door-pivots were hard stone.

They installed its gold beams.

Heavy blocks of stone were moved to ……

was completely covered with a thick layer of …… for future days.)(Black et al., 1998-2006)

이로써 우리는 황소좌(Age of Taurus, BC 4380~BC 2220)시대에는 강물 수장이 하나의 장례 관습이었다는 것을 알 수 있다. 그것이 길가메시와 같은 왕족에게만 적용했는지는 정확히 모르겠지만, 엔키두의 장례식에도 적용되었다는 사실을 알 수 있다. 2011년에 미국이 9.11 테러 사건의 주범인 오바마 빈 라덴을 사살해 바다에 수장했다는 사실을 상기시키는 대목이다. 또한 「요한계시록」 20장 13절의 '바다가 그 가운데서 죽은 자들을 내어 주고(The sea gave up the dead that were in it)'(NIV)라는 내용을 이해하게 만드는 대목이다.

14절 <점토판 9(Tablet 9)> - 영생의 비밀에 도전하는 여행

<점토판 9>에는 길가메시가 엔키두를 위해 슬퍼하며, 야생동물의 가죽으로 만든 옷을 입고 배회하는 장면이 나온다. 그리고 길가메시는 죽음에 두려움을 느끼면서, 그의 목적인 전설의 우트나피시팀(Utnapishtim)을 만나 영생의 비밀을 알고자 한다. 홍수의 영웅인 슈루팍(Shuruppak)의 왕이었던 우트나피시팀은 '인간과 동물을 홍수로부터 보호했다는' 공을 인정받아, 하늘의 신인 안(An, Anu)과 이 땅의 최고 높으신 엔릴(Enlil) 신으로부터 영생(Eternal Life)을 얻어 생명나무가 있는, '살아 있는 자(the Land of the Living)'의 땅인 딜문(Dilmun)에 거

수메르에서 발견된 원통형 인장에 새겨진 그림. 길가메시가 사자와 싸우는 것을 묘사한 다양한 그림들. Credit : Sitchin, II, 2009, p 246, © Z. Sitchin Reprinted with permission.

주하고 있었는데, 길가메시는 그를 만나는 여행을 하게 된다.

길가메시는 우투(샤마시) 신의 아버지인 난나(신) 신이 주신으로 있던 우르(Ur) 지역에 가까이 가고 있었다. 그가 밤에 산속의 협곡에 이르자 사자들(lions)이 나타났고 길가메시는 두려움에 떨었다. 그는 달의 신인 난나를 향해 머리를 들고 기도했다.

"오 달의 신이여, 저를 지켜 주십시오(O God of the Moon, do you preserve me!)"(Temple, Tablet IX, 1991)

길가메시는 밤에 자리에 누웠다가 꿈을 꾸고 깨어났다. 그는 그 꿈을 자신이 영생을 누릴 것을 예언하는 난나(신) 신의 암시라고 생각하고, 한껏 고무된 길가메시는 손에 도끼를 들고 화살처럼(like an arrow) 사자들 무리 속으로 내려가, 사자들을 때려눕히고 그들을 산산조각 냈다.

마침내 길가메시는 마슈(Mashu) 산에 도착한다. 마슈 산은 우투 신이 하늘로 오르는 것을 볼 수 있는 장소이다. 그곳은 땅의 끝에 있고, 더 나아가면 낮은 바다(페르시아만, 높은 바다는 지중해를 말함)가 있는 곳이다. 그러나 그곳은 오늘날의 로봇에 해당하는 전갈-파수꾼들(Scorpion-Men)이 지키고 있다.[7] 그리고 길가메시는 샤마시의 동의에 의해 여행을 하고 있다는 것과 자신이 2/3가 신이라는 것을 밝히자 파수꾼들은 길가메시에게 길을 내준다. 샤마시의 길(Road of the Sun)을 따라가던 길가메시는 완전한 어둠 속에 갇히게 된다. 길가메시는 공포에 질려 앞뒤가 하나도 보이지 않는다고 소리친다. 꽤 오랜 베루(double hours, 이중시간 혹은 두 시간)가 지나고 12베루가 지났을 때 태양이 뜨고 사방이 밝아지기 시작한다. 그리고 마침내 과일과 청금석 또는 청금보석(lapis lazuli)으로 만들어진 낙원(a garden paradise full of jewel-laden trees)에 도착한다.

---

7 전갈(Scorpion)은 「요한계시록」 9장 3절에 황충(Locust)과 함께 등장한다. 자세한 것은 『바이블 매트릭스』 5권의 『예수님의 재림과 새 하늘과 새 땅의 창조』를 참조하라.

영국 대영박물관에 보관되어 있는 c.BC 2700년경의 아카드어로 조각된 그림. 마슈 산 두 봉우리 사이에 있는 태양의 신인 샤먀시(Shamash (the Sun) between Mashu's Twin Peaks, Akkadian, 3rd millennium BCE(British Museum). Credit : Thackara, 『The Epic of Gilgamesh: A Spiritual Biography』, at Sunrise Magazine Online.

15절 <점토판 10(Tablet 10)> - 대홍수의 영웅인 우트나피시팀을 만나다

〈점토판 10〉에는 길가메시가 낮은 바다와 가까운 곳에서 여관을 발견하고 선술집 여인(alewife)이라 불리는 시두리(Siduri)[8]를 만난다. 시두리는 길가메시의 외모를 보고 살인자라 생각하고 문을 닫아 걸었지만, 길가메시는 그의 여행 목적을 이야기하고 신분을 밝힌다. 시두리는 처음에 죽음의 바다(Waters of Death)에 갈 수 없다고 길가메시를 말렸지만, 사공인 우르샤나비(Urshanabi)[9]가 같이 간다면 갈 수 있다고 얘기해 준다. 우르샤나비는 길가메시가 어떤 사람인지, 어떻게 왔는지, 어디로 가려고 하는

---

8 http://en.wikipedia.org/wiki/Siduri
9 http://en.wikipedia.org/wiki/Urshanabi

지 등 여러 질문을 한 후에 길가메시가 자신의 배를 탈 자격이 있다고 판단하고, 긴 막대기를 사용하여 두 사람은 배를 앞으로 전진시킨다. 두 사람은 3일 만에 45일 여행거리를 이동한다. 그리고 마침내 살아 있는 자의 땅인 딜문(Dilmun), 즉 우트나피시팀의 섬에 도착한다.

그곳이 바로 우트나피시팀이 사는 곳이었다. 우트나피시팀에게 그토록 알고 싶었던 질문을 했지만, 길가메시는 실망스러운 답변만 듣는다. 인간은 결코 죽음의 운명에서 벗어날 수 없다는 것이다.

우트타나피시팀은 길가메시에게 다음과 같이 충고한다.

"인간은 갈대와 같이 연약한 것이네,
젊은 사람이나 젊은 여자나…
이들은 반드시 죽어야 하네.
죽음을 면치 않는 자가 있을까?
이 종말을 면치 않는 자가 있을까?
…
위대한 신들의 그룹인 아눈나키에 의해
운명이 좌우하네.
운명이 죽음과 삶을 결정하네.
삶은 그 날들이 드러나지만,
죽음은 그 날들이 드러나지 않네."
("Mankind, which like a reed stands fragile
A fine young man, a fine young woman…
These too must die.
Should no one see death?

Should no one meet then this end?

…

By the Anunnaki, the Great Gods,

And she, Mammetum,

She of Fate —

She decrees the destinies.

Together they determine death

Determine life

As for life, its days are revealed,

But as for death

Its day is never revealed.")(Temple, Tablet X, 1991)

16절 <점토판 11(Tablet 11)> - 우트나피시팀이 얘기하는 홍수의 비밀

〈점토판 11〉에는 길가메시가 옛날 옛적의 사람인 우트나피시팀을 보고 보인 반응은 자신과 우트나피시팀이 참 많이 닮았다는 점이다. 우트나피시팀은 홍수의 영웅으로 홍수가 BC 13020년에 일어났을 당시의 사람이고 길가메시는 c.BC 2700년의 사람이다.

　"우트나피시팀 당신을 뵈니,
　저와 전혀 다르지 않군요.
　마치 내가 당신인 것처럼."
　("I look upon you now, Utnapishtim,
　but your appearance is not strange.

You are like myself.")(Temple, Tablet XI, 1991)

그런 다음 길가메시는 곧바로 자신이 알고 싶은 것을 묻는다.

"제게 말해 주세요,
당신이 영원한 생명을 어떻게 찾았는지?
어떻게 신들의 모임에 합류했는지?
("Tell me, how did you enter the Assembly of the Gods—
how find everlasting life?")(Temple, Tablet XI, 1991)

이 질문에 대한 답변으로 우트나피시팀은 길가메시에게 홍수의 비밀을 털어놓는다.

"오 길가메시여,
내가 너에게 숨겨진 사실,
즉 신들의 비밀 한 가지를 알려주겠다."
("O Gilgamesh, I will disclose unto you a hidden thing.
Yes, a secret of the gods will I tell unto you.")(Temple, Tablet XI, 1991)

1. 신들의 비밀선약과 엔키 신이 갈대 장벽을 통해 비밀을 말하다

그 비밀이란 바로 대홍수에 숨겨진 사실이었다. 즉 우트나니피시팀이 유프라테스 강에 위치한 슈루팍(Shuruppak)의 통치자로 있을 때였다. 그때 지금도 하늘에 계시는 위대한 신인 안(An)과, 신들의 최고의 신으로 카운슬러 역할을 하는 엔릴(Enlil) 신과, 전쟁과 사냥의 신인 엔릴 신의 아들인 닌우르타(Ninurta)와, 수로를 관장하던 에누기(Ennugi) 신과 엔키(Enki, Ea) 신 등은 대홍수(Abubu, Great Flood)로 인간을 쓸어버리기로 결심을 했다. 그리고 이들 신들은 절대 이 사실을 인간에게는 비밀로 하자고 합의하고 서약했다.

그런데 엔키 신이 우트나피시팀의 갈대 장막 뒤에 서서 벽에다 대고 얘기하는 것처럼, 신들의 비밀을 우트나피시팀에게 반복해서 말한다(And Enki repeats what they say to Utnapishtim, Speaking through the wall of Utnapishtim's reed hut). 엔키 신도 서약은 했지만, 그렇다고 해서 벽에다 대고 말하지 않겠다는 서약을 한 것은 아니었다.

"갈대 장막, 갈대 장막!! 장막의 벽에, 장막의 벽에!
갈대 장막은 잘 들어라!! 장막의 벽에 귀를 대라!!
오 우바라-투투의 아들이자 슈루팍의 인간이여,
갈대 장막을 허물어,
갈대 배를 건축하라.
모든 것을 버리고, 생명을 구하라.
재산을 버리고 영혼을 구하라!
살아 있는 모든 생명체의 씨와 함께 배를 타라.
네가 지을 배의 크기는
주어진 치수에 따라야 한다.
길이와 넓이를 같게 하라.
지붕은 지하 물의 심연과 같이 하라(즉 잠수가 가능한 특수한 배와 같이)."
("Reed hut, reed hut! Wall of the hut, wall of the hut!
Listen o reed hut! Consider, o wall of the hut!
O man of Shuruppak, o you son of Ubara-Tutu,
Tear down your hut of reeds,
Build of them a reed boat

Abandon things

Seek life

Give up possessions

Keep your soul alive!

And into the boat take the seed of all living creatures.

The boat you will build

Will have dimensions carefully measured

Its length and its width shall be equal

And roof it as I have my subterranean watery abyss.")(Temple, Tablet XI, 1991)

이 이야기는 구약의 대홍수와 유사하다. 그러나 대홍수가 다가오고 있을 때 우트나피시팀에게 미리 경고가 주어지고, 우트나피시팀 자기 자신과 살아 있는 모든 생명의 씨(유전자)를 살리기 위해 배를 만들어 타라고 명령하는 것이다. 한 명의 신이 두 가지 모순된 행동을 보여

수메르에서 발견된 원통형 인장에 새겨진 그림. 시중을 드는 사람이 칸막이를 들고 있고 뱀 모양의 엔키 신이 우트나피시팀에게 비밀을 알려주고 있다. Credit : 시친, I, 2009, p 550. © Z. Sitchin Reprinted with permission.

주는 것이 아니라, 여러 신들의 상반된 행위를 보여 주는 것이다. 더욱이 인간의 씨를 살리기 위해 엔키 신이 다른 위대한 신들의 공동 결정에 반대해 비밀스럽게 행한 용감한 행동이었다.

그렇다면 엔키는 왜 다른 신들의 공동 결정에 반대했을까? 자신이 만든 인간을 오랫동안 보존하고 싶었던 것일까? 아니면 엔릴 신과의 경쟁심 때문이었을까? 실제로 엔릴 신과 엔키 신 사이의 경쟁과 갈등은 그 다음 내용에서 더욱 극적으로 드러난다.

2. 엔릴 신과 엔키 신 사이의 경쟁과 갈등

엔키의 경고를 들은 우트나피시팀은 엔키에게 질문을 던진다. 자신이 이상하게 생긴 모양의 배를 만들고 재산을 모두 포기하는 것을, 슈루팍의 다른 사람들에게 도대체 어떻게 설명할 것인가? 우투나피시팀의 이런 질문에 엔키는 다음과 같이 조언한다.

"그러므로 오, 죽을 운명의 그들에게 말하라.
<u>엔릴 신이 나에게 적대감을 품고 있는 것을 알고 있기 때문에</u>
나는 더 이상 슈루팍에 머물 수 없고
결코 다시
결코 다시
엔릴의 영토에 얼굴을 들일 수 없다.
따라서 나는 주님인 엔키와 함께 살기 위해 아래로 내려갈 것이다.
남쪽의 깊은 곳, 즉
압수(아프리카)로 내려갈 것이다."

("Thus, O Mortal, shall you speak to them, saying

I have learned that the god Enlil is ill-disposed toward me

No longer can I reside here in the city.

Never again,

No, never,

Can I turn my face to this soil which is Enlil's.

I must go down therefore,

Down to dwell with my lord Enki,

Towards the marshes of the south,

And enter his sweet-watered Deep

Into his very Absu.")(Temple, Tablet XI, 1991)

엔키 신이 우트나피시팀에게 주어진 변명은 그가 엔키 신의 추종 자이기 때문에, 더 이상 슈루팍에 머물 수 없어, 그래서 배를 만들어 아프리카의 아래세계로 내려가 같이 살려 한다고 슈루팍의 사람들에게 변명하라는 것이다.

그 당시에 슈루팍 일대, 즉 메소포타미아 지역은 가뭄과 기근에 시달리고 있었다. 그래서 압수로 내려가면 엔릴 신이 그 땅에 다시 풍작을 내려줄 것이라고 말하라고 지시한 것이다. 그의 주변 사람들이 충분히 믿을 만한 변명이었다. 따라서 제 정신을 가진 사람이라면 자신들이 물벼락을 맞아 곧 멸망하게 될 것이라고는 꿈에도 생각할 수 없었을 것이다. 그런 변명에 넘어간 사람들은 우트나피시팀 주변에 몰려들어 방주 만드는 일에 적극적으로 돕는다. 심지어 아이들조차 배의 방수 소재로 쓰이는 역청(bitumen, pitch, 천연 아스팔트)을 날랐다.

3. 하나님과 동행하다

여기서 재미있는 내용이 발견된다. 즉 "나는 주님인 엔키와 함께 살기 위해 아래로 내려갈 것이다(Down to dwell with my lord Enki)"라는 구절이 그것이다. 『아트라하시스 서사시』에는 "아트라하시스는 그의 신의 집에 들어가 살면서(He lived in the house of his god)"라고 표현하고 있다(〈점토판 II〉, 제2줄).

그런데 이것을 구약의 「창세기」에는 "그가 하나님과 동행하면서(Noah walked with God)"이라 표현하고 있다(「창세기」 6:9). 그것도 여호와 하나님(야훼, Lord God)이 아니라 하나님(God), 즉 엘로힘(Elohim)이라 표현하고 있다는 점이다. 정확하게 표현한 것이다. 이때의 엘로힘은 엔키 신이다. <u>이렇게 볼 때 성경은 진실이며 역사를 기록한 것이다.</u>

4. 가족 8명 이외의 친척들과 기술자들을 모두 배에 태워

우트나피시팀은 계속해서 길가메시에게 이야기를 한다. 우트나피시팀은 소와 양을 잡고 포도주와 기름으로 마치 새해의 축젯날인 양, 그들을 대접하면서 일을 빨리 하도록 독려한다. 마침내 7일째 되는 날 배가 완성되었다. 배를 띄우기가 무척 어려워 배의 바닥을 이리저리 움직인 후에야 비로소 유프라테스 강에 띄울 수 있었다. 그 다음 우트나피시팀은 자기 가족(all my family)과 친척들(kinsfolk)을 모두 배에 태웠고, 땅의 짐승들과 야수들, 그리고 자신이 갖고 있던 동물들을 다 배에 실었다.

여기서 배에 태운 사람들을 보자. 구약 「창세기」(7:1, 7:7, 9:18)에는 '너와 온 집(you and your whole family)', 즉 노아 부부, 아들인 셈(Shem) 부부, 함(Ham) 부부, 그리고 야벳(Japheth) 부부 이렇게 8명 만이 방주에 탑승했으나, 『길가메시 서사시』의 우트나피시팀은 자기 가족 이외에 방주를 만들 때 자신을 도왔던 친척들(relatives)과 기술자들(craftsmen), 그리고 엔키 신이 보내 준 항해사인 푸즈르아무르리

(Puzur-Amurri, 비밀을 아는 서쪽 사람) 일행까지도 배에 태웠다. 그러나 『아트라하시스 서사시』의 아트라하시스는 「창세기」와 같이 자기 가족만 태운다(〈점토판 3〉, 제2줄).

5. 샤마시 (우투) 신의 신호, 우주선 이륙 후 홍수가 시작

그리고 우트타피시팀은 엔키 신으로부터 미리 들은 특정한 징조가 나타날 때까지 배를 타지 않고 기다렸다. 엔키 신의 명령은 다음과 같은 것이었다. 태양의 신인 샤마시(우투)가 '나를 위해 특정 시간을 정해 주었는데' 하면서, 엔키 신은 우트나파시팀에게 다음과 같이 말을 한다.

> "샤마시 신이 황혼에 그의 불행인 빗물을 내릴 때,
> 그 빗물은 하나의 깜박이는 전율과 같이 비가 쏟아질 것이다.
> 그러면 야단법석을 떨지 말고 너는 배를 타고,
> 배의 문을 안전하게 닫아라."
> ("When He who rains down His misfortune in the twilight
> Does rain down His misfortune like a blight,
> Then board your boat without further ado
> And make sure your door is safely pulled to.")(Temple, Tablet XI, 1991)

이것은 무엇을 말하는 것일까? 샤마시 신은 메소포타미아의 시파르에 있었던 우주공항 책임자였다. 모든 신들은 대홍수가 들이 닥치기 전에 우주선을 타고 지구 궤도로 대피해야만 했다. 샤마시 신은 그 정확한 시간에 우주선을 이륙시켰던 것이다. 엔키 신이 우트나피시팀에게 명령한 것은 시파르의 우주공항에서 신들이 탄 우주선들이 이륙하는 것을 지켜보라는 것이었다. 또한 이륙이 황혼 무렵에 행해졌기 때문에 이륙하는 우주선이 내뿜는 엄청난 폭발을 보는 것은 어려운 일이

아닐 것이다. 따라서 신들은 우주선을 타고 지구를 떠났고, 이들은 대홍수의 물이 완전히 빠질 때까지 천상의 안전한 안(An) 신의 영역, 즉 지구 궤도를 돌아야만 했다.

그리고 정확한 시간에 맞추어 황혼에 전율이 일어났고, 비가 쏟아지기 시작했다. 우트나피시팀은 기상의 변화를 주시했고 바라본 날씨 중 가장 무서운 것이었다. 우트나피시팀은 배의 문을 잠그고 배를 잘 다루는, 엔키 신이 보내 준 항해사인 푸즈르아무르리(Puzur-Amurri)에게 배와 그 배에 실린 내용물을 건네주었다. 남쪽에서 부는 바람은 방주를 북쪽으로 밀어 아라라트(Ararat) 산으로 밀려갈 것이다. 따라서 거기까지 가려면 숙련된 뱃사람이 필요했다.

수평선에 첫 번째 먼동이 틀 때에 검은 구름이 수평선에서 몰아쳤다. 거기에는 폭풍의 신인 아다드(Adad, Ishkur) 신이 번개를 일으키고, 슐럿(Shullat) 신과 하니쉬(Hanish) 신이 폭풍 줄기를, 모빈드(Movind) 신이 언덕과 평원에 바람을, 아래세계의 신(God of the Underworld)인 네르갈(Nergal)이 모든 세워진 전주를 뽑아내고, 전쟁과 관개수로의 신(God of War and Irrigation)인 닌우르타(Ninurta)가 왔다갔다하면서, 온 지구를 날려 보내고 있었다. 위대한 신들의 그룹인 아눈나키(Anunnaki)는 우주선의 불빛을 뿜어 땅을 불타게 했다. 폭풍우가 건물과 항구를 무너뜨렸고, 둑이 무너졌다. 어둠이 밀려오고 빛나던 모든 것을 암흑으로 만들었다. 그리고 거대한 땅이 도자기처럼 부서졌다. 아눈나키의 말단 신들이 자연의 재해를 이용해 인간과 지구를 말살했다.

6. 남쪽 즉 남극대륙에서 온 폭풍, 신들은 우주선을 타고 피신

그런데 여기서 주시할 것은 폭풍이 남쪽에서 왔다고 우트나피시팀은 이야기한다. 그리고 신들은 우주선을 타고 피신했다. 설사 신들도 대홍수의 두려움에 사로잡혀, 천상의 안 신이 거주하는 곳으로 올라가 대피했다. 신들은 우주선에서 개처럼 웅크리고 지구에서 일어나는 일들을 주시했다. 여신들은 죽어가는 인간들을 보고 슬피 울었다. 그들의 입술은 하나같이 비통에 차 굳게 다물고 있었다.

엔키 신은 다른 신들과는 다른 우주선에 타고 있었음이 분명하다. 그렇지 않다면 그토록 슬퍼하는 신들에게 자신이 인간의 씨를 살려 놓았다는 것을 틀림없이 말해 주었을 것이다. 기록으로 짐작하건대 엔키 신은 아라라트 산 정상에서 인간과 재회할 것임이 분명했기 때문에, 다른 신들보다 슬픔이 덜했을 것이다.

"하루 종일 남쪽 폭풍이 심해져,
모이면 빨라지고, 산을 덮치고,
전쟁터처럼 사람들을 덮쳤다.
형제는 형제를 볼 수 없었다.
하늘에서 땅의 인간을 더 이상 찾아볼 수가 없었다.
설사 신들(gods)도 대홍수의 두려움에 사로잡혀,
천상의 안(An) 신이 거주하는 곳으로 올라가 피신했다.
신들은 개처럼 웅크리고,
천상의 안전한 영역에 쭈그리고 앉아 지구에서 일어나는 일들을 주시했다.
사랑과 전쟁의 여신인 인안나는 고통 받는 인간들처럼 소리쳤다.
인안나는 달콤한 목소리를 가졌는데,
신들의 여인이라 불리는데,
그 여신이 어떻게 슬피 울며, 소리를 치는지:

정말, 옛것들이 다 무너져 진흙이 되었다!

신들의 모임에서 나쁜 말을 했기 때문에,

어떻게 내 사람들의 멸망을 특별히 지휘할 수 있는가?

이 멸망하는 사람들에게 언제 다시 새 생명을 줄 수 있을까?

물고기도 바다도 그들의 시체뿐이네.

<u>위대한 신들의 그룹인 아눈나키 또한 인안나와 같이 울었다.</u>

<u>그들의 입술은 하나같이 비통에 차 굳게 다물었다."</u>

("For a whole day the South Storm blew,

Gathering speed as it blew, drowning the mountains,

Overcoming the people as in battle.

Brother saw not brother.

From heaven no mortal could any longer be seen.

Even the gods were struck by terror at the deluge,

And, fleeing, they ascended to the celestial band of An.

The gods cowered like dogs,

Crouching by the outer wall of that celestial band.

Inanna, Goddess of Love and Battle, cried out like a suffering mortal-

She, the sweet-voiced,

She, the Lady of the Gods,

How did she lament aloud, crying:

'Verily, the Old Age has crumbled into dust!

Because I spoke evil in the Assembly of Gods!

Oh, how could I command havoc for the destruction of my people

When I myself gave birth to my people?

Now the spawn of fishes, the sea is glutted with their bodies!'

The Anunnaki-the Great Gods-wept with her,

Their lips were shut tight in distress in the Assembly, one and all.")
(Temple, Tablet XI, 1991)

대재앙의 폭풍을 동반한 홍수는 남쪽에서 왔다. 이것은 언덕과 들판을 건너 메소포타미아로 들이닥친 홍수와 구름과 바람이 다가온 방향을 말해 준다. 실제로 만약 남극 대륙에서 폭풍과 해일이 시작됐다면, 그것은 아라비아의 언덕들을 지나 인도양을 거쳐 티그리스 강과 유프라테스 강 주변의 평야를 덮쳤을 것이다. 또 우트나피시팀은 그들의 땅이 물에 잠기기 전에 마른 땅의 방죽과 둑들이 무너졌다고 했다. 즉 대륙의 해안선이 해일에 의해 물에 잠겼다는 말이다.

「창세기」의 대홍수 이야기에서는 "그날에 큰 깊음의 샘들이 터지며 하늘의 창들이 열려(on that day all the springs of the great deep burst forth, and the floodgates of the heavens were opened)"(「창세기」 7:11, NIV)라고 기록되어 있듯이, 먼저 깊은 곳, 즉 지구 가장 남쪽의 얼어붙은 남극해에서 물이 나온 후, 그 다음에 하늘에서 비가 내리기 시작했다.

그리고 대홍수가 끝난 후에는 이 과정이 거꾸로 반복된다. "깊음의 샘이 막히고 하늘의 창이 막히고 하늘에서 비가 그치매(Now the springs of the deep and the floodgates of the heavens had been closed)"(「창세기」 8:2, NIV)라고 기록되어 있듯이, 먼저 깊은 샘이 닫히고 그 다음에 하늘에서 내리던 비도 그친다.

최초의 거대한 해일 후에도 거대한 파도가 왔다갔다했다. 그러다가 물이 줄어들고 150일이 지나서야 물이 빠지고 방주가 아라라트 산에 머문다. 거대한 물은 남쪽 바다, 즉 남극해에서 왔다가 다시 남쪽 바다인 남극해로 갔던 것이다.

7. 신들이 일으킨 것이 아니라 천체우주물리학의 원리에 일어난 대홍수

인간은 닥쳐오는 자연의 재앙을 알아차리지 못했지만 신들은 알고 있었다. 또한 신들은 비록 대홍수를 막아낼 수는 없었지만 그것이 닥쳐올 시기는 알고 있었다. 인간을 멸망시키려는 신들의 계획은 능동적인 것이 아니라 수동적인 침묵이었다. 구약에서 말하는 것처럼 신들은 홍수를 일으키지 않았다. 다만 신들은 그것이 닥친다는 사실을 인간들에게 숨겼을 뿐이다.

지구를 떠난 신들은 좁은 우주선에 갇혀서 그들이 방금 이륙한 지구에서 어떤 일이 벌어지는지를 지켜보고 있어야만 했다. 위대한 신들의 그룹인 아눈나키도 남쪽에서 시작한 대지진과 이에 따른 홍수가 이리 클 것이라고는 미처 생각하지 못했던 것 같다. 우주선에선 인안나 여신이 "옛것들이 모두 진흙으로 되돌아갔다"며 울부짖고, 그녀와 같이 있던 다른 신들 또한 입을 꼭 다문 채 모두 앉아 울고만 있었다.

아눈나키의 결정은 지구를 버리고 하늘로 올라가는 것이었다. 위대한 하늘의 신인 안(An)이 신들의 중요한 회의에 직접 참석한 것으로 보아 그때 신들의 고향인 니비루(Nibiru) 행성이 지구 가까이의 소행성대(The Asteroid belt)를 지나고 있었음이 분명하다. 바로 대홍수는 니비루 행성이 지구에 근접할 때, 즉 근지점(Perigee)에 접근할 때, 엄청난 인력에 의해 남극의 빙하가 바다로 미끄러져 들어가 발생한 것이다. 그로 인해 거대한 해일이 발생한 것이다. 남쪽에서 바람이 분 것으로 보아 남극 대륙에서 지진 등의 지각 변동이 일어났음을 알 수 있다. 이는 신들이 대홍수를 일으킨 것이 아니라 니비루가 근지점에 접근할 때 천체우주물리학의 원리에 의해 지구에서는 남극 대륙의 빙하가 깨져 바다로 미끄러져 들어가고 각종 지진과 해일 등이 일어난 것이다.

8. 방주가 아라라트(니시르) 산에 도착하다

6일 밤낮으로 남쪽에서 폭풍이 불어왔다. 전쟁터의 군대처럼 싸우던 폭풍이 조용해졌다. 바다는 잠잠해졌다. 우트나피시팀은 기후를 살폈다. 정적이 찾아왔다. 모든 인간이 다시 진흙으로 돌아가 있었다.

폭풍우가 끝나자 우투나피시팀은 배의 문을 열었고, 빛이 그의 얼굴에 비쳤다. 그가 둘러보자 땅이 평평한 지붕처럼 온통 물로 바뀌어 있었다. 그는 땅에 엎드려 얼굴에 눈물을 흘리며 흐느꼈다.

"산악지대가 눈에 들어왔다.
배는 구원의 산에 멈추었다.
니시르(Nisir, 구원)의 산이 배를 잡고 있었다.
배는 꼼짝도 하지 않았다."
("There emerged a mountain peak for that point.
The boat came to rest on Mount Nisir.
Mount Nisir held the boat fast,
Allowing no shifting position.
One day, a second day, Mount Nisir held the boat fast,
Allowing no shifting position.")(Temple, Tablet XI, 1991)

9. 번제를 드리자 신들이 파리떼처럼 몰려들다

6일 동안 우트나피시팀은 구원의 산(구약의 아라랏 산, Ararat, 「창세기」 8:4)의 정상 방주에서 밖을 내다보았다. 그리고 노아가 그랬던 것처럼 비둘기(a dove)를 내보냈는데 돌아왔다. 그래서 제비(a swallow)를 내보냈는데 다시 돌아왔다. 세 번째로 까마귀(a raven)를 내보내자 자유롭게 날아가 쉴 곳을 찾았다. 우트나피시팀은 그제서야 방주 안에 있던 새와 동물을 내보내고 자신도 방주 밖으로 나왔다. 그리고 제단을 쌓아 노아가 그랬던 것처럼 똑같이 산 정상에서 번제(burnt offerings)를 신께 바쳤다.

그런데 여기서 구약의 유일신과 수메르 신들과의 차이점이 드러난다. 노아가 번제를 드렸을 때는 하나님이 그 향기를 흠향(歆饗)하셨지만(「창세기」8:21), 우트나피시팀이 번제를 드리자 '신들(the gods)'이 그 냄새를 맡았다. 그리고 많은 신들이 파리떼처럼 몰려들었다.

"신들이 흠향하셨다.
번제 주위로 많은 신들이 파리떼처럼 몰려들었다."
("The gods smelled the savour.
The gods gathered like fliers around the sacrificer.")(Temple, Tablet XI, 1991)

지구가 홍수에 잠겨 있는 동안 우주선을 타고 지구 주위를 돌던 신들과 여신들이 정상에 착륙했다. 신들의 여인(Lady of the Gods)인 인안나(Inanna) 여신도 정상에 도착했다. 그녀는 다음과 같이 말을 하는데, 구약에서는 여호와 하나님(야훼)이 "다시는 인간과 생물을 멸망시키지 않겠다"고 말하고 있지만(「창세기」8:21), 『길가메시 서사시』에서는 인안나 여신이 다음과 같이 말을 한다.

"오 예 모든 신들이 다 모였네!

내 분명 내 청금석 목걸이를 잊지 않듯이

이 날을 기억하고 인간을 다시는 잊지 않겠다."

("O ye gods here present!

Just as surely as I shall not forget

The lapis lazuli around my neck,

So shall I remember these days,

Never forgetting them.")(Temple, Tablet XI, 1991)

10. 엔릴 신이 아라라트 산에 도착, 살아 있는 인간을 보고 화를 내

그러나 문제는 다른 데 있었다. 나중에 엔릴 신이 도착했을 때 그는 음식에는 별 관심이 없었다. 다만 배와 생존자가 있다는 사실을 알고 진노했다. 엔릴 신은 화가 치밀어올라 하늘에 있던 젊은 신들 그룹인 이기기 신들(Igigi gods)에게 소리쳤다.

엔릴 신이 도착해서 보트를 보았다,

그는 화가 엄청나서,

이기기 신들에게 소리쳤다.

"무엇이라고! 살아 남은 자가 있다고?

아무도 멸망을 피할 수 없었는데!"

(Now when Enlil arrived and saw the boat,

He waxed wroth,

He was filled with fury against Igigi gods and said:

"What!-Has any mortal escaped?

No mortal was to survive the destruction!")(Temple, Tablet XI, 1991)

엔릴 신의 아들인, 전쟁의 신(God of War)인 닌우루타(Ninurta)가 곧

바로 엔키 신을 의심하고 엔릴에게 다음과 같이 말한다.

> "엔키가 아니라면 누가 그런 계획을 세웠겠습니까?
> 엔키 신만이 모든 것을 알고 있습니다."
> ("Who besides the god Enki could devise such a plan?
> The god Enki alone understands every matter.")(Temple, Tablet XI, 1991)

11. 엔릴 신과 엔키 신의 화해, 영생을 얻는 우트나피시팀

엔키 신은 이런 의심을 부정하는 대신에 자신을 변호한다. 엔키 신은
엔릴 신의 지혜를 칭송하고 엔릴 신이 비합리적이지 않을 것이라고 덧
붙이면서 변명한다. 그리고 엔릴 신이 대홍수가 일어나기 전에 인간을
멸망시키기 위해 여러 가지 기근을 주고, 사자로 하여금 인간을 잡아
먹게 하고, 각종 병을 일으켜 멸망시키려 했지만, 그 노력들이 인간을
멸망시키지 못했다고 주장하면서, 대홍수로도 인간들이 전부 멸망되
지 않도록 자비를 베풀라고 충고한다. 그렇다면 대홍수가 일어나기 전
에 인간을 멸망시키기 위해 그 어떤 계획이 있었다는 것이 아닌가? 이
점에 대해서는 『아트라하시스 서사시』를 참고하라.

> "더욱이, 나는 결코,
> 위대한 신들의 비밀을 누설하지 않았네.
> 난, 단지, 대단이 현명한 우트나피시팀에게
> 신들의 비밀이 무엇인지 꿈을 꾸게 하여
> 그것들을 스스로 인지하게 했네.
> 자, 그에 관하여 회의를 해보세."
> ("What is more, it was not I
> Not I who revealed the Secret of the Great Gods,

I allowed Utnapishtim, he who abounds in wisdom

To see a dream

It was thus that he perceived

The secret of the Great Gods.

Now then take counsel concerning him.")(Temple, Tablet XI, 1991)

엔키 신은 신들의 비밀을 스스로 알아낼 수 있을 정도로 현명한 인간의 능력을 무시하지 말자고 엔릴을 회유한다. 분노가 잦아들자 엔릴도 인간이 살아남은 것이 쓸모가 있다는 사실을 깨닫게 된다. 신들은 물이 빠진 후 드러난 마른 땅과 거기서 자라는 식물들을 보고 인간과 화해해야겠다는 생각을 가졌을는지도 모른다. 신들은 닥쳐올 대홍수를 알고 있었지만 그것이 전례 없는 것이라 대홍수 이후에는 지구가 다시는 생명체가 살 수 없는 땅이라고 생각했던 것 같다. 그러나 그들은 아라라트 산에서 사실은 그렇지 않다는 것을 확인한다. 지구는 여전히 신들이 살 수 있는 땅이었으며, 그리고 여전히 신들에게는 인간이 필요했던 것이다. 바로 그때 엔릴 신께서 우트나피시팀에게 영원한 생명을 허락한다.

"그러자 엔릴이 배에 올랐다.
나의 손을 잡고
나를 배에 태웠다
나의 아내도 배에 태우고,
그녀를 내 옆에 무릎 꿇고 앉게 하고
엔릴은 아내와 내 사이에 서서,
이마에 손을 대고 우리를 축복했다:
지금까지 우트나피시팀은 죽을 인간에 불과했다

그러나 앞으로 우트나피시팀과 그의 아내는
우리 신들과 같아질 것이다.
우트나피시팀은 멀리 있는-
그곳은 천상의 강물이 모이는 곳에-
거기서 거주하며 살게 될 것이다!"
("Then Enlil went up into the ship.

He grasped my hand,

He caused me to go aboard,

He caused my wife to go aboard,

He made her to kneel beside me

He stood there between us,

He touched our foreheads and blessed us:

"Until now, Utnapishtim has been a more mortal

But from now shall Utnapishtim and his wife

Be like unto us gods.

Utnapishtim shall reside far away-

At the confluence of the celestial rivers-

There shall he dwell!")(Temple, Tablet XI, 1991)

그렇게 해서 우트나피시팀은 페르시아만으로부터 멀리 있는, 유프라테스 강과 티그리스 강이 합류하는 지점인 딜문 지역, 즉 신들의 처소로 옮겨졌고 영생(Eternal Life, Immortality)을 받아 신들 사이에서 살게 되었다는 것이, 길가메시가 우트나피시팀으로부터 들은 이야기였다. 그렇다면 어떻게 하면 길가메시도 그렇게 될 수 있을까?

"하지만 오 길가메시여,

누가 그대를 위해 신들을 모이게 하여

그대가 찾는 생명을 얻게 할 것인가?"

("But now, o Gilgamesh, as for you,

Who will assemble the gods for you

That you may find the Life that you seek?")(Temple, Tablet XI, 1991)

12. 실망하여 실신한 길가메시, 생명 연장의 불로초를 받다

우트나피시팀의 이야기를 들은 길가메시는 자신에게 영생을 선포할
수 있는 것은 신들뿐이며, 그것도 회의를 거쳐야만 한다는 것을 깨달
았고, 또 자기 힘만으로는 영생을 얻을 수 없다는 사실을 깨닫고, 결국
실신하고 만다. 길가메시는 여섯 날과 일곱 밤 동안을 완전히 기절한
상태로 지낸다. 그것을 보고 우트나피시팀은 그의 아내에게 다음과 같
이 말한다.

"영생을 찾겠다는 저 영웅을 보시게!

잠만 자면서 안개처럼 흩어지고 있지 않나."

("Behold, the strong one who seeks Life-Everlasting!

Sleep breathes upon him like light rain in a mist.")(Temple, Tablet XI,
1991)

우트나파시팀과 그의 아내는 길가메시가 잠을 자는 동안, 그가 깨
어나서 그가 왔던 길과 그가 들어왔던 문으로 안전하게 자기 나라로
돌아갈 수 있도록 길가메시를 돌봐 주었다. 길가메시가 깨어나자 머리
를 감게 하고 새옷을 입히고, 마침내 길가메시를 데려가도록 사공 우
르샤나비가 불려왔다.

그러나 길가메시가 막 떠나려고 하는 순간에 우트나피시팀의 아내는 돌아가는 길가메시에게 선물을 하나 주자고 제안한다. 이에 우트나피시팀은 길가메시에게 또 다른 신들의 비밀 하나를 털어놓는다. 길가메시가 죽음을 피할 수는 없지만 생명을 연장할 수는 있다는 것이었다. 즉 신들이 영원한 젊음을 유지하기 위해 먹는 비밀의 식물을 얻으면 생명을 연장할 수 있다는 것이었다. 오늘날의 불로초(不老草, elixir of life)가 있다는 것이었다.

"길가메시여, 그대는 온갖 고생을 다하며
여기까지 왔네.
내가 그대에게 어떤 선물을 주어
그대의 나라에 돌아가게 할까?
길가메시여, 내가 비밀 한 가지를 말하겠다.
정말이야, 신들의 비밀 한 가지를 말하겠다:
여기 식물 한 가지가 있는데,
그 가시는 갈매나무와 같고,
그 가시들이 그대의 손을 찌를 것이다
마치 장미 가시가 일어나
그대의 손을 찌르듯이 말이다.
그 식물이 그대 손에 들어가게 되면
그대는 새 생명을 찾게 되리라."
("Gilgamesh, you have come hither,
You have wearied yourself.
What gift shall I make to you
That you may return to your land?
Gilgamesh, I will disclose unto you

A hidden thing.

Yes, a secret of the gods will I tell unto you:

There is a plant,

Its thorn is like the buckthorn,

Its thorns will prick your hands

As does the rose

If that plant shall come to your hands

You will find new life.")(Temple, Tablet XI, 1991)

그 다음에 나오는 내용을 통해, 우리는 그 식물이 물속에서 자란다는 것을 알 수 있다.

길가메시는 그 말을 듣자마자

배수관을 열었다

그는 진주를 캐는 다이버처럼 무거운 돌을 양 발에 묶었다.

돌 무게 때문에 길가메시는 물 속 깊이 가라앉았다

그리고 거기에서 그 식물을 보았다.

가시가 손을 찔렀지만 길가메시는 식물을 잡았다.

발에서 무거운 돌을 떼어내고

재빨리 해변가로 돌아왔다.

(No sooner had Gilgamesh heard this

Than he opened the water-pipe

He tied heavy stones on his feet in the manner of the pearl divers

They pulled him down into the deep

There he saw the plant.

He took the plant, though it pricked his hands.

수메르에서 발견된 원통형 인장에 새겨진 그림. 사자와 싸우는 길가메시와 젊음을 지속시키는 식물을 들고 있는 길가메시. Credit : 시친, II, 2009, p 259. © Z. Sitchin Reprinted with permission.

He cut the heavy stones from his feet

The sea cast him up upon its shore.)(Temple, Tablet XI, 1991)

우르샤나비와 함께 돌아오면서 길가메시는 승리에 겨워 말한다.

"우르샤바니여, 이 식물은 모든 식물들 중에서 독특한 것이라네.

이 것을 통해 사람이 생명력을 되찾을 수 있다네.

이 식물을 성벽으로 둘러싸인 우르크로 가져갈 걸세.

우르크에서 이 식물을 먹을 걸세….

그리고 이 식물을, 늙은 인간을 젊어지게 하는 것이라 부를 걸세.

나는 이 식물을 먹고,

내 청춘으로 돌아갈 걸세."

("Urshanabi, this is the plant that is different from all others.

By its means a man can lay hold of the breath of life.

I shall take it to Uruk of the ramparts.

I shall cause....

To eat the plant....

It shall be called Man Becomes Young in Old Age.

I myself shall eat it,

that I may return to the state of my youth.")(Temple, Tablet XI, 1991)

『길가메시 서사시』의 여러 장면들을 보여 주는 c.BC 1700년 무렵의 수메르 원통형 인장(Cylinder seal)이 발견되었는데, 이것의 왼쪽에는 반쯤 나체 상태인 길가메시가 사자들과 싸우고 있는 모습이 새겨져 있고, 오른쪽에는 길가메시가 우르샤나비에게 젊음을 지속시키는 식물을 들어 보이는 모습이 새겨져 있다. 그리고 가운데 있는 신은 특이한 나선형의 무기를 들고 있는 것으로 묘사되어 있다.

13. 뱀에게 불로초를 빼앗기는 길가메시

그러나 길가메시 이후 젊음의 식물을 찾아 나섰던 모든 사람들의 이야기가 그러하듯이, 길가메시는 불운을 맞는다. 길가메시와 우르샤나비

수메르에서 발견된 원통형 인장에 새겨진 그림. 영생을 얻지 못하고 죽음의 사자에게 쫓기는 길가메시. Credit : 시친, Ⅱ, 2009, p 261, © Z. Sitchin Reprinted with permission.

가 밤에 잠을 자려고 준비를 할 때, 길가메시는 시원한 우물 샘을 발견한다. 그는 물에서 목욕을 하려고 샘으로 내려간다. 그때 재앙이 닥쳤다. 뱀 한 마리가 그 식물의 향기를 맡고 다가와 그 식물을 가져간다. 갈가메시는 식물을 빼앗기자 망연자실한다.

"그러자 길가메시는 주저 앉아 울었다.
그의 눈물이 얼굴을 타고 흘렀다.
그는 사공 우르샤나비의 손을 잡았다.
누구를 위해 나의 손이 고생했나?
누구를 위해 내 심장의 피를 흘렸나?
나는 나를 위해 어떠한 기회를 얻지 못했네.
나는 그 기회를 지구-사자(뱀)에게 줘 버렸네."
("Then Gilgamesh sat down and wept.

His tears flowed down his cheeks.

He took the hand of Urshanabi, the Boatman:

For whom have my hands laboured, Urshanabi?

For whom has my heart's blood been spent?

I have not obtained any advantage for myself.

I have only obtained an advantage for the earth-lion.")(Temple, Tablet XI, 1991)

또 다른 수메르 인장에는 길가메시 서사시의 비극적 결말이 잘 묘사되어 있다. 날개 달린 문을 배경으로 우르샤나비가 배의 노를 젓고 있고, 길가메시는 뱀과 싸우고 있다. 그리고 영생을 찾지 못한 길가메시는 죽음의 사자로부터 쫓기고 있는 모습으로 그려져 있다.

우르크에 세워진 이시타르(인안나)의 지구라트 신전인 에안나(Ziggurat in the Eanna Sector at Uruk(Andre Parrot, Sumer). Credit : Thackara, 『The Epic of Gilgamesh: A Spiritual Biography』. at Sunrise Magazine Online.

그 후 실망한 길가메시는 우르크로 돌아오지만, 장엄한 우르크의 성벽과 이시타르(인안나)의 지구라트 신전인 에안나가 그로 하여금 기운을 회복되게 만들고, 곧바로 우르샤나비의 모험적인 공적을 치하한다. 이것이 그 후로 수없이 많은 세월 동안 서기들이 베끼고 번역하고, 시인들이 낭송하고, 이야기꾼들이 전한, 영생을 찾아 나섰다가 실패한 최초의 이야기인 『길가메시 서사시』이다.

17절 <점토판 12(Tablet 12)> - 지하세계에 갇힌 엔키두

<점토판 12>는 영국 옥스포드 대학의 수메르 전자문학문서(ETCSL)의 길가메시 관련 5편의 시 중 『길가메시, 엔키두와 지하세계(Gilgamesh, Enkidu and the nether world)』의 아카드어 확장본이다(Black et al., 1998–

2006). 그러나 내용으로 보아 알려지지 않은 또 다른 수메르 버전에 기초를 하고 있음을 알려주고 있다.

특이한 것은 『길가메시 서사시』에서는 엔키두가 죽었지만, 아직도 살아 있는 것으로 묘사되고 있는데, 이러한 이유로 특별 부록으로 간주되기도 한다. 전체 내용은 여러 가지 죽음의 운명과 지하세계를 다루고 있다. 길가메시는 엔키두에게 여러 가지 사물들(objects)이 지하세계에 떨어졌음을 고백하고, 엔키두는 그것들을 지하세계에서 찾아오도록 하는 제안을 받는다. 다른 버전에서는 그 것이 드럼(drum)으로 나오고 공(ball)으로 나오기도 하지만, 그러나 그 사물들이 구체적으로 무엇인지 명확히 알 수는 없다.

기쁨에 찬 길가메시는 엔키두에게 그것들을 되찾아 오기 위해 지하세계에서 해야 할 일과 해서는 안될 일을 얘기한다. 엔키두는 하지 말아야 할 것들을 모두 이행함으로써 지하세계는 그를 가둔다. 이에 길가메시는 지하세계의 신들에게 그의 친구를 되돌려달라고 기도한다. 엔릴 신과 난나(Sin, Suen) 신은 아무런 답변을 하지 않았지만, 엔키(Enki, Ea) 신과 샤마시 신은 도와주기로 결정한다. 샤마시 신은 땅에 구멍을 내고 엔키두의 영혼이 그곳으로부터 뛰쳐 나오게 한다. 점토판은 길가메시가 엔키두에게 지하세계에서 무엇을 보았는지 질문하는 것으로 끝을 맺는다.

18절 다른 버전들

이 아카드어 표준 버전 이외에도 고대 바벨로니아(BC 1830-c.BC

1531)의 아카드어 버전도 있는데, 이를 고대 바벨로니아 버전(Old-Babylonian Versions)이라고 한다. 또한 하티이트어로 된 히타이트 버전(Hittite Version)도 있다. 고대 바벨로니아 버전과 히타이트 버전은 표준 버전과 같이 〈점토판 1~12〉까지 기록하고 있다.

이 밖에도 『바벨로니아 길가메시 서사시(Babylonian Epic of Gilgamesh)』라 불리는 『바벨로니아 아트라하시스 서사시(Babylonian Epic of Atrahasis)』 또는 『아카드어 아트라하시스 서사시(Akkadian Atrahasis Epic)』가 있다(George, 2003). 이는 c.BC 1640년에 쓰여진 고대 바벨로니아 시대의 기록이다. 『길가메시 서사시』가 1~12까지의 점토판들에 기록된 반면 『아트라하시스 서사시』는 1~3까지의 점토판들에 기록되어 있다(Lambert and Millard, 1965 & 1966 & 1999). 길가메시의 〈점토판 11(XI)〉과 아트라하시스 〈점토판 3(III)〉은 홍수의 비밀을 담고 있다. 특히 길가메시의 〈점토판 11(XI)〉을 길가메시의 홍수의 비밀(Gilgamesh Flood Myth)이라고 부른다.

이외에 c.BC 3000-c.BC 2500년경에 고대 수메르어로 쓰여진 길가메시 관련 칭송 시(Poem)도 5편이나 된다(Black et al., 1998-2006). 그래서 역사적으로 가장 오래된 수메르어 시대의 기록을 보려면 이 5편의 시를 참조해야 한다.

19절 지우수드라=아트라하시스=우트나피시팀=노아

고고학적으로 고대문서를 살펴보면 구약성경의 현존하는 문서는 1947년에서 1956년에 이스라엘 사해(死海) 서쪽 해안가인 쿰란 동굴에서

사해사본(DSS)이 발견된 쿰란 동굴. Credit : Crysalinks.com[10]

BC 150-AD 75년에 히브리어로 쓰여진 타나크(Tanakh)의 사본인 사해사본(Dead Sea Scrolls, DSS)이다.

이 사해사본이 가장 오래된 것으로 사해사본의 「창세기」에는 노아(Noah, 쉬었다는 뜻)가 홍수의 영웅으로 등장하지만, 고대 도시인 니푸르(Nippur)에서 발굴된 단 하나의 점토판(Clay tablet, 粘土板)에 c.BC 2150년에 수메르어로 쓰여진 문서인(Davila, 1995) 『수메르 창조 신화와 홍수 신화(Sumerian creation myth and flood myth)』, 즉 『에리두 창세기(Eridu Genesis)』에는 슈루팍(Shuruppak, Suruppag, Curuppag)의 왕인 지우수드라(Ziusudra, 영생을 찾다라는 뜻, 우트나피시팀의 수메르어 이름)가 홍수의 영웅으로 등장한다.

---

10 http://www.crystalinks.com/sacredcaves.html

또한 1876년 고대 수메르 도시인 시파르(Sippar, 수메르어로 Zimbir) 에서 발견된, c.BC 1640에 아카드어로 1-3개의 점토판에 쓰여진 『아 트라하시스 서사시(Babylonian Epic of Atrahasis or Atra-Hasis)』에는 아카 드어 이름인 아트라하시스(Atrahasis, 매우 현명하다= exceedingly wise는 뜻)가 홍수의 영웅으로 등장하고, 『길가메시 서사시』에는 슈루팍의 왕 인 우트나피시팀(Utnapishtim, 영생을 찾다라는 뜻, 수메르어 이름인 지우수 드라의 아카드어 이름)이 홍수의 영웅으로 등장한다.

이것은 원래 수메르어의 지우수드라가 각 시대에 따라 각기 다른 아카드어로 음역되거나 번역된 것이다. 그러므로 지우수드라=아트라 하시스=우트나피시팀=노아는 같은 인물로 보는 것이 타당하다.

2장
c.BC 1640년에 쓰여진
『아트라하시스 서사시』

c.BC 1640년에 쓰여진 『아트라하시스 서사시』는 「창세기」에서 말해주지 않는 '인간 창조와 노아 홍수의 비밀'을 파악할 수 있는 귀중한 고대문서이다. 특히 600년 사이클의 6번의(600년 × 6번 = 3,600년) 기근과 질병 등은 예수님께서 〈마태복음〉 24장 36절~39절을 통해 말씀하신 "노아의 때와 같이 인자의 임함도 그러하리라(As it was in the days of Noah, so it will be at the coming of the Son of Man)"(NIV)와 밀접한 관계가 있다. 홍수 전에 노아가 방주에 들어가던 날까지, 사람들이 먹고 마시고 장가들고 시집가고 있으면서, 홍수가 나서 저희를 다 멸하기까지 깨닫지 못하였으니, 예수님이 재림할 때에도 이와 같다고 말씀하신 것이다. 이 것은 「요한계시록」 6장에 등장하는 '일곱 봉인(The Seven Seals)'에 담긴 심판 중 첫째~여섯째 봉인의 심판과 밀접한 관계가 있다. 이에 대해서는 마지막 시리즈인 『바이블 매트릭스』 제5권의 『예수님의 재림과 새 하늘과 새 땅의 창조』에서 자세히 다룰 것이지만, 그래서 노아 홍수 때의 정황을 잘 파악해야 한다.

1절 고고학적 발굴

1876년 고대 수메르 도시인 시파르(Sippar)에서 발견된 『아트라하시스 서사시』는 고대 바빌로니아 왕조(BC 1830-c.BC 1531)의 아미-사두카(Ammi-saduqa, c.BC 1647-c.BC 1626) 왕 시대 때인 대략 c.BC 1640년에 쓰여진 것이다. 이는 고대 수메르어로 된 『길가메시 서사시』를—아직 발견되지 않음—아카드어 설형문자(Akkadian Cuneiform)로 각색 편집한 것으로 바벨로니아 버전이라 한다. 아카드어로 쓰여진 『길가메시 서사시』가 1-12개의 점토판들에 기록된 반면 『아트라하시스 서사시』는 1-3개의 점토판들에 기록되어 있다(Lambert and Millard, 1965 & 1966 & 1999; Dalley, 1998).

영국 대영박물관에 보관되어 있는 설형문자 점토판(Cuneiform tablet)의 『아트라하시스 서사시』(Cuneiform tablet with the Atrahasis Epic, Length: 25 cm, Width: 19.4 cm, ANE 78941, Room 56, Early Mesopotamia, case 25)[1]

시파르에서 발견된 길이 25cm에 넓이 19.4cm의 아카드어 설형문자 점토판들은 현재 영국의 대영박물관(British Museum)에 전시되어 있다.

고고학적으로 가장 오래된 구약성경의 현존하는 문서는 1947년에서 1956년에 이스라엘 사해 서쪽 해안가인 쿰란 동굴에서, BC 150-AD 75년에 히브리어로 쓰여진 타나크의 사해사본이다. 이 사해사본이 가장 오래된 것으로 사해사본의「창세기」에는 노아가 홍수의 영웅으로 등장한다.

하지만 고대 도시인 니푸르(Nippur)에서 발굴된 단 하나의 점토판에, c.BC 2150년경에 수메르어로 쓰여진(Davila, 1995)『에리두 창세기』, 즉 영국 옥스포드 대학의 수메르 전자문학문서의『홍수 신화(The Flood story)』와 c.BC 2100년경에 쓰여진『슈루팍의 명령(The instructions of Suruppag)』에는 슈루팍의 왕인 지우수드라(Ziusudra)가 홍수의 영웅으로 등장한다(Black et al., 1998-2006).

또한『아트라하시스 서사시』에는 아카드어 이름인 아트라하시스(Atrahasis)가 홍수의 영웅으로 등장하고, c.BC 1150년경에 쓰여진『길가메시 서사시』에는 슈루팍의 왕인 우트나피시팀(Utnapishtim)이 홍수의 영웅으로 등장한다.

이것은 원래 수메르어의 지우수드라가 각 시대에 따라 각기 다른

---

1 British Museum: Cuneiform tablet from Sippar with the story of Atra-Hasis - http://www.britishmuseum.org/explore/highlights/highlight_objects/me/c/cuneiform_the_atrahasis_epic.aspx, http://www.ancientx.com/nm/anmviewer.asp?a=115

아카드어로 음역되거나 번역된 것이다. 그러므로 지우수드라=아트라하시스=우트나피시팀=노아는 같은 인물로 보는 것이 타당하다.

2절 『아트라하시스 서사시』의 내용 요약

〈점토판 1(Tablet I)〉에는 신들의 역할과 인간 창조(Creation of Humans)의 비밀을 다루고 있다. 최고의 신인 안(아누, Anu, An)과 그의 아들인 엔릴(Enlil) 신과 엔키(Enki, Ea) 신 및 아루루(닌후르쌍) 여신 등 여러 신들이 등장하고 이들 12명의 고위 신들로 구성된 아눈나키(Great Ahnunnaki)가 등장한다.

이 땅에는 많은 신들이 내려왔는데, 고위 신들인 아눈나키 이외의 신들, 즉 계급이 낮은 젊은 신들(Lower Gods)을 이기기 신들(Igigi-Gods)이라 표현하고 있는데, 이를 「창세기」 6장 1-4절에는 하나님의 아들들(sons of God), 즉 네피림(Nephilim)이라 표현하고 있으며, 이들은 주로 아프리카에서 금을 캐고 티그리스 강(Tigris, 「창세기」 2장 14절의 '힛데겔')과 유프라테스 강(Euphrates, 「창세기」 2장 14절의 '유브라데')을 파고 수로와 둑을 만드는 등의 매우 힘든 일을 했다.

이들은 힘든 일에 반대하며 폭동(insurrection)을 일으키고, 그 결과 이들을 대신해 일을 할 인간을 창조한다. 먼저 주형(모델)을 창조한다. 엔키와 닌후르쌍(아루루) 여신은 원인(Apewoman)의 난자(유전자)에 신의 정자(유전자), 그리고 이 땅의 구리 등의 22개 원소를 융합시키는 최첨단 생명공학기술로 반드시 죽어야 할(Mortal) 아담(Adam)과 이브(Eve)를 창조한다. 그 다음 주형의 유전자를 복제하여 남녀 7쌍을 창조한다. 그러나 처음의 인간들은 섹스를 하되 임신이 되지 않는 상태였다. 어차피 신들은 이 땅에서 금을 캐서 신들의 고향으로 가져가, 신들의 고향의 대기가 좋아지면, 이 땅에서 모두 떠날 것이기 때문에, 인간들은 반드시 죽어야 할 운명과 섹스를 통해 자식을 낳으면 안 되는 운명이었다.

〈점토판 2〉에는 인간이 섹스를 통해 자식을 낳게 되면서, 그 결과 인간의 수가 늘어나, 인간의 수를 줄이기 위해, 엔릴 신이 질병(disease)과 기근(famine)과 가뭄(drought)을 이 땅에 보내는 이야기가 적혀 있다. 인간들은 600년씩 6회 동안, 즉 3,600년 동안 신들이 내린 질병과 기근에 고통을 당한다. 〈점토판 2〉에는 인간이 어떻게 해서 자식을 낳을 수 있었는지가 설명되어 있지는 않다. 그러나 다른 수메르 문서들을 통해 우리는 이것이 「창세기」 3장에 나오는 선악과(knowing good and evil)임을 짐작할 수 있다. 이때 뱀(serpent)이 바로 물의 신인 엔키 신이며, 엔키 신이 아담의 정자(유전자)와 이브의 난자(유전자)를 생명공학기술로 조작해 자식을 낳을 수 있도록 했다.

〈점토판 3〉에는 마지막 고통이 시작되는 3,600년 이후의 대홍수의 이야기가 적혀 있다. 엔키 신의 경고에 따라 아트라하시스가 방주를 만드는 이야기가 적혀 있다. 〈점토판 3〉은 『길가메시 서사시』를 기록한 〈점토판 11〉의 홍수 내용과 거의 같지만 〈점토판 11〉에는 없는 내용이 담겨 있다. 특히 대홍수를 보고 아루루(닌후르쌍) 모신의 인간에 대한 정과 슬피 우는 모습이 담겨 있다. 홍수는 신들이 내린 것이 아니다. 신들의 행성인 니비루(Nibiru)가 소행성대로 접근할 때 그 중력장(인력장)에 의해 남극 대륙의 빙하가 깨져 바다로 들어가면서 엄청난 지진과 해일과 폭풍이 전 지구를 덮친 것이다. 그러나 신들은 이러한 사건을 미리 알고 있었다. 다만, 인간에게는 비밀로 한 것이다. 아무튼 아트라하시스는 인간과 동물을 구원했다는 이유로 신들로부터 칭송을 받지만 영생(Eternal Life, Immortality)을 얻지는 못한다.

3절 『아트라하시스 서사시』의 출처/인용

다음은 여러 인터넷 사이트와 댈리(Dalley)의 『메소포타미아 신화(Myths From Mesopotamia)』(Dalley, 1998) 중 『아트라하시스 서사시』, 〈점토판 1-3〉 부분을 참조하여 한글로 번역하고 정리한 것이며, 여기에 소개하는 내용은 댈리의 영문 번역본에 따른 것이다.

4절 <점토판 1(Tablet I)> - 금을 캐러 오신 신들, 인간 창조, 노아 홍수의 조짐

1. 인간 창조 전 신들의 문제

이 땅에는 신들의 고향 행성인 니비루(Nibiru)에서 많은 신들이 내려왔다. 신들이 왜 이 땅에 내려왔을까? 그 목적은 금(Gold)을 캐기 위함이었다. 아프리카 광산에서 채광된 금은 메소포타미아로 옮겨졌고, 다시 페르시아만 항구에서 수메르 지역의 바드티비라(Bad-tibira)로 옮겨져, 여기에서 정제했다. 정제된 금은 신들의 우주공항인 시파르(Sippar)를 거쳐 신들의 고향인 니비루(Nibiru)로 우주선을 통해 옮겨졌다. 신들의 고향인 니비루의 대기환경이 나빠졌기 때문에 이를 치료하기 위해서는 금가루를 뿌려야 했기 때문이다. 과학적으로 금과 은은 대기의 오염을 정화시킨다.

따라서 이 땅에는 두 계급의 신들이 내려왔다. 하나는 고위급 신들(Higher gods)이었고, 다른 하나는 젊은 신들로 구성된 저위급 신들(Lower gods)이었다. 저위급 신들은 인간이 창조되기 전에 두 가지 일을 했다. 한 그룹은 아프리카 광산에서 금을 캐거나 수메르 지역에서 강을 막아 수로를 만들거나 했다. 또 한 그룹은 신들의 고향인 니비루로 금을 실어 나르는 화성(Mars)의 우주비행 군단(Astronaut Corps) 또는 지구 궤도를 도는 모선(mother spaceship, 母船)에 속해 일을 했다. 이들은 지구에 착륙하지 않고 지구 궤도를 도는 모선에서 지구로 우주왕복선을 보내고 받았다.[2]

호로위츠(Horowitz)는 그의 저서 『메소포타미아인들의 우주적인 지리학(Mesopotamian Cosmic Geography)』에서 고대 기록인 점토판 〈KAR 307 30-38(VAT 8917)〉을 들어 이 땅에 내려온 이기기 신들이 600명이었고, 하늘에서 대기하는 이기기(Igigi) 신들은 300명이라고 서술하고 있다(Horowitz, 1998, p. 4). 작고하신 시친(Sitchin)은 그의 저서 『수메르, 혹은 신들의 고향(The 12th Planet(Book I)』(2009)와 『틸문, 그리고 하늘에 이르는 계단(The Stairway to Heaven(Book II)』(2009)에서 실제로 아눈나키라는 단어가 '하늘에서 내려온 50명'이라는 뜻이라며, 처음 이 땅에 오신 엔키 신과 이기기 신들은 50명이었다고 서술하고 있다. 이들은 에킨 신의 지시로 에리두를 건설했다. 이들 이기기 신들 즉 네피림(Nephilim)은 처음에 50명으로 시작해서 결국 600명으로 늘

---

2 지금 미국항공우주국(NASA)은 화성(火星, Mars) 탐사 로봇인 스피릿(Spirit)과 오퍼튜니티(Opportunity)를 2004년 1월에 화성에 착륙시켜 생명체 찾는 일을 시작했고, 그리고 세 번째 탐사로봇인 큐리오시티(Curiosity)를 2012년 8월에 화성에 착륙시켜 생명체 생존 가능성을 탐색하고 있는데, 조만간 이들은 이기기(Igigi, 네피림Nephilim) 신들의 우주선기지를 화성에서 찾아낼 것임이 분명하다.

어났다는 것이다(시친, I, 2009, p. 453-454; 시친, II, 2009, p. 184).

처음에 50명이라는 적은 숫자의 신들은 지구에서 원하는 광물을 채취하여 그들의 고향인 니비루 행성으로 어떻게 보냈을까? 분명이 신들은 우리가 오늘날의 과학기술보다 월등히 높은 과학기술에 의존했을 것이다. 그래서 기술자이자 과학자인 엔키 신께서 먼저 지구에 온 것이다. 현재 프랑스의 루브르 박물관(Louvre Museum)에 소장되어 있는 한 유명한 원통형 인장(cylinder seal)에는 엔키 신이 자신을 상징하는 흐르는 물과 함께 묘사되어 있는데, 특이하게도 거기 묘사된 물은 여러 종류의 실험관을 통해 흐르는 것처럼 보인다.

아무튼 이들 이기기 신들은 고된 일을 했다. 첫 번째 그룹은 아프리카 광산에 투입되었다. 그리고 이들은 고위 신들에 대항해 반란, 즉 폭등을 일으킨다. 이것이 인간을 창조하게 되는 근본 이유이다. 두 번째 그룹은 지구를 도는 모선에서 니비루로 금을 실어 나르는 일을 했고, 나중에 인간이 창조되자 모선에서 인간과 지구의 기후상황을 살피는

루브르 박물관에 소장된 원통형 인장의 그림. 여러 종류의 실험용 기구들에 둘러싸인 기술의 신인 엔키. Credit : 시친, I, 2009, p. 455, © Z. Sitchin, Reprinted with permission.

젊은 신들로 구성된 주시자들 또는 감시자들(Watchers)이었다. 문제는 이들 감시자들이었다.

외경인 「에녹1서」에는 천사 또는 감시자 또는 주시자(Watchers), 즉 네피림인 이기기 신들이 역할과 위치를 이탈하고, 200명 규모로 이 땅에 내려와 인간의 여성들과 결혼하여 거인(Great/Giant Man)을 낳았다고 기록하고 있다(「에녹1서」 7:7)(Charles 1917 & Laurence, Internet Publishing). 이는 「창세기」 6장 1절~5절에 상세히 기록되어 있다. 여하튼 이들 저위급 신들, 즉 하늘에서 지구로 내려온 하나님의 아들들(sons of God)을 『길가메시 서사시』와 『아트라하시스 서사시』에서는 이기기 신들이라 표현하고 있는데 「창세기」 6장 2절~4절로 표현한다면 하나님의 아들들(sons of God)인 네피림(Nephilim)이다.

이 땅에 내려오신 고위급 신들 중 최고 12명으로 구성된 고위 신들의 그룹으로 이들을 아눈나키(Great Annunakki)라고 불렀다. 접미사 키(ki)는 지구(earth)라는 뜻이다. 엔릴(Enlil) 신(神)이 최고 높은(Most High or Great Mountain) 신으로 아눈나키의 수장이었다. 반면 하늘의 고위 신들의 그룹은 아눈나(Anuna, Anunna)라고 불렀으며, 하늘의 수장은 안(An, Anu) 신이었다. 이 땅에 제일 먼저 내려오시고 인간을 창조하셨으며, 인간에게 과학과 지식과 문명을 전수해 준 엔키(Enki) 신은 안의 서자(庶子)로 2인자였다.

수메르 종교(Smerian Religion)에 따르면, 우르 3왕조(Third Dynasty of Ur, Ur III Empire, BC 2119-BC 2004) 동안에만 이 땅에는 고위급 신들과 저위급 신들을 포함해 총 3,600명의 판테온(The Pantheon) 신들이 있었다고 기록하고 있다.

자, 그러면 신들은 어떤 문제를 가지고 있었는지 『아트라하시스 서사시』의 〈점토판 1〉의 기록을 살펴보자.

인간이 창조 되기 전에
신들(the gods)이 인간을 대신해
매우 고된 일을 했으며,
신들의 노동이 하도 힘들어서, 많은 문제를 야기시켰는데,
왜냐하면 위대한 고위 신들의 그룹인 아눈나키가
이들 저위급 신들인 이기기(Igigi) 신들에게
7배나 가중한 노동을 시켰기 때문이었다.
신들의 아버지인 하늘의 왕인 안(An, Anu)과
그의 아들인 카운슬러인 전쟁의 신인 엔릴(Enlil) 신과,
엔릴 신의 시종인 아들 닌우르타(Ninurta) 신과,
수로 책임자인 에누누기(Ennugi) 신이… 젊은 신들에 고역을 가했다.
(When the gods instead of man
Did the work, bore the loads,
The gods' load was too great,
The work too hard, the trouble too much,
The great Anunnaki [governing body of gods] made the Igigi [lower gods]
Carry the workload sevenfold.
Anu their father was king,
Their counselor warrior Enlil,
Their Chamberlain was Ninurta,
Their canal-controller Ennugi.)(Dalley, 『Epic of Atra-Hasis』, Tablet I, 1998)

인간이 창조되기 전에 젊은 저위급 신들은 아프리카 짐바브웨의 광산에서 금을 캤고, 수메르 지역에서는 금을 정제했으며, 도시를 건설하기 위해 강을 막고 운하를 팠으며 관개수로 공사를 했다. 3,600년 동안 낮과 밤을 통해 인간의 노동보다 7배나 가중한 노동을 했다는 것으로 보아 그것은 심히 가혹한 일이었다.

2. 아눈나키의 3개 영역 분할과 고위급 신들에 대한 젊은 신들의 반란/폭동

아눈나키는 제비뽑기 상자를 가져왔다.

그리고 제비뽑기를 했다; 그리고 신들은 각자 지역을 분할했다.

안(An, Anu) 신은 하늘의 영역을 뽑아 하늘을 관할하기로 하고,

엔릴(Enlil) 신이 땅을 관할하기로 했다.

빗장으로 막힌 바다는

멀리 떨어져 있는 엔키(Enki) 신이 관할하기로 했다.

안 신은 하늘로 올라갔고,

압수(Apsu)에 속한 엔키 신과 종속 신들은 아래지역으로 내려갔으며,

하늘의 아눈나키는

이기기(Igigi) 젊은 신들에게 노동을 시키기로 결정했다.

젊은 신들은 운하를 파고,

그 수로를 만들었으며, 땅에 생명줄을 만들었다.

젊은 신들은 티그리스 강을 파고

유프라테스 강을 팠다.

… 깊게

… 구축시키고

… 압수를

… 땅을 만들고

··· 그 안에서

··· 봉우리를 만들어

··· 모든 산을 만들었다

그들은 노동의 시간을 계산했는데

··· 그것은 대단히 커다란 늪지대를

3,600년 동안 낮과 밤을 통해

고된 일을 했다.

그들은 신음했으며 서로 비난하기 시작했다,

이 거대한 작업의 굴착에 대해 불평하기 시작했다:

(They [Anunnaki] took the box of lots

Cast the lots; the gods made the division.

Anu went up to the sky,

And Enlil took the earth for his people.

The bolt which bars the sea

Was assigned to far-sighted Enki.

When Anu had gone up to the sky,

And the gods of the Apsu had gone below,

The Annunaki of the sky

Made the Igigi bear the workload.

The gods had to dig out canals,

Had to clear channels, the lifelines of the land.

The gods dug out the Tigris river

And then dug out the Euphrates.

··· in the deep

··· they set up

··· the Apsu

··· of the land

··· inside it

··· raised its top

··· of all the mountains

They were counting the years of loads

··· the great marsh,

They were counting the years of loads.

For 3,600 years they bore the excess,

Hard work, night and day.

They groaned and blamed each other,

Grumbled over the masses of excavated soil)(Dalley, 『Epic of Atra-Hasis』, Tablet I, 1998)

하늘에 거주하는 안 신의 첫 번째 아들이 서자(庶子)로 니비루 행성의 하늘에서 태어난 엔키 신이었다. 그리고 적자(嫡子)로 하늘에서 태어난 아들이 엔릴 신이었다. 이 땅에 제일 먼저 내려오신 신은 엔키 신이었다. 이들은 제비뽑기로 영역을 할당했다. 신들의 고향인 니비루는 안 신이 다스리기로 하고, 이 땅의 북반구는 엔릴 신이, 그리고 바다와 지하세계(Underworld, Netherworld), 즉 남반구는 엔키 신이 다스리기로 했다. 그리고 엔릴 신은 12명 고위 신들의 최고 의사결정 기구인 아눈나키의 수장이 된다.

3. 신들의 족보

수메르시대의 주요 신들의 족보는 다음과 같다. 굵은 선의 신들과 여신들은 12명의 아눈나키(Anunnaki) 그룹이다. 엔키 신은 하늘에 거주하는 안 신의 첫 번째 아들이지만 서자로 니비루 행성의 하늘에서 태

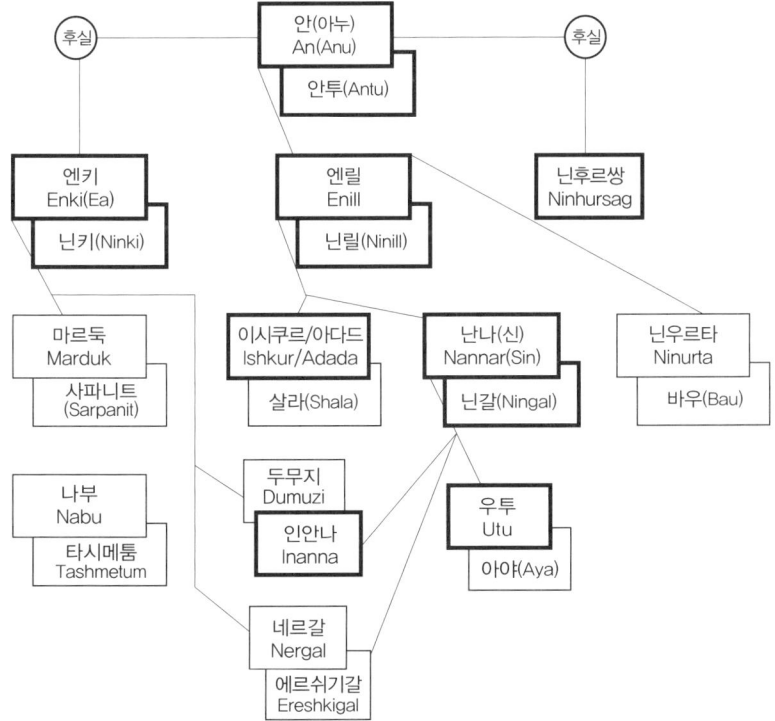

수메르시대의 주요 신들의 족보도. 굵은 선의 신들과 여신들은 12명의 아눈나키(Anunnaki) 그룹.
Credit : 시친, I, 2009, p. 190, © Z. Sitchin, Reprinted with permission.

어났고, 엔키 신과 함께 인간을 창조한 닌후르쌍 여신도 배가 다른 어
머니 신으로부터 태어났다.

4. 엔키 신은 어느 분인가, 용–뱀–마귀–사단?

엔키는 수메르어로 에아(Ea, E-A)라 불리는데, 바다를 관장하고 있었
으므로, 이는 물의 집(the house of water) 또는 물의 신(Water of God)이
라는 뜻이다. 엔키 신은 달(초승달)로 표현하기도 했는데 그 이유는 바
다의 조석(潮汐)을 만들어냈기 때문이다. 엔키 신은 에리두(Eridu)에

거주하고 있었는데 바로 이곳, 즉 페르시아만 근처의 늪지대에 위치한 에리두에 건설한 엔키의 지구라트(Ziggurat) 신전이 압주(Abzu=E-abzu=E-engura)로 아카드어로 압수(Apsu)를 말한다.

압주 또는 압수는 때론 엔키 신의 주요 관할 지역인 아프리카나 아프리카의 짐바브웨를 뜻하기도 한다. 이집트에서는 프타(Ptah) 신으로 불렸다. 수메르어로 이미지 패셔너(Image Fashioner)라는 뜻의 누딤무드(Nudimmud)로 불리기도 하는데, 이는 땅을 고르게 펴거나 관개수로로 바꾸거나, 유전자를 조작해 인간을 만든 것에 비유하여 사용하기도 했다.

엔키 신은 물의 신으로 종종 뱀(Serpent)으로 표현되기도 하는데, 「창세기」 3장 1절에서 5절에 등장하는 뱀(serpent)이 바로 엔키 신이다. 이를 많은 사람들은 땅에 기어다니는 뱀으로 해석하고 있는데, 그것이 아니라 '바다의 신'과 '물의 신'인 엔키 신을 말하는 것이다. 아담과 이브에게 선악과를 따먹도록 꼬신, 즉 임신을 하도록 유전자 조작을 하신 신이 엔키 신이다.

일반적으로 모든 신화에서 선적인 의로운 신들과 반대되는 신들은 모두 뱀으로 표현하고 있다. 엔키 신은 아눈나키의 수장인 엔릴 신의 어떤 명령에 종종 반대하기 때문에 뱀으로 표현되고 있으며, 실제 뱀으로 불렸다. 『아트라하시스 서사시』와 『길가메시 서사시』에서도 이런 경쟁관계를 확인할 수 있다.

수메르시대의 반대, 즉 적(enemy)의 신들을 뱀(serpent), 용(dragon), 괴물(Monster), 악마(devil), 사단(Satan)으로 표현하는 전통은 그리스 신화

랭던(Langdon) 교수가 구약의 아담과 메소포타미아의 아다파(Adapa) 이야기의 유사성에 착안해 구현한 그림. 뱀 한 마리가 나무를 감고 올라가면서 선악과의 열매를 노리고 있고, 뱀의 왼쪽에는 안(An)을 상징하는 횡단하는 행성인 십자가 모양의 니비루의 상징이 있으며, 그 옆에는 엔키 신을 상징하는 초승달이 있음(Langdon, 1964). Credit : 시친, I, 2009, p. 516. © Z. Sitchin, Reprinted with permission.

에도 그대로 전승되어, 하늘을 지배한 제우스(Zeus) 신에 대항하는 티폰(Typhon) 신들은 모두 뱀으로 표현하고 뱀의 모양으로 그려져 있다.

성경도 마찬가지이다. 「요한계시록」 20장 2절에는 "용을 잡으니 곧 옛 뱀이요 마귀요 사단이라 잡아 일천 년 동안 결박하여(He seized the dragon, that ancient serpent, who is the devil, or Satan, and bound him for a thousand years)"(NIV)라는 내용이 나오는데, 여기에서 옛 뱀이란 「창세기」 3장에 등장하여 하와(Eve)를 꼬셔 선악과를 따먹도록 한 엔키 신을 지칭하는 것이다. 이때 뱀이란 의로운 신들의 반대편에 선 신들이다.

메소포타미아에서 발견된 원통형 인장에 새겨진 물과 연결되어 표현되는 엔키(에아) 신의 모습.
Credit : 시친, II, 2009, p 183, © Z. Sitchin, Reprinted with permission.

메소포타미아에서 발견된 원통형 인장에 새겨진 엔키 신의 상징인 뒤얽힌 두 마리의 뱀. Credit : 시친, II, 2009, p 189, © Z. Sitchin, Reprinted with permission.

5. 니비루 행성과 3,600년의 해석

아눈나키의 명령에 따라 젊은 이기기(Igigi) 신들은 고된 일을 했고, 3,600년 동안 밤낮을 가리지 않고 일을 했다. 3,600년이란 신들의 고향 행성인 니비루가 태양을 시계방향으로 진입하여 소행성대를 가로질러 다시 깊은 곳으로 여행하는 1년의 공전주기를 말한다. 신들의 관점에 선 1년이지만 지구의 관점에선 3,600년이다.

니비루는 번역하면 가로질러 통과(crossing) 또는 타원형 궤도의 가 장 높은 점 또는 교차점(point of transition)이라는 뜻으로 횡단하는 행 성이라는 뜻이다. 시친에 따르면 신들의 고향 행성을 말한다. 태양을 중심으로 시계 반대방향으로 도는 다른 행성들과는 달리 시계방향의 궤도로 공전하는 행성으로 공전주기 3,600년을 1샤르(Shar, Sar)라 하 고, 니비루 행성이 지구에 근접할 때를 근지점(近地點, Perigee), 지구와 가장 먼 거리에 있을 때를 원지점(遠地點, Apogee)이라 한다. 또는 태 양과 가까울 때는 근일점(近日點, Perigee) 멀어질 때는 원일점(遠日點, Apogee)이라 한다. 니비루 행성이 근지점에 다다를 때, 다시 말하면 소 행성대에 진입할 때 엄청난 인력으로 인해 지구에서는 남극 대륙의 빙 하가 깨져 바다로 미끄러져 들어가 지진과 해일 등 각종 재난이 일어 난다(시친, I, 2009, p. 559; Sitchin, 1991, Chapter 14). 이것이 바로 노아 홍 수의 비밀이다.

왜 『아트라하시스 서사시』에는 이기기 신들이 3,600년 동안 고생 을 했다고 강조했을까? 바로 니비루 행성을 3,600년 동안 기다린 것이 다. 니비루 행성이 지구에 근접할 때까지, 즉 3,600년 동안 이기기 신 들은 고생을 해야만 했다. 이기기 신들은 두 그룹으로 일했다. 한 그 룹의 땅에 속한 이기기 신들은 아프리카에서 금을 캐고, 캐낸 금을 수 메르 지역의 바드티비라(Bad-tibira)에서 정제해서 금가루를 만들었다.

또 한 그룹의 이기기 신들은 우주비행 군단에 속한 300명의 이기기 신들로서 정제된 금을 소형 우주선을 이용해 모선으로 이송시키는 일을 했다. 결국 두 그룹 모두 3,600년 동안 고된 노동을 했다.

두 번째 그룹의 이기기 신들은 3,600년 동안 신들의 행성인 니비루를 기다리면서, 모선을 타고 지구 궤도를 돌아야 했다. 고위급 신들은 생명의 물(Water of Life)과 생명의 빵(Bread of Life)을 특정 장소에 두어 필요할 때마다 마시고 먹었지만, 모선에 타고 있던 젊은 신들은 시간과 공간상으로 생명나무가 부족하여 고생을 했을 것이다. 그것보다 첫 번째 그룹인 금을 캐는 땅의 이기기 신들은 모선에 있던 같은 동료 신들보다 더욱 큰 고생을 했을 것이다.

니비루 행성의 근거는 어디에 등장하는 것일까? 니비루 행성은 c.BC 18-c.BC 17세기에 쓰여진 『창조의 서사시(Epic of Creation, Enuma Elish, The Seven Tablets of Creation)』 〈점토판 7〉의 109줄에 등장하는데 니비루를 마르둑(Marduk) 신의 행성이라고 표현하고 있다(Let his name(Marduk) be Nibiru)(King, 1902). 자세한 것은 『바이블 매트릭스』 제1권 『우주 창조의 비밀』 편의 제1부 "고고학적으로 발굴된 『창조의 서사시』 내용의 미시적 접근"을 참조하라.

6. 인디아나 존스 : 크리스탈 해골의 왕국

2008년에 개봉된 〈인디아나 존스: 크리스탈 해골의 왕국(Indiana Jones And The Kingdom Of The Crystal Skull)〉(2008)은 수천 년간 풀리지 않은 마야(Maya) 문명—잉카(Inca) 문명도 포함(페루와 볼리비아의 안데스 지역)— 의 비밀이자 고고학 사상 최고의 발견이 될 크리스탈 해골을 찾아 엘도라도로 알려진 황금의 도시(El Dorado City Of Gold)를 찾아가는데, 보신 분들은 아시겠지만, 바로 황금기둥에서 황금가루가 나온다.

이곳은 엄청난 미스터리 서클(Mystery Circle)이 존재하고, 현대 건축의 힘으로도 건축이 어렵다는 건축물, 그래서 이집트의 피라미드(Pyramid) 등과 페루를 중심으로 하는 잉카(Inca) 문명을 포함해 세계의 7대 불가사의를 꿰차고 있는 문명이다.

최종 장면에 크리스털 해골을 맞추자 12명의 신들이 살아나고 이들은 비행접시 우주선을 타고 지구를 떠난다. 이 당시 마야와 잉카 문명 지역에도 신들이 금을 캐는 장소와 우주공항이 있었던 것으로 추측된다. 여기에서 중요한 것은 바로 황금가루와 신들의 우주선이다. 신들은 금을 캐러 온 것이다.

7. 압수와 바드티비라는 어디를 말하는가?

여기에 등장하는 아카드어의 압수(Apsu)는, 에리두(Eridu)에 건설한 엔키의 지구라트(Ziggurat) 신전인 압주(Abzu=E-abzu=E-engura) 또는 압수(Apsu)를 말하는 것이 아니라, 엔키 신의 주요관할 지역인 아프리카 지역이나 아프리카의 짐바브웨를 말하는 것이다.

이를 종종 아래세계(Underworld, Netherworld)라고 표현하기도 한다. 즉 엔키 신은 압수의 통치권을 받은 것이다. 종종 학자들은 에아(Ea)라는 이름에 나타난 물의 의미를 주목해 압수를 '깊은 물(Deep Ocean)'로 해석하면서, 엔릴을 그리스 신화에 등장하는 제우스(Zeus)의 원형으로, 에아는 바다의 신인 포세이돈(Poseidon)의 원형 정도로 생각했다. 또한 엔릴의 영토는 '위세계'이고 엔키의 영토는 '아래세계'라, 엔릴이 지구의 대기를 통제하고 엔키는 지하의 물을 다스렸다고 생각해, 지하의 물이 그리스 신화의 하데스(Hades)와 같은 것이라고 보았다. 깊고, 어둡고, 위험한 물을 의미하는 아비스(Abyss)라는 단어도 압수에서 파생된 것이다. 그래서 학자들은 아래세계라는 문구가 등장할 때마다 지하세계(Unterwelt)나 죽은 자의 세계(Totentwelt)로 번역해 왔다. 최근에 들어서야 수메르 학자들은 명부 혹은 저승(Netherworld)이라는 단어로 대체해 부정적인 의미를 다소 완화시키고 있다(시친, I, 2009, p. 432; Sitchin, 1991, Chapter 11). 따라서 아래세계는 아프리카와 남극 대륙을 포함한 남반구로 보는 것이 타당하다. 엔릴의 관할 지역은 북반구이고 엔키의 관할 지역은 남반구이다.

따라서 압수 또는 압주는 '깊은 물(watery deep)'의 뜻이 아니라 '태초의 깊은 근원(primeval deep source)'이라는 뜻이다. 수메르어의 문법에서는 어떤 단어의 두 음절이 그 순서가 바뀌어도 뜻은 변하지 않는다. 따라서 수메르어인 압주(AB.ZU)라는 단어는 주압(ZU.AB)과 같은 뜻을 지닌다. 그런데 주압이라는 수메르어는 고대에서 현재까지 보석을 의미하며, 히브리어에서는 보석 중에서도 특히 금을 의미한다. 압주라는 단어의 그림문자는 지구의 깊은 곳을 파내려가는 갱도의 모양이다. 따라서 엔키 신은 지구의 금을 캐는 책임을 맡았던 신이었음을 알 수 있다. 실제로 아카드어인 압수에서 파생된 그리스어 아비소스(abyssos)는 깊은 땅속의 구멍을 의미한다. 아카드어의 교과서에는 '압수는 니크부(nikbu)'라고 정의 내리고 있는데, 니크부는 젊은 신들과 인간이 만든 깊은 구멍을 뜻한다(시친, I, 2009, p 440; Sitchin, 1991, Chapter 11).

엔키 신에 속한 신들과 젊은 신들은 아프리카 남동 지역에서 채광된 원광석(ore)을 '마구르 우르누 압주(MA.GUR UR.NU AB.ZU, 아래

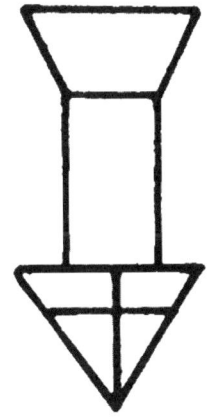

메소포타미아에서 발견된 압주의 그림 문자-지구의 깊은 곳을 파 내려가는 갱도의 모양. Credit : 시친, I, 2009, p. 441, © Z. Sitchin, Reprinted with permission.

땅의 원광석을 위한 배)'라는 특수 화물선을 이용해 메소포타미아로 옮겼다(Smith, 2002; HUMANPAST.NET). 그리고 페르시아만 항구에서 다시 수메르 지역의 바드티비라로 옮겨졌는데, 이 도시의 이름은 문자 그대로 번역하면 '대장장이, 즉 금속 가공의 토대(the foundation of metalworking)'라는 뜻으로 구약성경의 두발(Tubal, 「창세기」 4:22)에 해당된다. 구약에 나오는 두발가인은 철과 동과 금의 기술자였다.

바드티비라는 영국 옥스포드 대학의 수메르 전자문학문서의 『수메르 왕 연대기』, 『인안나의 아래 세계 하강(Inana's descent to the nether world)』, 『에리두 창세기』인 『홍수 신화(The Flood Story)』, 그리고 『두무지 신의 꿈(Dumuzid's dream)』의 이야기에 언급된 도시이다(Black et al., 1998-2006). 『수메르 왕 연대기』에 따르면 대홍수 이전 시대(Antediluvian)에 하늘로부터 왕권(Kingship)이 땅에 내려와(After kingship had descended from heaven) 최초의 도시를 건설했는데, 그게 에리두(Eirdu)였으며, 에리두 다음의 도시가 바로 바드티비라였다고 기록하고 있다.

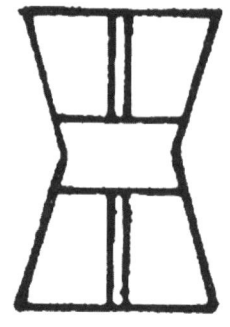

메소포타미아에서 발견된 그림 문자의 수메르의 주괴. 가운데를 가로지르는 구멍이 있어 여기에 지지대를 끼워 운반함. Credit : 시 친, I, 2009, p. 441, © Z. Sitchin, Reprinted with permission.

바드티비라에서 제련을 거친 광석들은 주괴(鑄塊)로 만들어졌으며, 당시 생산된 주괴의 모양은 근동 지역에서 수천 년 동안 그대로 모방 했다. 주괴에는 가운데를 가로지르는 구멍이 있어 거기에 지지대를 끼 워 운반했다(시친, I, 2009, p. 441).

흐르는 물로 상징되는 엔키를 묘사한 몇몇 그림에는 그의 양쪽 옆 에 주괴를 갖고 있는 사람들이 등장한다. 이는 엔키가 채광의 신이었

메소포타미아에서 발견된 원통형 인장에 새겨진 주괴를 든 신들에 둘러싸인 엔키 신의 모습. Credit : 시친, I, 2009, p. 442, © Z. Sitchin, Reprinted with permission.

메소포타미아에서 발견된 원통형 인장에 새겨진 채광의 신인 엔키와 보호막 뒤의 신들의 모습.
Credit : 시친, I, 2009, p. 451, © Z. Sitchin, Reprinted with permission.

다는 것을 증명해 주는 것이다(시친, I, 2009, p. 42).

수메르의 한 그림을 보면 채광의 신인 엔키가 광산에서 나오면서 강력한 광선을 퍼뜨리고 주변의 신들은 그것을 막기 위해 일종의 보호막을 사용하고 있는 것을 볼 수 있다.

8. 신들의 채광 지역은? 아라리

신들의 채광지역은 어디였을까? 호로위츠(Horowitz)는 그의 저서『메소포타미아인들의 우주적인 지리학(Mesopotamian Cosmic Geography)』에서 그곳을 아라리(A-RA-LI), 즉 '빛나는 광맥이 있는 물의 장소'라고 지적하고 있다(Horowitz, 1998, p. 283).

영국 옥스포드 대학 수메르 전자문학문서의『두무지 신의 꿈』을 보면, 두무지(Dumuzi or Dumuzid) 신(神)은 아래세계로 끌려가기 전에, 아라리의 배수구(ditches of Arali)에 빠져 결국 갈루-악마들(gallu-demons)에 의해 잡힌다. 따라서 아라리는 배수구 역할을 하고 있고 아래세계로 연결된다는 것을 알 수 있다.

139-150:

그들(갈루-악마들)은 두무지 신의 머리를 짧은 초원에서 찾았으나 그를 찾을 수 없었다. "두무지 신은 그의 머리를 키가 큰 초원에 처박았기 때문에 저는 그가 어디 있는지를 모릅니다." 그래서 그들은 키가 큰 초원에서 두무지의 머리를 찾았으나 찾을 수 없었다. "두무지 신은 아라리의 도랑에 빠졌습니다, 그러나 저는 그가 어디 있는지를 모릅니다(They looked for Dumuzid's head in the short grass, but they couldn't find him. "He ducked down his head in the tall grass, but I don't know his whereabouts." They looked for Dumuzid's head in the tall grass, but they couldn't find him. "He has dropped down into the ditches of Arali, but I don't know his whereabouts.")(Black et al., 1998-2006)

151-155:

그들은 아라리 도랑에서 두무지를 붙잡았다. 두무지는 슬피 울기 시작했고 눈물에 젖었다(They caught Dumuzid in the ditches of Arali. Dumuzid began to weep and was tear-stricken.)(Black et al., 1998-2006).

아라리는 수메르의 바드티비라에서 멀리 떨어진 외곽의 대초원 지대(Steppe-lands)에 위치하고 있었다. 즉, 채광의 땅을 산이 많고 식물이 풍부한 대초원으로 묘사하고 있다. 다음 장면은 인안나(이시타르) 여신이 절대로 돌아올 수 없는 아래세계에 갔다가, 엔키 신의 도움으로 위세계(Upper world)로 돌아온 후, 그 대신 누군가를 아래세계로 보내야 하는 규칙에 따라 두무지 신을 지명함으로써 두무지 신과 여동생인 게시티안나(Geshtinanna, Geshtin-ana, Jectin-ana, Belili)의 대화를 다룬 내용이다.

게시티안나는 초원을 배회한다, 초원을 배회한다. "오빠",
(두무지)(그녀는) 초원을 배회하며 운다.
초원, 즉 아라리에서 그녀는 배회하며, "오빠"를.
(Gestinanna) roams the steppe, roams the steppe, "my bother",
(Dumizi)(She cries) as she roams the steppe.
The steppe, arali, she roams the steppe, "my brother".)(Horowitz, 1998, p. 283)

아시리아 학자(Assyriologist)이며 2005년 타계한 라이너(Erica Reiner)는 시카고 아시리안 사전(Chicago Assyrian Dictionary)을 만든 분인데, 그가 보고한 『수메르 세계의 산과 강 목록(Listing the mountains and rivers of the Sumerian world)』에는 아라리 산을 금의 고향(Mount Arali: home of the gold)이라고 설명하고 있다.

엔키를 비롯한 압수에 속한 신들, 즉 엔키 신의 족속들은 그들의 관할 지역인 아래세계, 즉 아프리카로 내려간 것이다. 『아트라하시스 서사시』에는 왜 그리로 내려갔는지 이유가 안 나왔지만, 그것은 이곳에 금을 캐는 광산이 있었기 때문이다. 아래(Below)라는 단어는 영국 옥스포드 대학 수메르 전자문학문서의 『인안나의 아래세계 하강』이라는 내용의 1절~5절에 등장한다(Black et al., 1998-2006). 여기에서는 'Great Below'라 표현하고 있는데, 이는 아래세계를 의미한다.

아라리는 수메르에서 멀리 떨어진 남서쪽에 위치하고 있었다. 페르시아만에서 출발한 배가 남서쪽 방향으로 수천 킬로미터를 항해해도 도착할 수 있는 곳은 아프리카의 남부 해안지역 단 한 곳뿐이다(시친, I, 2009, p. 438).

메소포타미아에서 발견된 원통형 인장에 새겨진 갱도 안에서 채광 중인 젊은 하급 신들인 이기기 (Igigi) 신들의 모습. Credit : 시친, I, 2009, p 456, © Z. Sitchin, Reprinted with permission.

9. 고위급 신들에 대한 전쟁을 선포한 젊은 신들

아무튼 젊은 이기기(Igigi) 신들은 이제 불평하기 시작했다. 그들은 더 이상 못 참겠다고 외친다.

자 엔릴 신의 시종인 아들 닌우르타(Ninurta)에게 가서

이 어려운 노동에서 우리를 해방시켜 달라고 하자!

(Let us confront our Chamberlain

And get him to relieve us of our hard work!)(Dalley, 『Epic of Atra-Hasis』, Tablet I, 1998)

자 우리 주님인

신들의 카운슬러인

전쟁의 신인 엔릴의 거주지로 가자

그 다음… 그의 소리를 들었다

그리고 신들에게 그의 형제들에게 말을 했다:

자 우리 주신인

신들의 카운슬러인

전쟁의 신인 엔릴의 거주지로 가자.

지금, 전쟁을 선포하자!

다 같이 전쟁에서 싸우자!

고위 신들은 그의 말을 듣자,

젊은 신들의 무기에 대해 불을 퍼부었다,

젊은 신들은 불을 뿜는 고위 신들에게

무기를 계속 장전했다.

이제 젊은 신들과 고위 신들간에 전쟁으로

불꽃이 훨훨 타올랐다.

(Come, let us carry the Lord

The counselor of the gods, the warrior from his dwelling.

Then… made his voice heard

And spoke to the gods, his brothers:

Come, let us carry

The counselor of the gods, the warrior, from his dwelling.

Now, cry battle!

Let us mix fight with battle!

The gods listened to his speech,

Set fire to their tools,

Put aside their spades for fire,

Their loads for the fire-god.

They flared up.)(Dalley, 『Epic of Atra-Hasis』, Tablet I, 1998)

젊은 신들(이기기)의 폭동은 엔릴 신이 아프리카 채광지역을 방문했을 때 일어난 것으로 보인다. 그러나 여기서 자세히 보면 폭동의 주동자가 있다. 그의 이름은 훼손되어 확인할 수 없지만 그의 구호는 아주 분명하다. '이제 전쟁을 선포하자, 다 같이 전쟁에서 싸우자.' 이러한 폭동은 채광의 신인 엔키 신을 고통스럽게 했다.

> 젊은 이기기 신들은 주동자의 말에 귀를 기울였다.
> 그들은 그들의 도구에 불을 붙였고;
> 그들의 도끼에 불을 붙였다;
> 그들은 갱도에서 채광의 신인 엔키 신을 고통스럽게 했다;
> 그들은 주동자와 함께
> 영웅인 엔릴 신이 거주하는 문으로 돌진했다.
> (The gods heeded his words.
> They set fire to their tools;
> Fire to their axes they put;
> They troubled the god of mining in the tunnels;
> They held [him] as they went
> to the gate of the hero Enlil.)(Dalley, 『Epic of Atra-Hasis』, Tablet I, 1998)

10. 잠들고 있는 엔릴 신의 집이 포위되다

젊은 신들이 결국 엔릴 신이 거주하고 있는 곳으로 들이닥친다. 그것을 모르고 엔릴 신은 잠들어 있다. 칼칼(Kalkal)은 대신(vizier)인 누스쿠(Nusku)를 깨웠고, 누스쿠는 엔릴 신을 깨웠다.

> 젊은 신들이 전쟁의 신인 엔릴 신이 거주하고 있는 문에 도착했을 때,
> 그때는 밤이었고 반쯤 지난 때였다.

엔릴의 집은 포위되었지만, 그는 모르고 있었다.

칼칼만이 이것을 알고,

문을 잠그고 지켜보았다.

칼칼은 누스쿠를 깨웠다.

그들은 이기기 신들의 소리를 들었다.

그런 다음 그의 주인인 엔릴이

침대에서 일어나도록 깨웠다.

(When they reached the gate of warrior Enlil's dwelling,

It was night, the middle watch,

The house was surrounded, the god had not realized.

Yet Kalkal was attentive, and had it closed,

He held the lock and watched the gate.

Kalkal roused Nusku.

They listened to the noise of the Igigi.

Then Nusku roused his master,

Made him get out of bed:)(Dalley, 『Epic of Atra-Hasis』, Tablet I, 1998)

11. 엔릴 신이 공포에 떨고, 아눈나키가 소집되다

주님이시여, 당신의 집이 포위되었습니다,

젊은 신들이 문 앞으로 몰려들고 있습니다!

엔릴 신은 무기를 가져오도록 했다.

엔릴 신은 소리를 질렀다

대신인 누스쿠에게 말을 했다.

누스쿠, 문을 막아라.

무기를 들고 내 앞에 서라.

누스쿠는 문을 막았고

그의 무기를 들고 엔릴 신 앞에 섰다.

그러나 누스쿠가

엔릴 신에게 말했다.

오 주님이시여, 당신의 얼굴 색이 위성류(渭城柳)처럼 노래졌어요!

왜 당신의 아들들에게 두려움을 느끼십니까?

하늘에 계신 아누(Anu) 신에게 전갈을 보내 내려오게 하시고,

엔키 신도 당신 앞에 불러들이세요.

그는 아누 신에게 전갈을 보내 내려오도록 했고,

엔키 신도 불러들였다.

하늘의 왕인 아누 신께서 참석했고,

압수의 왕인 엔키 신도 참석했다.

(My lord, your house is surrounded,

A rabble is running around your door!

Enlil had weapons brought to his dwelling.

Enlil made his voice heard

And spoke to the vizier Nusku,

Nusku, bar your door,

Take up your weapons and stand in front of me.

Nusku barred his door

Took up his weapons and stood in front of Enlil.

Nusku made his voice heard

And spoke to the warrior Enlil,

'O my lord, your face is sallow [yellow] as Tamarisk!

Why do you fear your own sons?

Send for Anu to be brought down to you

Have Enki fetched into your presence.

He sent for Anu to be brought down to him,

Enki was fetched into his presence,

Anu, king of the sky was present,

Enki, king of the Apsu attended).(Dalley, 『Epic of Atra-Hasis』, Tablet I, 1998)

기록으로 보아 이들 아눈나키 고위 신들은 최첨단 통신 장비를 갖추고 있었던 것으로 보인다. 오늘날의 과학으로 말하자면 레이저(광)나 테라헤르츠파(THz) 통신을 한 것으로 보인다. 아니 그 이상의 통신 기술을 사용한 것으로 보인다. 시급한 상황에서 하늘의 안(An, Anu)에게 급히 내려와 달라고 하자마자 내려왔고 아눈나키 고위 신들이 다 모인다. 그러나 3,600년의 공전주기를 가진 신들의 니비루 행성임을 감안 할 때 이 사건을 해결하기 위해 3,600년이 흘러서야 안 신께서 내려오셨다고 해석할 수도 있다.

위대한 아눈나키가 다 참석했다.
엔릴 신이 일어나 이 일을 안에 붙였다.
엔릴은 소리를 내 고위 신들에게 말했다:
이 폭동이 나를 반대하는 것인가?
내가 전쟁을 해야 하는가…?
내 눈에 보이는 이 것이 무엇인가?
내 문 앞에서 전쟁이 벌어지고 있다!
아누가 소리를 내 전쟁의 신인 엔릴에게 말했다.
(The great Anunnaki were present.

Enlil got up and the case was put.

Enlil made his voice heard

수메르에서 발견된 원통형 인장에 새겨진 우주선과 지구 사이의 교신을 묘사한 그림. Credit : 시친, I, 2009, p 378, © Z. Sitchin, Reprinted with permission.

And spoke to the great gods:

Is it against me that they have risen?

Shall I do battle...?

What did I see with my own eyes?

A rabble was running around my door!

Anu made his voice heard

And spoke to the warrior Enlil.)(Dalley, 『Epic of Atra-Hasis』, Tablet I, 1998)

안(An, Anu)은 이 문제에 대해 조사할 것을 제안한다. 누스쿠는 안(An)과 다른 신들의 전폭적인 지지를 받고 폭동을 일으킨 젊은 신들에게 간다. 누가 폭등을 주도했나? 누가 전투를 시작했나?

12. 젊은 이기기 신들은 그들의 노동이 감면되기를 원함

누스쿠를 보내 이기기 신들의 말을 들어보게 하자.

누가 너희 문들을 둘러싸고

누가 명령을 했는지 알아보게 하자.

엔릴은 대신 누스쿠에서 말을 했다,

누스쿠, 문을 열어

너희 무기를 들고 내 앞에 서라!

이기기 신들이 모인 곳에서

절을 하고 서서 그들에게 말하라.

"너희 아버지 아누와,

카운슬러인 전쟁의 신인 엔릴과,

시종인 닌우르타와,

수로-책임자인 에누누기가

나를 보내 다음과 같은 말을 하라 했다.

누가 폭동을 주도했나?

누가 싸움을 주도했나?

누가 전쟁을 선포했나?

누가 엔릴 신의 문으로 달려들었나?

(Let Nusku go out

And find out the word of the Igigi

Who have surrounded your door.

A command…

To…

Enlil made his voice heard

And spoke to the vizier Nusku,

Nusku, open your door,

Take up your weapons and stand before me!

In the assembly of all the [lower] gods,

Bow, then stand and tell them,

"Your father Anu,

Your counselor, warrior Enlil,

Your chamberlain Ninurta

And your canal-controller Ennugi

Have sent me to say,

Who is in charge of the rabble?

Who is in charge of the fighting?

Who declared war?

Who ran to the door of Enlil?)(Dalley, 『Epic of Atra-Hasis』, Tablet I, 1998)

이기기 신들이 대답한다. 그리고 누스쿠는 엔릴 신에게 돌아와 보고한다.

엔릴 신이여…
우리 모두가 전투를 선언하고 시작했습니다!
우리가 갱도를 파는 것이 중지되도록.
험한 노동으로, 우리가 죽어가고 있습니다!
우리의 작업이 너무 고되, 고통도 심합니다!
우리 모든 젊은 신들이 엔릴 신께 불평을 했습니다.
누스크는 자기 무기를 들고
엔릴 신께 돌아와 보고했다.
…

"모든 젊은 이기기 신들이 전쟁을 선포하고 전쟁을 시작했습니다.
그들이 갱도를 파는 것을 중지하도록.

험한 노동으로, 그들이 죽어가고 있습니다!

그들의 작업이 너무 고되, 고통도 심합니다!

그들 모두가 엔릴 신께 불평을 했습니다"

(Enlil…

Every single one of us declared war!

We have put a stop to the digging.

The load is excessive, it is killing us!

Our work is too hard, the trouble too much!

So every single one of us gods

Has agreed to complain to Enlil

Nusku took his weapons

Went and returned to Enlil

…

Saying "every single one of us gods

Declared war

We have put a stop to the digging.

The load is excessive, it is killing us!

Our work is too hard, the trouble too much,

So every single one of us gods

Has agreed to complain to Enlil!)(Dalley, 『Epic of Atra-Hasis』, Tablet I, 1998)

3,600년 동안 갱도를 파서 금을 캐는 작업에 대한 젊은 신들의 반란이었다. 젊은 신들이 모두 고위 아눈나키에 대해 전투를 선언한 것이다. 이것이 인간을 창조하게 되는 배경이다. 즉 젊은 신들의 고역을 인간들에게 부여하기 위해 인간을 창조하게 된다.

13. 젊은 이기기 신들의 노동을 대체할 인간 창조

엔릴 신은 젊은 신들의 고된 일과 고통에 대한 누스쿠의 보고를 받고
눈물을 흘린다.

엔릴 신은 누스쿠의 보고를 받았다.

그리고 눈물을 흘렸다.

(Enlil listened to that speech.

His tears flowed.)(Dalley, 『Epic of Atra-Hasis』, Tablet I, 1998)

그러나 엔릴 신은 폭동의 주동자를 처단하자고 제안한다. 아니면
자신이 하늘로 돌아가겠다고 제안한다. 이에 대해 하늘의 안(An) 신은
젊은 신들의 편에 선다.

하늘의 신인 안이 입을 열고

모든 신들과 형제들에게 말을 했다.

우리가 무엇을 불평하고 있나?

젊은 신들의 일은 정말 고되고 그들의 고통도 너무 크다.

매일 지구에는 그들의 소리가 들린다.

탄식의 소리는 컸고, 불평하는 소리를 들었어야 했다.

(Anu made his voice heard

And spoke to the gods his brothers,

What are we complaining of?

Their work was indeed too hard, their trouble was too much.

Every day the Earth resounded.

The warning signal was loud enough, we kept hearing the noise.)(Dalley,
『Epic of Atra-Hasis』, Tablet I, 1998)

14. 반드시 죽어야 할(Mortal) 인간 창조, 신과 원숭이의 배아복제

아눈나키 그룹에는 자궁의 여신이자 탄생의 여신인 아루루(닌후르쌍) 즉 벨레트-일리(Belet-Ili)도 참여하고 있었고, 엔키(Enki) 신도 참여하고 있었다. 안 신의 이런 말에 힘을 얻은 엔키(에아) 신이 입을 열어 안 신을 돕는다. 그리고 한 가지 제안을 한다.

그것은 원시적인 노동자(Primitive Worker), 즉 원시적인 인간을 만들자는 것이다. 그리고 반드시 죽을(Mortal) 인간을 만들자는 것이다. 그리고 그 이름을 인간(man)이라고 부르기로 한다. 아눈나키와 젊은 이기기 신들은 니비루의 나빠진 대기환경을 회복시키기 위해 필요한 금(Gold)을 캐러 이 땅에 내려왔으므로, 니비루의 대기환경이 좋아지면 지구를 떠날 신들이었다. 물론 신들은 영생하지만, 잠시 동안 젊은 신들을 대신할 원시적인 노동자, 즉 인간은 따라서 반드시 죽어야만 했다. 그래서 반드시 죽을 인간을 만들자고 제안한다. 그래서 우리는 죽는다!

에아 신이 입을 열고
모인 모든 신들과 그의 형제들에게 말을 했다,
왜 우리가 이기기 신들을 비난하는가?
그들은 고된 일을 했고, 그 고통이 컸다.
…
여기에…
자궁의 여신인 즉 탄생의 여신이 있으니-
그녀로 하여금 죽을 원시적 인간을 만들게 합시다.
그래서 그에게 멍에(짐)를 지게 하고…
그에게 멍에를 지게 해서, 엔릴 신의 노동을,

그를 인간이라 부르고,

모든 이기기 신들의 노동을 대신하게 합시다.

(Ea made his voice heard

And spoke to the gods his brothers,

Why are we blaming them?

Their work was too hard, their trouble was too much.

…

There is…

Belet-ili the womb goddess is present-

Let her create a mortal man

So that he may bear the yoke…

So that he may bear the yoke, the work of Enlil,

Let man bear the load of the gods!)(Dalley, 『Epic of Atra-Hasis』, Tablet I, 1998)

이에 대해 벨레트-일리(Belet-Ili) 여신, 즉 어머니인 마미(Mami) 또는 탄생의 여신인 닌투(Nintu) 여신은 인간을 창조하려면 젊은 신, 즉 이기기 신 한 명이 희생되어야 한다고 말을 하고, 젊은 신의 육체와 피와 인간의 요소(구리 등 기본 원자)를 진흙(clay)에 섞을 것이라 말한다. 오늘날의 과학으로 말하자면 젊은 신의 육체와 피는 바로 젊은 신의 정자에 들어 있는 유전자이다. 신들은 영생하기 때문에 젊은 신의 유전자에 반드시 죽어야만 하는 인간의 요소, 즉 구리 등 인간을 구성하는 22개의 원자를 섞어서 진흙, 즉 원숭이(호모 에렉투스=직립인간=Homo Erectus)의 난자(유전자)와 융합시켜 배아를 만들고, 이것을 여신의 자궁에 이식해 인간을 창조하는 것이다. 그래서 인간의 조상은 원숭이라고 과학적으로 밝혀졌다. 따라서 진흙이란 신의 유전자와 인간의 요소가 섞인 혼합된 원숭이의 난자(유전자)를 말한다. 오늘날의 과학기술로 말하면 배아복제기술이다. 하지만 종이 다른 신과 원숭이의 배아를 만들어 인간을 창조한다는 것은, 우리가 알고 있는 생명공학기술보다 분명 몇 수 위의 과학기술이다.

15. 젊은 신의 육체와 피(영)를 진흙에 섞다

닌투는 입을 열고

위대한 아눈나키 신들에게 말했다,

이 달의 첫째, 일곱째, 그리고 15일에

나는 손을 깨끗이 씻고 정결하게 할 것이다.

그 다음 젊은 신 한 명이 살해되어야 한다.

그리고 신들은 물로 정결해야 한다.

닌투는 진흙 속에 젊은 신의 육체와 피를 섞을 것이다.

그 다음 젊은 신의 요소와 인간의 요소가 함께 진흙 속에 섞어질 것이다.

그래서 세상이 끝나는 날까지 북소리(고동)를 듣게 하자,

신의 육체로부터 하나의 영(혼)이 나와 살아 있는 존재가 되고,

닌투가 그 것을 선언함으로써 그녀가 살아 있다는 증거로,

영(혼)이 존재함으로써 죽은 신을 절대 잊지 않게 하자.

모인 신들은 다 같이 "예"라고 대답하고,

위대한 아눈나키는 누가 죽을 것인지 운명을 지정한다.

(Nintu made her voice heard

And spoke to the great gods,

On the first, seventh, and fifteenth of the month

I shall make a purification by washing.

Then one god should be slaughtered.

And the gods can be purified by immersion.

Nintu shall mix the clay

With his flesh and blood.

Then a god and a man

Will be mixed together in clay.

Let us hear the drumbeat forever after,

Let a ghost(spirit) come into existence from the god's flesh,

Let her proclaim it as her living sign,

And let the ghost exist so as not to forget the slain god.

They answered "yes" in the assembly,

The great Anunnaki who assign the fates.)(Dalley, 『Epic of Atra-Hasis』, Tablet I, 1998)

신의 피, 즉 유전자는 진흙에 섞여 세상이 끝나는 날까지 인간과 신을 유전적으로 묶어 줄 것이라고 기록되어 있다. 그렇게 해서 신의 모양(Likeness, dmut, 육신/육체=flesh)과 형상(Image, selem, 영=spirit)이 절대로 없어지지 않도록 피로 엮인 혈연을 통해 인간에게 찍혀진다는 것이다. 이는 「창세기」 1장 26절의 내용을 정확하게 이해하게 해주는 대목이다.

이것은 대단히 중요한 내용이다. 많은 분들이 신은 형상이나 모양이 없는 영적인 존재라고 생각하지만, 사실은 신들도 인간처럼 육체와 영적인 존재이다. 인간이 신처럼 보이고 행동하도록 창조되었기 때문이다.

「창세기」 1:26 - 하나님이 가라사대 우리의 형상(image=영=spirit)을 따라 우리의 모양(likeness=육체=육신=flesh)대로 우리가 사람을 만들고…(Then God said, "Let us make man in our image, in our likeness…")(NIV)

그 다음 게시투-E 신이 인간을 창조하기 위해 살해된다. 신의 육체에서 영(spirit)이 나와 살아 있는 존재의 인간을 창조하게 된다.

지능을 가진 게시투-E 신이
모두 모인 자리에서 살해되었다.
닌투는 그의 육체와 피를 진흙 속에 섞었다.
그들은 세상이 끝나는 날까지 고동을 들었다.
닌투가 그 것을 선언함으로써, 그가 살아 있다는 증거로,
신의 육체에서 영(혼)이 나와 살아 있는 존재가 되었다.
(Geshtu-E, a god who had intelligence,
They slaughtered in their assembly.
Nintu mixed clay
with his flesh and blood.
They heard the drumbeat forever after.
A ghost came into existence from the god's flesh,
and she proclaimed it as his living sign.)(Dalley, 『Epic of Atra-Hasis』,
Tablet I, 1998)

마침내 인간이 탄생되었다. 그리고 마미(Mami) 신은 아눈나키와 이기기 신들을 불러 모아 입을 열고 다음과 같이 말한다.

마미는 입을 열어
위대한 신들에게 말했다,
당신들이 내게 준 임무를
내가 완벽하게 완수했습니다.
당신들은 한 영리한 젊은 신을 살해했습니다.

나는 당신들의 어려운 일을 없앴습니다,

그대신 당신들의 짐을 인간에게 지도록 했습니다.

여러분들은 이제 인간들에게 그 소란을 주십시오.

나는 여러분들의 속박을 벗겨 주었고 여러분에 자유를 주었습니다.

이 말을 듣고,

모인 신들은 걱정으로부터 안심이 되어,

닌투 신의 발에 입을 맞추고:

우리는 당신을 마미라 부르겠습니다.

지금부터 당신의 이름은 모든 신들의 여왕입니다.

(Mami made her voice heard

And spoke to the great gods,

I have carried out perfectly

The work that you ordered of me.

You have slaughtered a god together with his intelligence.

I have relieved you of your hard work,

I have imposed your load on man.

You have bestowed noise on mankind.

I have undone the fetter and granted freedom.

They listened to the speech of hers,

And were freed from anxiety, and kissed her feet:

We used to call you Mami,

But now your name shall be Mistress of All Gods.)(Dalley, 『Epic of Atra-Hasis』, Tablet I, 1998)

아눈나키와 이기기 신들은 이 소식에 환호를 질렀다. 그리고 달려와 마미 신의 발에 입을 맞추었다. 이렇게 해서 원시적이고 죽어야만

메소포타미아에서 발견된 원통형 인장에 새겨진 그림. 실험실에서 갓난아기를 안고 있는 여신의 모습. Credit : 시친, I, 2009, p 489, © Z. Sitchin, Reprinted with permission.

하는 인간이 태어났다. 지구로 내려온 아눈나키와 이기기 신들, 즉 하나님의 아들들인 네피림(Nephilim)은 이제 자신들의 노예(slave)를 갖게 되었다. 외부로부터 들여온 노예들이 아니라 신들이 지구에서 창조한 인간들이었다. 결론적으로 이기기 신들의 폭동이 인간의 창조로 이어진 것이다.

16. 신들의 고생 기간과 인간 창조의 때? 301,000년 전에 인간 창조

원시적인 인간이 창조된 때는 언제일까? 다행히 메소포타미아 기록들은 인간이 창조된 때를 정확히 밝히고 있다. 『신이 인간처럼 일할 때(When the gods, like men, bore the work)』라는 서사시에는 지구에 신들만이 살고 있을 때로 시작된다.

신들이 인간처럼 일하고
고통을 받을 때-
신들의 고통은 컸다,
일은 힘들었고,

고통도 심했다…

(When the gods like men

Bore the work and suffered the toil-

The toil of the gods was great,

The work was heavy,

the distress was much….)(시친, I, 2009, p. 457-458)

그리고 계속해서 신들은 '40기간 동안 밤낮으로 일에 시달렸다'고 기록하고 있다. 신들은 지구에 도착해서 정확히 말하자면 40샤르 동안 고생을 했다. 1샤르는 니비루 행성의 3,600년 공전주기라 했다. 따라서 3,600년 × 40샤르 = 144,000년 동안 고생을 한 것이다. 즉 이기기 신들은 지구에 도착해서 144,000년 후에 더 이상 고된 일을 못하겠다고 폭동을 일으킨 것이다.

10기간 동안 신들은 일에 시달렸다;

20기간 동안 신들은 일에 시달렸다;

30기간 동안 신들은 일에 시달렸다;

40기간 동안 신들은 일에 시달렸다.

(For 10 periods they suffered the toil;

For 20 periods they suffered the toil;

For 30 periods they suffered the toil;

For 40 periods they suffered the toil.)(시친, I, 2009, p. 471-472)

대홍수가 일어난 시점은 12궁의 처녀자리(처녀궁, 處女宮, Virgo, 12궁의 6궁)와 천칭자리(천칭궁, 天秤宮, Libra, 12궁의 제7궁) 사이인 BC 13020년경에 일어났음을 예측해 볼 수 있으므로, 대략 13,000년 전이라고 본다면, 신들이 지구에 최초로 착륙한 시점은 432,000년 전이므로 여기에 13,000년을 더 하면 약 445,000년 전에 지구에 도착했다는 것이 확실하게 드러난다(참조 : 시친, I, 2009, p. 359 & 570). 따라서 이 땅에 신들이 445,000년 전에 오셨으므로, 445,000 - 144,000 = 301,000년 전에 네피림의 노동을 대신할 인간을 창조하게 된다.

이 계산은 어디까지나 「창세기」 6장과 노아 홍수에 기초하여 계산한 것이므로, 신들이 더 일찍 지구에 왔을 개연성을 배제할 수 없다.

17. 아담의 창조, 호모 에렉투스의 난자에 신의 정자 융합, 여러 번의 시행착오

엔키 신에 대한 아주 흥미로운 이야기인 『인간의 창조(The Creation of Man)』에서 인간 창조의 비밀을 알아낼 수 있다. 엔키 신이 고위 신들의 그룹인 아눈나키가 인간을 만들자는 결정이 내려지자 엔키는 이미 존재하는 것의 위에 신의 형상을 덧붙이자고 제안한다.

당신들이 말한 그 존재가
이미 존재한다!
이미 존재하는 것의 위에,
신의 형상을 덧붙이자.
(The creature whose name you uttered - IT EXISTS!
Bind upon it, the image of the gods.)(시친, I, 2009, p. 472-473)
(O my mother, the creature whose name thou hoist uttered, it exists,
Bind upon it the … of the gods.)(Kramer, 1998, p. 70)

아눈나키들은 아무것도 없는 상태에서 인간을 만든 것이 아니라,

이미 존재하는 생명체를 찾아 신의 형상, 즉 이미지(Image, selem, 영=spirit)를 덧붙여 인간을 창조한 것이다. 따라서 우리들의 직계조상인 호모 사피엔스는 신들의 창조물인 것이다. 대략 301,000년 전에 아눈나키들은 원인(Ape-man, 猿人)인 호모 에렉투스(직립인간, Homo Erectus)의 난자(유전자)에 신의 정자(유전자)를 융합해서 현생인류(호모 사피엔스)를 만들어낸 것이다.

『바이블 매트릭스』 1권의 『우주 창조의 비밀』에서 살펴보았듯이, 니비루와 티아마트(지구)의 충돌로 인해 니비루의 생명체가 티아마트로 유입되었기에 지구에 살던 원인은 비록 덜 진화된 형태이기는 했지만 아눈나키들과 상당히 많이 닮았을 것이다.

현대의 생명과학 기술은 서로 교배가 불가능했던 닭과 쥐의 세포를 융합해 닭도 아니고 쥐도 아닌 새로운 생명체를 만들어낼 수 있다. 또한 특정한 종에서 원하는 특성만을 선택해 융합된 세포에 결합시킬 수 있다. 이러한 기술은 무한한 유전자 이식의 가능성을 열었다. 특정한 박테리아에서 특정한 유전자를 선택해 인간이나 동물에 이식해서 원하는 특성을 그 자손들이 갖게 만드는 것도 가능하다.

지금으로부터 445,000년 전에 이미 우주여행을 할 수 있었던 아눈나키들은 오늘날 우리가 이룩한 과학기술보다 월등히 높은 지식의 생명과학 기술을 갖고 있었다고 보아야 할 것이다. 그것이 복제이든 세포융합이든 유전자 이식이든 혹은 우리가 알지 못하는 다른 기술이든 간에, 그런 기술들을 실제 살아 있는 원인(猿人)에게 적용하는 것도 가능했을 것이다.

반인반수(半人半獸) 또는 반인반마(半人半馬)의 초기 인류. Credit : 시친, I, 2009, p 481. © Z. Sitchin, Reprinted with permission.

아눈나키들이 자신들의 형상에 따라 인간을 만들기 전에, 원인과 다른 동물을 교배하는 방법으로 자신들의 노예를 만들려고 시도했을 수도 있다. 고대 근동의 신전을 장식하고 있는 정체를 알 수 없는 황소인간(bull-men)이나 사자인간(스핑크스, sphinxes)은 단순한 시대를 상징하는 결과물이 아니라, 아눈나키들이 실험실에서 실제로 창조했거나 또는 실패한 실험의 증거였는지도 모른다.

수메르 기록들은 엔키 신과 닌후르쌍 여신이 원시적 노동자를 만드는 과정에서 만들어진 흉한 모습의 인간들에 대해서도 묘사하고 있다. 신의 틀에 혼합물을 넣는 일(bind upon the mixture the mold of the gods)을 맡았던 닌후르쌍이 술에 취해 엔키 신에게 가서 다음과 같은 말을 한다.

"인간의 몸이 도대체 얼마나 훌륭해야 하는가?
내 마음대로,
그 운명을 좋게 만들 수 있고 나쁘게 만들 수 있다."
("How good or how bad is Man's body?

As my heart prompts me,

I can make its fate good or bad.")(시친, I, 2009, pp.481~482)

이 기록에 따르면 여러 번의 시행착오로 닌후르쌍은 소변을 억제할 수 없는 남자, 아이를 낳을 수 없는 여자, 남자도 여자도 아닌 인간을 만들어냈다. 닌후르쌍은 모두 여섯 종류의 기형의 인간들(deformed or deficient humans)을 만들어냈다. 또한 엔키도 병든 눈을 가졌거나 손을 떨거나 손상된 심장이나 말을 할 수 없는 인간을 만들었다고 한다.

아눈나키들은 처음에 원인(猿人)과 다른 동물들을 혼합해서 원시적 노동자를 만들려고 했지만, 결국 유일하게 실현 가능한 혼합은 자신들과 원인의 혼합이라는 것을 안 것 같다. 그리고 몇 번의 실패 끝에 하나의 모델(model), 즉 아담(Adam)을 만드는 데 성공한다.

그리고 마침내「창세기」1장 26절과 27절에 나오듯이 신들의 형상과 모양대로, 즉 신들과 똑같이 생긴 아담을 창조하는 데 성공한다.「창세기」2장 7절의 '흙(dust of ground)'은 바로 원인(猿人)의 난자(유전자)에 신의 정자(유전자)와 죽어야 할 22개의 원자를 융합한 혼합물을 의미한다. 그 다음 혼합물을 통해 시험관 배아를 만든 후 닌후르쌍 여신의 자궁에 이식해 주형(mold), 즉 모델인 아담을 만들어내는 데 성공한다.

18. 진흙에서 7쌍의 복제인간을 창조, 인간이 신들을 대신해 노동을 시작하다

자, 이제 아담의 모델, 즉 주형을 이용해 복제품을 만들어낸다. 다시 말해 아담을 주형으로 사용해 남자와 여자를 만들어낸다. 「창세기」2장 21절에 나오는 아담의 갈비뼈(rib)는 수메르어로 티(TI)에서 나온 것이다. 그런데 이 단어는 갈비뼈라는 뜻과 함께 '생명(life)'이라는 뜻도 지니고 있다. 따라서 이브(Eve)는 아담의 '생명', 즉 '생명의 정수(life's essence)', 즉 유전자를 복제하여 만들어진 것이다. 단어 그대로 해석하면 갈비뼈라 했으니 뼛속에 있는 골수세포(bone marrow cell)에서 유전자를 채취했을 것이다. '잠들게 하시니(a deep sleep)'는 마취(anesthetize)를 시켰다는 것이다.

원시적인 인간의 창조는 과학자이며 지식의 신인 엔키와 마미(닌후르쌍) 여신에 의해 주도된다. 실험실에 엔키, 모신인 마미 그리고 14명의 대리모, 즉 자궁의 여신들이 모였다. 이제 복제인간의 대량생산이 시작된다.

엔키와 마미 신은
운명의 실험실로 갔다.
대리모인 자궁의 여신들이 소집되었다.
엔키 신은 마미 앞에서 진흙을 밟아 만들었다;
마미는 하나의 주문을 반복했다.
엔키는 마미와 같이 있으면서 마미가 그것을 반복하도록 도왔다
마미가 주문을 끝내자
그녀는 진흙 속에서 14개의 융합된 덩어리를 떼어냈다.
그리고 7개는 오른쪽에,
7개는 왼쪽으로 놓았다.
그들 사이는 진흙으로 만든 벽돌, 즉 주형(鑄型, 모델)을 놓았다.
마미는 갈대(칼)를 이용해 그것들을 열고 제대(탯줄, 臍帶)를 잘랐다.

아시리아에서 발견된 원통형 인장에 새겨진 그림. 엔키와 마미 여신이 인간을 복제하고 있는 모습. 가운데 나팔관은 탯줄을 자르는 칼의 상징. Credit : 시친. I, 2009, p 488, © Z. Sitchin. Reprinted with permission.

현명하고 지적이라 불리는 대리모인
자궁의 여신들은, 7명과 7명이었다.
7명은 7명의 남자아이를,
7명은 7명의 여자아이를 낳았다,
자궁의 여신들은 운명의 창조자이다.
엔키는… 그들을 둘씩 쌍으로, 남자와 여자를 쌍으로,
… 쌍으로 나누었다.
마미는 인간들을 위해 규칙을 만들었다:
생명을 탄생시키는 여자의 집에,
주형을 7일간 놓는다.
벨레트-일리(Belet-Ili), 즉 현명한 마미는 반드시 존경되어야 한다.
여자가 아이를 출산할 때,
산파는 즐거움을 얻고,
그 아이의 엄마는 스스로 출산 휴가를 가질 것이다.

남자는 한 여자에게,

… 그녀의 가슴에

젊은 남자의 얼굴에

수염이 보일 것이다.

정원과 노변에서

아내와 남편이 짝을 맺을 것이다.

자궁의 여신들이 소집되었고,

닌투가 거기에 있었다.

그들은 달(月)을 셌다.

운명의 열 달째가 다가왔다.

(Far sighted Enki and wise Mami

Went into the room of fate.

The womb-goddesses were assembled.

He trod the clay in her presence;

She kept reciting an incantation,

For Enki, staying in her presence, made her recite it

When she had finished her incantation,

She pinched off fourteen pieces of clay,

And set seven pieces on the right,

Seven on the left.

Between them she put down a mud brick.

She made use of a reed, opened it to cut the umbilical cord,

Called up the wise and knowledgeable

Womb goddesses, seven and seven.

Seven created males,

Seven created females,

For the womb goddess is creator of fate.

He⋯ them two by two,

⋯ them two by two in her presence.

Mami made these rules for people:

In the house of a woman who is giving birth

The mud brick shall be put down for seven days.

Belet-ili, wise Mami shall be honored.

The midwife shall rejoice in the house of the woman who gives birth

And when the woman gives birth to the baby,

The mother of the baby shall sever herself.

A man to a girl⋯

⋯ her bosom

A beard can be seen

On a young man's cheek.

In gardens and waysides

A wife and her husband choose each other.

The womb goddesses were assembled

And Nintu was present. They counted the months,

Called up the Tenth month as the term of fates.)(Dalley, 『Epic of Atra-Hasis』, Tablet I, 1998)

기록으로 보아 14명의 자궁의 여신은 두 집단으로 나뉘었다. 엔키와 모신은 그들의 자궁에 혼합된 진흙을 이식했다. 또한 수술 도구인 칼을 준비한 것을 보면 인간의 복제과정에 산파 수술이 포함되었음을 짐작할 수 있다. 여기서 중요한 것은 주형(鑄型, 모델)을 만들었다는 데 있다. 수메르의 기록들을 보면 인간의 모델, 즉 주형이라고 부르는 새로운 존재가 탄생했다. 그 모델이 「창세기」의 아담(Adam)이 될 수도 있고 그 이후의 아다파(Adapa)가 될 수 있다. 아니 그 이전의 어떤 모델이 될 수도 있다. 또 신들이 그것과 같은 것을 더 만들어 달라고 아우성친 것으로 보아 그 주형은 신들이 원하는 대로 만들어졌음이 확실하다. 주형을 먼저 만들고 그 다음에 복제품을 만들었다는 것은 별 것 아닌 것 같지만 아주 중요한 사실이다. 이를 통해 인간이 창조된 과정을 보다 구체적으로 알 수 있을 뿐만 아니라 「창세기」 1장 27절에 나오는 말씀도 정확하게 이해할 수 있다.

　　이제 남은 일은 기다리는 것이다. 열 달이 다가오자 마미는 "내가 창조했다"고 기쁨에 벅차 소리친다.

　　열 달이 다가오자,
　　마미는 보조자 한 명을 데리고 들어가 자궁을 열었다.
　　그녀의 얼굴에는 기쁨이 넘쳤다.
　　머리를 감싸고,
　　산파술을 행했다.
　　그녀는 허리에 띠를 두르고 축복을 내렸다.
　　그녀는 형상을 그렸고, 주형을 내려놓았다:
　　<u>내가 창조했다, 내 손이 그것을 만들어냈다.</u>
　　(When the Tenth month came,
　　She slipped in a staff and opened the womb.
　　Her face was glad and joyful.
　　She covered her head,
　　Performed the midwifery,
　　Put on her belt, said a blessing.

남부 엘람(Elam, 페르시아Persia) 산맥지대의 바위에서 발견된 암각 부조의 한 장면. 엔키 신과 마미 신이 오른쪽 가운데에서 작업을 하고, 14명의 대리모 여신들로 추정되는 여신들이 둘러싸고 있다. 왼쪽에는 길게 늘어선 인간들이 자신들을 창조한 주인을 바라보고 있다. 이것은 찍어낸 듯 똑같은 복제인간들이다. Credit : 시친, I, 2009, p 512, ⓒ Z. Sitchin, Reprinted with permission.

She made a drawing in flour and put down a mud brick:

I myself created it, my hands made it.)(Dalley, 『Epic of Atra-Hasis』,
Tablet I, 1998)

이렇게 아프리카 광산지역에서 창조된 원시적 노동자, 즉 인간들
은 이기기 신들을 대신해 광산에 투입된다. 바빌로니아와 아시리아 기
록을 보면 인간이 아래세계의 탄광에서 중노동을 했다고 한다. 어둠
속에서 일을 하고 먼지를 먹으면서 그들은 일을 했고 거기서 죽었다.
이런 이유 때문에 아래 세계를 칭하는 수메르어인 쿠르누기아(KUR.
NU.GI.A)가 '돌아오지 못하는 땅'이라는 뜻을 얻게 된 것이다. 그러나
쿠르누기아의 문자적 뜻은 '신이 일하고, 깊은 갱도에 광석이 쌓인 곳'
이다(시친, I, 2009, p. 456).

주형을 본 떠서 만든 복제인간들이 젊은 신들인 이기기 신들을 대
신해 일터에 투입되었다. 이제 인간들은 땅을 파고 고르고 운하를 건

설하고, 그리고 신들을 위해 봉사했다고 기록하고 있다.

19. 처음엔 벌거벗고 다녀, 섹스를 해도 임신이 안 되는 인간 창조

여기서 한 가지 중요한 사실이 있다. 초기 수메르의 그림에 자주 등장하는 원시적 노동자였던 인간은 벌거벗은 상태에서 노동을 했으며, 신에게 봉사했다는 점이다. 신에게 음식이나 음료수를 바칠 때는 물론이고 들판이나 공사장에서 일을 할 때도 인간들은 벌거벗고 있었다. 그렇다고 이들이 섹스(성교)를 안 한 것은 아니다. 섹스를 해도 임신이 안 되는 상태였다. 그렇게 엔키 신과 닌후르쌍 여신이 임신이 안 되는 인간을 만들었다.

그런데 나중에 보면 아담과 이브가 선악과를 따 먹고 임신을 하게 된다. 이것은 「창세기」 3장에 등장하는 선(good)과 악(evil)을 알게 한 지식의 나무(Tree of Knowledge)와 연관이 있다. 자세한 것은 『바이블 매트릭스』 2권 『인간 창조와 노아 홍수의 비밀』의 4부인 "엔키 신과 선악과란 무엇인가"를 참조하시라.

인간들이 …을 담당했다…
새로운 땅을 고르고 삽을 만들고,
커다란 운하를 파고,
사람들을 먹여 살리고 신들을 유지하기 위해.
(They took hold of...
Made new picks and spades,
Made big canals,
To feed people and sustain the gods.)(Dalley, 『Epic of Atra-Hasis』,
Tablet I, 1998)

수메르의 초기 그림. 벌거벗은 상태로 일을 하는 인간들. 이는 섹스를 해도 임신이 안 되는 상태를 의미함. Credit : 시친, I, 2009, p 508, © Z. Sitchin, Reprinted with permission.

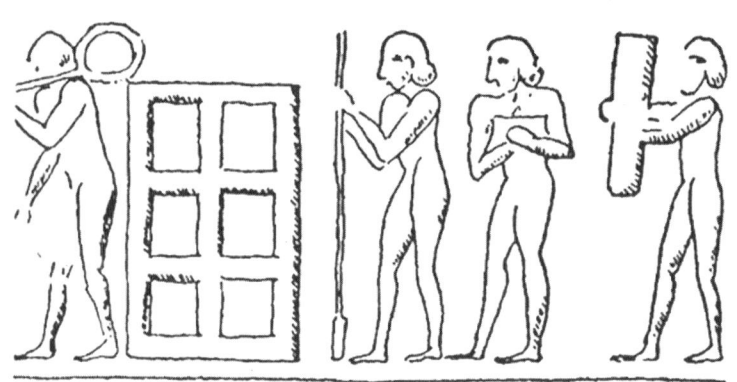

20. 아프리카에서 메소포타미아로, 에덴 동산의 아담

인간은 아눈나키 그룹에 의해 채광을 하던 아래세계, 즉 압수에서 창조되었다. 『인간의 창조(The Creation of Man)』라는 기록에서 엔키는 모신에게 압수의 바로 위, 지구의 토대에서 가져온 흙을 섞어서 빚으라고 말한다. 다시 말해 압수 바로 위의 호모 에렉투스의 난자를 이용해 인간을 창조한 것이다.

압수(압주)의 바로 위,

지구의 토대에서 가져온 흙을 섞어서 빚으라.

(Mix to a core the clay from the Basement of Earth,

just above the Abzu).(시친, I, 2009, p. 497)

(Mix the heart of the clay that is over the abyss.)(Kramer, 1998, p. 70)

엔키가 압주에 그의 거처를 지은 업적을 기리는 송가인 『엔키와 에리두: 물의 신이 니푸르로의 여행(Enki and Eridu : The Journey of the Water-God to Nippur)』은 다음과 같이 시작한다.

압수의 신성한 에아 신은

진흙 한 덩어리를 떼어 내,

쿨라(Kulla)를 창조해

압수의 신전을 재건했다.

(Divine Ea in the Apsu

pinched off a piece of clay,

created Kulla to restore the temples.)(시친, I, 2009, p. 498)

이 송가는 계속해서 엔키 신에 의해 창조된 건축가들과 산과 바다의 풍부한 자원을 관리하는 사람들에 대해 언급하고 있는데, 그들은 모두 압수의 광산 지역의 진흙으로 만들어진 인간들이었다. 이들 인간들은 「창세기」의 족보에 오르지 못한 인간들이다. 「창세기」의 아담의 족보말고도 많은 인간들이 창조되었다.

엔키 신은 에리두의 물가에는 강둑(water-bank)과 벽돌(brickwork)로 신전을 지었지만, 압수에 신전을 지을 때는 귀한 은(silver)과 청금석

(lapis-lazuli)을 사용했다. 신전을 건축하기 위해 압수서 인간들을 창조했다.

'엔키 신이 인간을 창조했다(fashioned)'에서 엔키 신은 또 다른 수메르어 이름인 이미지 패셔너(Image Fashioner)라는 뜻의 누딤무드(Nudimmud)로 불리기도 했는데, 이는 땅을 고르게 펴거나 관개수로로 바꾸거나 유전자를 조작해 인간을 만든 것에 비유하여 사용하기도 했다.『엔키와 에리두: 물의 신이 니푸르로의 여행』을 보자.

압주의 주님인 엔키 왕이…
은과 청금석으로 신전을 지었다;
압주의 반짝이는 은과 청금석으로.
주님인 아버지는 압주에서 인간을 창조했다.
압주에서 밝은 표정의 인간들이 창조되어,
주님인 누딤무드 주변에 섰다.
(The Lord of the AB.ZU, the king Enki…
Built his house of silver and lapis-lazuli;
Its silver and lapis-lazuli, like sparkling light.
The Father fashioned fittingly in the AB.ZU.
The Creatures of bright countenance,
Coming forth from the AB.ZU,
Stood all about the Lord Nudimmud).(시친, I, 2009, p. 498)
(The lord of the abyss, the king Enki,
Enki, the lord who decrees the fates,
Built his house of silver and lapis lazuli;
Its silver and lapis lazuli, like sparkling light,

The father fashioned fittingly in the abyss.

The (creatures of) bright countenance and wise, coming forth from the abyss,

Stood all about the lord Nudimmud.)(Kramer, 1998, p. 62)

　최초의 원시적 노동자는 아프리카 광산에서만 일했다. 따라서 근동 즉 메소포타미아의 수메르 지역에 거주하고 있던 아눈나키들은 그 혜택을 받지 못했다. 그 결과 신들 사이에 갈등이 있었던 것으로 보인다.

　『곡괭이의 신화(The Myth of the Pickax)』 또는 『곡괭이의 창조(The Creation of the Pickax)』라고 이름 붙인 수수께끼 같은 기록에는 엔릴 신의 통치하에 있던 수메르의 아눈나키들이 어떻게 검붉은 피부(dark red blood-colored skin)의 검은 머리 인간들을(Black-Headed People)(Black et al., 『The Flood Story, Segment A』, 1998-2006; Tellinger, 2009, p. 251; 시친, I, 2009, p. 500), 즉 흑인들을 이용하게 되었는지 그 과정을 기록하고 있어 매우 흥미롭고 중요한 자료이다.

　정상적인 질서를 회복시키기 위해 엔릴 신은 하늘―니비루 행성이나 지구 궤도 위의 모선―과 지구의 통신을 끊는 극단적인 조치를 취하고 인간이 창조된 곳, 즉 압수를 공격한다. 엔릴 신은 그 당시 우주통제관제센터가 있던 니푸르(Nippur)의 주신(Patron god)으로 엔릴 신의 지구라트(Ziggurat) 신전은 니푸르(Nippur)의 에쿠르(Ekur, 높은 집)였다.

　적절한 조치를 취할 수 있는 주님은,

　결정을 취소할 수 없는 엔릴 주님은,

　매우 빠르게 지구와 하늘을 분리시켰다

창조된 인간들을 끌어내기 위해;

매우 빠르게 지구와 하늘을 분리시켰다,

엔릴 신은 하늘과 땅의 유대에 상처를 냈다,

창조된 인간들을 끌어내기 위해

그들의 육신이 태어난 곳으로부터 끌어내기 위해.

(The Lord, That which is appropriate he caused to come about.

The Lord Enlil,

Whose decisions are unalterable,

Verily did speed to separate Heaven from Earth

So that the Created Ones could come forth;

Verily did speed to separate Earth from Heaven.

In the "Bond Heaven-Earth" he made a gash,

So that the Created Ones could come up

From the Place-Where-Flesh-Sprouted-Forth.)(시친, I, 2009, p. 499)

;

(The lord, that which is appropriate verily he caused to appear,

The lord whose decisions are unalterable,

Enlil, who brings up the seed of the land from the earth,

Took care to move away heaven from earth,

Took care to move away earth from heaven.

In order to make grow the creature which came forth,

In the "bond of heaven and earth" (Nippur) he stretched out the.)(Kramer, 1998, p. 52)

엔키 신의 '곡괭이와 광주리(Upon the pickax and basket)'에 대항해 엔릴 신은 강력한 그의 곡괭이를 만든다. 그것은 바로 알아니(AL.A.NI)

로 힘을 만드는 도끼였다. 이 무기에는 '뿔이 하나 달린 황소의 이빨(like a one-horned ox's tooth)' 같은 것이었는데, 금과 은과 청금석으로 만들어, 거대한 벽을 기어올라가(ascending a large wall) 공격해 허물 수 있었다. 이 무기에 대한 묘사를 통해 추측해 보면, 이것은 거대한 동력 굴착기(huge power drill)로, 불도저 비슷한 차량(bulldozer-like vehicle)에 장착해 앞에 있는 것은 무엇이든 부숴 버릴 수 있는 무기 같은 것이다.

> 주님 앞에 저항하는 집,
> 주님 앞에 복종하지 않는 집,
> 알아니가 주님께 복종하도록 만든다.
> 사악한… 그들의 머리를 부수고;
> 뿌리를 뽑고, 머리를 부순다.
> (The house which rebels against the Lord,
> The house which is not submissive to the Lord,
> The ALA.NI makes it submissive to the Lord.
> Of the bad … , the heads of its plants it crushes;
> Plucks at the roots, tears at the crown.)(시친, I, 2009, p. 499-500)

땅을 가르는 곡괭이, 즉 알아니를 앞세워 엔릴 신은 엔키 신의 진영을 공격한다.

> 주님은 알아니를 향해 명령을 내렸다.
> 주님은 땅을 가르는 도구를 알아니의 머리에 붙이고,
> 육신이 태어난 곳으로 몰고 갔다.
> 한 인간의 머리가 구멍에 빠졌다;
> 인간들은 땅에서 흩어져 엔릴 신에게 몰려갔다.

주님은 검은 머리 인간들을 엄정하게 살폈다.

(The Lord called forth the AL.A.NI, gave its orders.

He set the Earth Splitter as a crown upon its head,

And drove it into the Place-Where-Flesh-Sprouted-Forth.

In the hole was the head of a man;

From the ground, people were breaking through towards Enlil.

He eyed his Black-headed Ones in steadfast fashion.)(시친, I, 2009, p. 500)

그 결과 검붉은 피부의 검은 머리 인간들, 즉 흑인들이 아프리카에서 엔릴 신의 지역인 수메르로 이동하게 된다. 엔릴 신은 노동자들을 데리고 '정의로운 자들의 처소'인 에딘(E.DIN)으로 데려갔다. 원시적 노동자를 데려다 달라고 간청했던 수메르의 아눈나키들은 엔릴 신에게 감사하면서 곧 인간들에게 일과 신들의 시중을 들게 했다.

아눈나키들은 엔릴 신에게 가서,

감사의 표시로 손을 흔들었다,

기도를 드려 엔릴 신의 마음을 편하게 했다.

엔릴 신에게 간청했던 검은 머리 인간들.

아눈나키들은 검은 머리 인간들에게,

그들이 갖고 있던 곡괭이를 쥐어 주었다.

(The Anunnaki stepped up to him,

Raised their hands in greetings,

Soothing Enlil's heart with prayers.

Black-headed Ones they were requesting of him.

To the Black-headed people,

they give the pickax to hold.)(시친, I, 2009, p. 500)

그 이후 일꾼 원시인들은 양쪽 땅에서 단순 작업에 투입되었다. 아프리카 광산의 땅에서는 금을 캤고, 메소포타미아에서는 곡괭이와 삽을 들고 신들의 집인 지구라트를 건설하고, 거대한 운하 제방을 쌓았으며, 신들의 음식으로 공급할 작물들을 길렀다.

21. 아담을 이끌어 에덴 동산에 두사

「창세기」 2장 15절을 보자. 야훼께서 그 사람을 어디에선가 '이끌어내서(took)'라고 기록된 것이다. 어디서 이끌어내셨을까? 바로 아프리카 압수 지역에서 이끌어내서 다시 말해 아프리카 압수지역에서 데려왔다는 뜻이다. 그 다음 에덴 동산에 두었다(put, placed). 무엇을 시키려고? 바로 일을 시키고(work) 에덴 동산을 돌보도록(take care of) 한 것이다. 또는 에덴 동산을 가꾸고(dress, tend) 지키도록(keep, watch over, guard) 한 것이다. 영문성경 Good News에는 아담으로 하여금 에덴동산을 경작하도록(cultivate) 했는데, 가장 번역이 잘 된 것 같다.

「창세기」 2:15 - 여호와 하나님이 그 사람을 이끌어 에덴 동산에 두사 그것을 다스리며 지키게 하시고(The LORD God took the man and put him in the Garden of Eden to work it and take care of it)(NIV); And the LORD God took the man, and put him into the garden of Eden to dress it and to keep it(KJV); The LORD God placed the man in the Garden of Eden to tend and watch over it(New Living); Then the LORD God placed the man in the Garden of Eden to cultivate it and guard it.(Good News)

22. 아담은 흑인, 이브는 엷은 갈색 피부에 금발 머리

최초의 아담은 검붉은 피부(dark red blood-colored skin)에 검은 머리 인간(Black-Headed People)의 흑인이다(Tellinger, 2009, p. 251; 시친, I, 2009, p. 500). 아프리카에서 탄생한 모든 남성은 다 흑인이다. 『에리두 창세기』의 〈세그먼트 A〉 버전의 10줄에서 14줄을 보자.

10-14. 안, 엔릴, 엔키, 닌후르쌍이 검은 머리 인간들을 유전자로 만들어낸 후, 그들은 또한 동물들을 창조해 이 땅에 번창케 했는데, 오늘날 네 발로 걷는 동물들이 평원에서 번창하고 있는 것이다.

10-14. After An, Enlil, Enki and Ninhursaga had fashioned the black-headed people, they also made animals multiply everywhere, and made herds of four-legged animals exist on the plains, as is befitting.(Black et al., 『The Flood Story, Segment A』, 1998-2006)

여기서 중요한 것은 만들었다(fashioned)라고 표현했다는 점이다. 이는 엔키 신을 의미하는데, 엔키 신은 수메르어로 이미지 패셔너(Image Fashioner)라는 뜻의 누딤무드(Nudimmud)로 불리기도 했다. 이는 유전자를 조작해 인간을 만든 것에 비유하여 사용하는데, 기본(Essence), 즉 유전자 구조(DNA Structure)를 조작해 신들과 비슷하지만 검은 머리 인간을 만들었다는 뜻이다. 처음에 창조된 아담은 검은 머리에 검붉은 피부를 가진 흑인이었다. 왜냐하면 인간의 조상인 원인(猿人, Apewoman=호모 이렉투스=Homo Erectus)이 검기 때문이었다.

그렇다면 이브(Eve), 즉 하와는 어떤 피부색이었을까? 텔링거(Tellinger)의 저서 『신의 노예 종들(Slave Species of God)』(2009)에 의하면 이브의 원래의 이름은 티아마트(Ti-Amat)로 이는 '생명의 어머니(Mother of Life)'라는 뜻이며, 엷은 갈색 피부(a light brown skin)에 금발 머리(a sandy-blonde)를 가졌다고 한다(Tellinger, 2009, p. 452). 티아마트(Tiamat)는『바이블 매트릭스』1권『우주 창조의 비밀』에 등장하는 지구(Earth)의 전신인데, 여기서도 '생명의 어머니'로 등장한다.

이로써 우리는 흑인종과 황인종이 지구를 지배하고 있는 이유를 설명할 수 있다. 그렇다면 백인종은 어떻게 창조되었을까? 이는『바이블 매트릭스』2권『인간 창조와 노아 홍수의 비밀』의 7부인 "노아(Noah) 태생의 비밀, 노아는 엔키 신의 아들, 노아는 파란 눈의 백인"을 참조하라.

23. 왕권의 성립(Creation of Kingship) 및 최초의 도시들(the First Cities)

이렇게 신들의 노동을 대체할 인간들을 만든 후 왕권, 즉 통치 시스템이 하늘에서 내려오고 메소포타미아 지역에 도시를 건설한다.『에리두 창세기』의 〈세그먼트 B〉 버전을 보자.

4-5. "내가 인간들의 노동을 관장할 거야… 이 땅의 구축 자, 견고한 기초를 파라(I will oversee their labour. Let … the builder of the Land, dig a solid foundation.)"(Black et al.,『The Flood Story, Segment B』, 1998-2006)

6-18. 그 이후… 왕권이 하늘에서 내려와, 그 이후 기쁨으로 찬양된 왕권이 하늘로부터 내려와, 신성한 의식과 신들의 권위가 완벽해지고, 벽돌을 쌓아 신전을 세우고, 그들의 이름이 붙여지고… 배분되었다. 첫 번째 도시는 에리두였고, 제일 먼저 내려오신 누딤무드(엔

키) 신에게 주어졌다. 두 번째 도시는 바드-티비라였는데, 인안나 여신과 두무지 신에게 주어졌다. 세 번째는 라락이었는데, 파빌상(닌우르타)에게 주어졌다. 네 번째 도시는 시파르(짐비르)였는데, 우투(샤마시) 신에게 주어졌다. 다섯 번째 도시는 슈루팍이었는데, 수드(닌후르쌍, 닌투, 닌마) 여신에게 주어졌다. 도시들의 이름이 공표된 후에… 도시들은 신들에게 배분되었으며, 강은… 물이 넘쳐 흘렀고, 작은 수로(운하)가 정화되어… 구축되었다(After the … of kingship had descended from heaven, after the exalted crown and throne of kingship had descended from heaven, the divine rites and the exalted powers were perfected, the bricks of the cities were laid in holy places, their names were announced and the … were distributed. The first of the cities, Eridug, was given to Nudimmud the leader. The second, Bad-tibira, was given to the Mistress. The third, Larag, was given to Pabilsag. The fourth, Zimbir, was given to the hero Utu. The fifth, Suruppag, was given to Sud. And after the names of these cities had been announced and the … had been distributed, the river …, … was watered, and with the cleansing of the small canals …… were established.) (Black et al., 『The Flood Story, Segment B』, 1998-2006)

여기서도 분명 인간 창조의 목적은 노동과 신들에게 봉사하는 것이라고 기록하고 있다. 인간들은 신을 대신해 노동을 하고, 신전을 세우고 신들께 봉사한 것이다. 여기에 등장하는 5개의 대홍수 이전의 도시들(antediluvian/pre-Diluvial cities)은 『수메르 왕 연대기』에도 등장한다.

그런데 여기서도 중요한 사실이 드러난다. 다른 고대문서들인 c.BC 1150년의 『길가메시 서사시』와 c.BC 1640년의 『아트라하시스 서사시』를 보면, 에리두는 제일 먼저 이 땅에 내려오신 엔키 신에게 주어졌는데, 그는 금을 캐러 내려왔기 때문에, 페르시아만에 근접한 에리두를 첫 번째 도시로 정했다. 아마도 처음에는 바다에서 금을 캐지 않았나 추측이 된다.

그리고 아프리카 짐바브웨에서 캐낸 금은 배를 이용하여 바드-티비라로 옮겨졌는데, 바드-티비라는 두무지 신이 관장하던 도시였다. 바드-티비라 도시의 이름은 문자 그대로 번역하면 '대장장이, 즉 금속 가공의 토대'라는 뜻으로 구약성경의 두발(Tubal, 「창세기」 4:22)에 해당된다. 구약에 나오는 두발가인은 철과 동과 금의 기술자였다.

그리고 시파르(짐비르)는 우투 신에게 주어졌는데, 우투는 태양의 신으로, 그 당시 시파르에 있던 우주공항을 책임지던 신이었다. 바드-티비라에서 정제된 금은 메소포타미아로 옮겨져 시파르 우주공항에서 우주선으로 지구 궤도를 돌고 있던 이기기 신들의 모선으로 옮겨지고, 그 다음 신들의 행성인 니비루(Nibiru)로 가져간 것이다. 왜 금을 캐러 왔을까? 니비루의 대기환경이 안 좋아져 금가루가 필요했기 때문이었다.

마지막으로 슈루팍은 수드(닌후르쌍, 닌투, 닌마) 여신에게 주어졌는데, 이곳에는 의료센터(Medical/Science Center, Healing Center), 즉 병원이 세워져 있었다. 그래서 닌투 여신은 생명을 관장하던 여신으로 등장하고, 아담을 유전자 조작으로 본인의 자궁에서 직접 창조하신 여신이다.

그리고 아눈나키들이 거주하는 고대 7개 도시들인 에리두(Eridu), 라르사(Larsa), 바드티비라(Bad-tibira), 라가시(Lagash), 슈루팍(Suruppak), 니푸르(Nippur), 라락(Larak/Larag)에는 하늘로 이어지는 계단식 피라미드(Step pyramid)의 신전(Temple)인 지구라트를 건설한다. 이 지구라트에는 각 도시를 지배한 고대 주신(Patron god)이 이 땅에 거주할 때 머무르곤 했는데, 오로지 제사장(Priest)만이 이곳을 출입할 수 있었다. 제사장들은 각 층의 방에 접근하여 신을 모시고, 신의 음식이나 요구에 시중드는 역할을 했다.

24. 이기기(네피림) 배반 사건과 노아의 홍수의 조짐

301,000년 전에 네피림(이기기)의 노동을 대신할 인간을 창조한 이래 시간은 대략 200,000년이 흘러, c.BC 100000년에 혹은 성경연대기의 c.BC 3400(B)년에 느닷없는 중대한 두 가지 사건이 일어난다. 첫 번째 사건은 우주비행군단, 즉 지구 궤도를 돌고 있던 모선에 속해 일하던 300명의 젊은 이기기 신들, 즉 네피림 중 200명의 젊은 신들이 본인들의 위치를 이탈해 지구로 내려와 아름다운 인간의 딸들과 결혼해 성관계를 가짐으로써 거인(Great/Giant Man)들이 탄생했다. 두 번째 사건은 인간의 남자와 인간의 성관계가 너무 심해 인간의 숫자가 기하급수적으로 늘어난 것이다. 이것은 신들의 관점에서 보면 이것은 중대한 사건이었다. 왜냐하면 그것은 신들의 중대한 실수였던 것이다.

이때부터 인류의 고생이 시작된다. 지구가 새로운 빙하기를 맞이한 것이다. 엔릴 신께서는 여섯 번의 인간 말살정책을 피신다. 그 결과 식량 부족에 각종 질병이 일어나고, 심지어는 인육을 먹는 상황까지 온다. 「창세기」는 이런 상황에 대한 암시만 주고 있다. '유예(Respite)' 또는 '위안 (Comfort)'라는 뜻을 담고 있는 노아가 태어나자 아버지인 라멕(Lamech)은 "여호와께서 땅을 저주하시므로 수고로이 일하는 우리를 이 아들이 안위하리라"(「창세기」 5:29)라는 희망에서 그런 이름을 지었다. 「창세기」는 노아가 "노아는 의인이요 당세에 완전한 자라 그가 하나님과 동행하였으며"(「창세기」 6:9)라는 점 외에는 별다른 정보를 주지 않는다. 그러나 『길가메시 서사시』, 『아트라하시스 서사시』, 『수메르 왕 연대기』와 『에리두 창세기』라는 메소포타미아의 문서들은 대홍수의 영웅이 닌후르쌍 여신이 운영하는 의료센터가 있는 슈루팍의 왕이라고 기록하고 있다.

25. BC 16620년, 인간의 섹스 소리가 최고 아눈나키의 귀에 들리다

엔키 신께서 두 번째 선악과의 비밀인 임신하는 능력, 다시 말해 두 가닥의 염색체를 유전자 조작하여 인간들은 임신했다. 그 후로 인간은 번창했다. 그리고 이제 인간은 더 이상 광산이나 들판에서 일만 하는 노예만은 아니었다. 인간은 신전(지구라트)이라 부르는 신들의 집을 지었고, 신들을 위해 요리하고 춤추고 음악을 연주하는 법을 배웠으며, 신들에게 시중을 들고 제사를 올렸다.

이 사건은 언제 일어났을까? 노아 홍수가 일어난 시점은 12궁의 처녀자리(처녀궁, 處女宮, Virgo, 12궁의 6궁)와 천칭자리(천칭궁, 天秤宮, Libra, 12궁의 제7궁) 사이인 BC 13020년경에 일어났음을 예측해 볼 수 있으므로, 니비루의 공전주기인 3,600년을 더해 계산해 보면, 노아 홍수 전의 본 사건은 BC 16620년 전에 시작한다. 이 사건은 8궁인 전갈자리(천혈궁, 天蠍宮, SCORPIO)의 시대인 BC 17340~BC 15179년 사이에 일어난 내용이다.

600년이 지나자, 즉 BC 16020년에 사람이 땅 위에 번성하기 시작해 그 수가 배로 자꾸 늘어난다. 『아트라하시스 서사시』의 〈점토판 1〉을 보자.

600년, 600년이 조금 안 되어,
나라에서 큰 소리로 울부짖는 황소의 소리처럼 인간들의 소리가

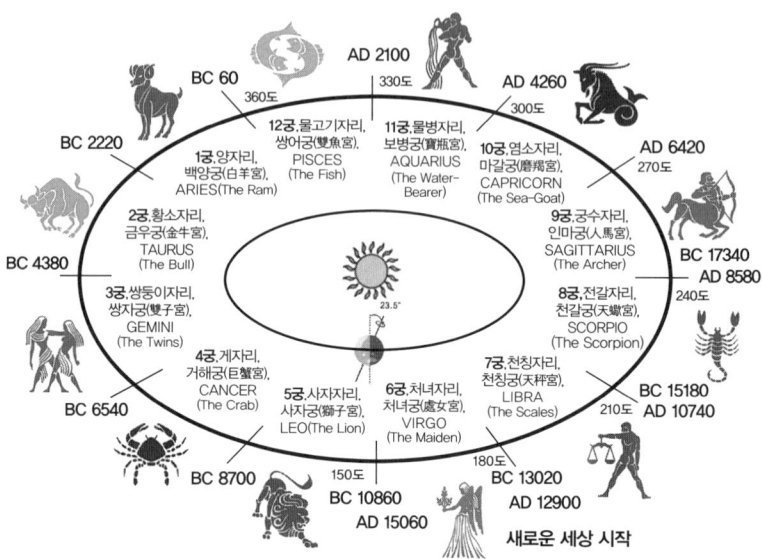

BC 60
360도

AD 2100
330도

AD 4260
300도

BC 2220

12궁,물고기자리,
쌍어궁(雙魚宮),
PISCES
(The Fish)

11궁,물병자리,
보병궁(寶甁宮),
AQUARIUS
(The Water-
Bearer)

10궁,염소자리,
마갈궁(磨羯宮),
CAPRICORN
(The Sea-Goat)

AD 6420
270도

1궁,양자리,
백양궁(白羊宮),
ARIES(The Ram)

2궁,황소자리,
금우궁(金牛宮),
TAURUS
(The Bull)

9궁,궁수자리,
인마궁(人馬宮),
SAGITTARIUS
(The Archer)

BC 4380

BC 17340
AD 8580
240도

3궁,쌍둥이자리,
쌍자궁(雙子宮),
GEMINI
(The Twins)

23.5°

8궁,전갈자리,
천갈궁(天蠍宮),
SCORPIO
(The Scorpion)

4궁,게자리,
거해궁(巨蟹宮),
CANCER
(The Crab)

5궁,사자자리,
사자궁(獅子宮),
LEO(The Lion)

6궁,처녀자리,
처녀궁(處女宮),
VIRGO
(The Maiden)

7궁,천칭자리,
천칭궁(天秤宮),
LIBRA
(The Scales)

BC 15180
210도 AD 10740

BC 6540

BC 8700

150도
BC 10860
AD 15060

180도
BC 13020
AD 12900

새로운 세상 시작

세차운동(歲差運動, Precession)에 의해 대주기(Grand Circle) 혹은 대년(Great Year)인 25,920년에
따라 변하는 시대별 춘분의 12개 별자리.

들렸다.

신들은 인간들의 아우성에 불안해했다.

엔릴 신 또한 그들의 소리를 들어야만 했다.

(600 years, less than 600, passed,

And the country was as noisy as a bellowing bull.

The gods grew restless at their racket,

Enlil had to listen to their noise.)(Dalley, 『Epic of Atra-Hasis』, Tablet I,
1998)

이게 도대체 무슨 소리인가? 인간의 소리란 무엇인가? 다른 자료
를 보자. 램버트(Lambert) 외의 『아트라하시스: 바빌로니아의 대홍수
이야기(Atrahasis: The Babylonian Story of the Flood)』를 인용해 보자. 이

는 「창세기」 6장 1절과 같은 내용이다. 즉, 인간이 임신을 하게 되어 그 인간의 수가 늘어났다. 시간이 흐르면서 인간들의 섹스 소리는 엔릴 신을 무척 화나게 만든다.

> 땅이 넓어지고, 인간이 늘어났다;
> 마치 야생 황소처럼 인간들이 아이를 낳고 있다.
> 엔릴은 그들의 교접, 즉 섹스 때문에 마음이 편치 않았다;
> 엔릴은 그들이 섹스할 때 말하는 소리를 들었다,
> 그래서 다른 위대한 신들에게 말했다:
> "인간들의 말소리가 점점 커지고;
> 그들의 교접하는 소리 때문에 잠을 이룰 수가 없다."
> (The land extended, the people multiplied;
> In the land like wild bulls they lay.
> The god got disturbed by their conjugations;
> The god Enlil heard their pronouncements,
> and said the great gods:
> "Oppressive have become the pronouncements of Mankind;
> Their conjugations deprive me of sleep.")(Lambert 외, 1999)

이 땅의 최고 높은 신이자 아눈나키의 수장인 엔릴 신은 인간에게 벌을 내리라고 명령한다. 그리고 이 명령은 고위 아눈나키의 만장일치의 동의를 얻어 모든 신들이 서약을 한다. 「창세기」에 등장하는 노아의 대홍수, 혹은 『길가메시 서사시』에 등장하는 우트나피시팀(Utnapishtim)의 대홍수 혹은 『아트라하시스 서사시』의 대홍수 이전에 엔릴은 페스트(전염병, pestilence)와 질병(sicknesses)을 통해 인간의 대학살을 명령한다.

26. 엔릴 신의 인간 대학살을 위한 6번 × 600년 동안의 대재앙, 땅의 저주

엔릴 신의 첫 번째 계획 – 돌림병을 통한 인간 대학살

엔릴 신은 고위 신들에게 강조했다,

인간의 섹스 소리가 너무 커서,

내가 잠을 이룰 수 없다.

그래서 슈루팍에 돌림병이 발생하게 명령을 내린다,

…

(He addressed the great gods,

The noise of mankind has become too much,

I am losing sleep over their racket.

Give the order that suruppu-disease shall break out….)(Dalley, 『Epic of Atra-Hasis』, Tablet I, 1998)

『아트라하시스 서사시』의 아카드어 버전과 아시리아 버전을 보면 엔릴의 명령이 떨어진 후에 통증(aches), 어지러움(dizziness), 오한(chills), 열병(fever)과 질병(disease), 병(sickness), 구역질(plague), 페스트(pestilence) 등이 인간과 가축에 나타났다고 기록하고 있다. 그러나 엔릴 신의 계획은 성공하지 못했다. 왜냐하면 대단히 현명한(exceedingly wise) 자, 즉 아트라하시스가 엔키 신과 너무 가까웠기 때문이다.

엔릴 신의 결정에 반대하는 엔키 신, 신들의 이중적 태도

엔키 신을 공경하는 아트라하시스는 엔키 신에게 엔릴 신의 계획을 깨뜨려 달라고 청한다. 그리고 엔릴 신에게 불평을 한다.

지금 거기에 아트라하시스가 있었다

그는 그의 신인 엔키에게 늘 귀를 경청했다.

아트라하시스는 엔키 신에게 말을 하고

엔키 신은 그와 얘기한다.

아트라하시스는 소리를 내어

그의 주님께 말을 했다,

얼마나 우리가 고통을 받아야 합니까?

신들은 우리를 영원히 질병으로 고통받게 할 것입니까?

(Now there was one Atra-hasis

Whose ear was open to his god Enki.

He would speak with his god

And his god would speak with him.

Atra-hasis made his voice heard

And spoke to his lord,

How long will the gods make us suffer?

Will they make us suffer illness forever?)(Dalley, 『Epic of Atra-Hasis』, Tablet I, 1998)

이에 엔키 신은 더 이상 신들을 경배하지도 말고 번제를 드리지도 말며 여신에게 기도도 드리지 말고 신들을 무시하라고 말한다. 한 마디로 신들에 대한 불복종 운동을 전개하라고 말한다. 그리고 땅에서 큰소리를 내 신들을 괴롭히라고 말한다. 그리고 연장자(장로)들을 자신의 신전에 모아 비밀리에 회의를 연다.

엔키 신은 소리를 내어

그의 충신들에게 말했다:

장로들을 불러라!

그리고 집에서 반란을 일으키라,

그리고 전달자들은 공포하라…

땅에서 큰 소리를 내라:

신들을 경외하지도 말고,

여신들에게 기도도 드리지 말며,

그 대신 남타라 신의 문을 찾아라.

구운 빵과 분말 공물을 남타르 신께 드려라.

남타르 신이 공물에 수치를 느끼면,

그의 손을 안 받은 것처럼 깨끗이 닦아 주어라.

(Enki made his voice heard

And spoke to his servant:

Call the elders, the senior men!

Start an uprising in your own house,

Let the heralds proclaim…

Let them make a loud noise in the land:

Do not revere your gods,

Do not pray to your goddesses,

But search out the door of Namtara.

Bring as baked loaf into his presence.

May the flour offerings reach him.

May he be shamed by the presents

And wipe away his hand.)(Dalley, 『Epic of Atra-Hasis』, Tablet I, 1998)

아트라하시스는 회의 결과에 따라 장로들을 모아 그의 추종자들과
함께 땅에서 많은 섹스 소리를 내고, 신들을 무시하며, 운명의 신(god

of fate)인 남타라(Namtara) 신을 숭배하기 시작한다. 그리고 남타라 신을 위해 신전까지 지어 준다. 왜냐하면 남타라 신을 숭배하고 제물과 번제를 드리면 모든 질병을 사전에 예방할 수 있기 때문이었다.

여기에서 재미있는 사실이 등장한다. 모든 신들은 엔릴 신의 명령에 복종해야 하지만, 엔키 신은 그렇다 손치더라도, 남타르 신까지 엔릴 신의 계획을 무시하고 있다는 사실이다. 결국 남타라 신은 아트라하시스의 공물을 받고 질병에서 벗어나게 해준다. 그 결과 신들은 인간들로부터 정상적인 공물을 받는다. 최고 높은 신인 엔릴은 인간을 질병으로 말살하라고 명령하고, 다른 신들은 인간으로부터 받는 공물에 기뻐하는 이중적인 신들의 모습이 보인다.

엔키 신의 명령에 따르는 아트라하시스, 질병이 사라지다
마침내 남타르 신의 도움을 받아 질병이 모두 사라졌다.

장로들은 아트라하시스의 말을 들었다;
그들은 남타라 신을 위한 신전을 건설했다.
그리고 전령자들은 공포했다…
그들은 땅에서 큰 소리를 냈고,
그들은 신들을 경배하지 않았으며,
여신들에게 기도도 하지 않았다.
그러나 남타라 신의 문전을 찾아,
구은 빵과 분말 공물을 드렸다.
남타르 신이 공물에 수치심을 느껴,
안 받은 것처럼 하기 위해 남타라 신의 손을 깨끗이 닦아 주었다.
그러자 슈루팍의 질병이 모두 떠났다.

신들은 이제 정상적인 공물을 인간으로 받았다.

(The elders listened to his speech;

They built a temple for Namtara in the city.

Heralds proclaimed…

They made a loud noise in the land.

They did not revere their god,

they did not pray to their goddess,

But searched out the door of Namtara,

Brought a baked loaf into his presence

The flour offerings reached him.

And he was shamed by the presents.

And wiped away his hand.

The suruppu-disease left them.

The gods went back to their regular offerings.)(Dalley, 『Epic of Atra-Hasis』, Tablet I, 1998)

5절 <점토판 2(Tablet Ⅱ)> - 대홍수 이전에 질병과 기근으로 인간을 말살하려는 계획

<점토판 2>에는 다시 한 번 인간들의 수가 넘쳐 나고 인간들의 섹스 소리에 잠을 못 이루는 엔릴 신이 인간의 대학살을 명령하는 것으로 시작한다. 첫 번째 질병 계획이 실패로 돌아가자 엔릴 신은 두 번째 계획으로 인간들을 굶겨 죽일 계획을 세운다. 기근(famine, shortage)을 일으키려는 계획이었다.

1. 엔릴 신의 두 번째 계획 − 기근으로 인간을 말살

『아트라하시스 서사시』의 〈점토판 2〉에는 다시 한 번 인간들의 수가 넘쳐 나고 인간들의 섹스 소리에 잠을 못 이루는 엔릴 신이 인간의 대학살을 명령하는 것으로 시작한다. 첫 번째 질병 계획이 실패로 돌아가자 엔릴 신은 두 번째 계획으로 인간들을 굶겨 죽일 계획을 세운다. 기근(famine, shortage)을 일으키려는 계획이었다.

> 인간들에게 음식 공급을 끊어라!
> 채소를 부족하게 하여 굶겨 죽게 하라!
> 아다드 신으로 하여금 비가 내리지 않게 하라.
> 아래 지하수를 끊어 샘물이 흐르지 않도록 해라.
> 바람을 일으켜 땅을 마르게 하라, 구름이 모이되 비를 내리지 않게 하라.
> 농경지는 수확이 줄게 하고, 니사바 신은 더 이상 가슴의 젖을 끊어라.
> 더 이상 행복이 인간들에게 없도록 하라
> (Cut off food supplies to the people!
> Let the vegetation be too scant for their hunger ! Let Adad wipe away his rain.
> Below let no flood−water flow from the springs.
> Let wind go, let it strip the ground bare, Let clouds gather (but) not drop rain,
> Let the field yield a diminished harvest, Let Nissaba stop up her bosom.
> No happiness shall come to them.)(Dalley, 『Epic of Atra−Hasis』, Tablet II, 1998)

2. 엔키 신의 도움을 받은 아트라하시스가 가뭄을 극복하다

아트라하시스는 엔키 신의 회의 결과에 따라 장로들을 모으고 그의 추종자들과 함께 땅에서 많은 소리를 내고 신들을 무시하며, 가뭄을 극복하기 위해 폭풍의 신인 아다드 신에게 공물을 드린다. 여기에서도 재미있는 사실이 등장한다. 아다드 신까지 엔릴 신의 계획을 무시하고 있다는 사실이다. 결국 아다드 신은 아트라하시스의 공물을 받고 가뭄을 풀어 준다.

아트라하시스와 추종자들은 아다드 신의 문을 찾아,

구운 빵을 바치고 분말 공물을 드렸다;

아다드 신은 그 공물에 수치를 느껴,

아트라하시스는 그의 손을 안 받은 것처럼 깨끗이 닦아 주었다.

아다드 신은 아침에 안개를 만들고,

밤에는 안개를 훔쳐 이슬 방울을 만들고, 도둑같이 농경지에 9배나 많게 뿌렸다.

결과적으로 [가뭄]은 그들을 떠났고,

신들은 이제 정상적인 공물을 인간으로부터 받았다.

(But searched out the door of Adad,

Brought a baked (loaf) into his presence.

The flour offering reached him;

He was shamed by the presents

And wiped away his 'hand'.

He made mist form in the morning

And in the night he stole out and made dew drop, Delivered (?) the field (of its produce) ninefold, like a thief.

[The drought] left them,

[The gods] went back [to their (regular) offerings.)(Dalley, 『Epic of Atra-Hasis』, Tablet II, 1998)

3. 아트라하시스가 엔키 신과 동행하다, 하나님과 동행하다(walked with God)

아트라하시스는 엔키 신에게 끊임없이 중재하면서 애원하는 모습이 묘사되어 있다. 그는 엔키 신의 집에 들어가 매일 울고 향을 드리면서 엔키 신에게 기근을 물리쳐 달라고 애원했다. 그러나 엔키 신조차 기근으로 인간을 말살하려는 서약에 참여했으므로 어쩔 수 없었던 것처럼 보인다. 처음에는 이런 애원에 전혀 반응을 보이지 않았다. 아마도 아트라하시스는 그의 침대를 강 쪽으로 옮겨 놓았던 것 같다.

『아트라하시스 서사시』의 〈점토판 2〉의 제5줄(Column 5)에는 "그가 엔키 신의 집의 문을 떠나 침대를 강 쪽으로 놓았다(He left the door of his god, Put his bed right beside the river)"고 기록되어 있기 때문이다. 따라서 엔키 신은 자신의 충실한 인간들을 피하기 위해 자신의 압수 신전을 떠나 습지에 숨기도 했던 것으로 보인다. 그래서 엔키 신은 종종 뱀으로 표현되기도 하지만, 「창세기」 3장에 나오는 실제 뱀(serpent)의 신이다.

아트라하시스는 그 도시에 발을 들여놓고;
매일 울고 또 울었다.
아침에 그는 향을 바쳤다.
'나의 신이시여, 설사 서약을 했지만,
꿈 속에서 저에게 지시를 내려 주십시오.
…

그의 신의 집에 들어가 살면서,

그는 앉아서 울었다.

…

강을 주시하면서.

…

강둑을 바라보면서,

압수를 보면서…

엔키 신은 그의 말을 들었다.

그리고 지시를 내렸다.

그 사람이… 봐라… 오라…

(He set his foot in the city (?);

Every day he wept and wept.

In the morning he would bring incense.

'My god [would speak] to me, but he is under oath,

So he will give [instructions] in dreams.

…

He lived in the house of his god,

… he would sit and weep.

…

Addressed [   ] of the river.

…

Facing the river On the bank [

To the Apsu I [[-'

Enki listened to [his speech]

And [gave instructions] to the lahmu-heroes.

'The man who [Behold! Let [Come,].)(Dalley, 『Epic of Atra-Hasis』,

Tablet II, 1998)

여기서 재미있는 내용이 발견된다. 즉 "아트라하시스는 그의 신의 집에 들어가 살면서(He lived in the house of his god)"라는 구절이 그것이다(〈점토판 2〉, 제2줄). 『길가메시 서사시』에는 "나는 주님인 엔키와 함께 살기 위해 아래로 내려갈 것이다(Down to dwell with my lord Enki)"라고 표현하고 있다(〈점토판 11〉).

그런데 이것을 구약의 「창세기」에는 "그가 하나님과 동행하면서(Noah walked with God)"이라 표현하고 있다(「창세기」 6:9). 그것도 여호와 하나님(야훼, Lord God)이 아니라 하나님(God), 즉 엘로힘(Elohim)이라 표현하고 있다는 점이다. 정확하게 표현한 것이다. 이때의 엘로힘은 엔키 신이다. <u>이렇게 볼 때 성경은 진실이며 역사를 기록한 것이다.</u>

4. 첫해는 600년, 샤앗탐은 600년, 6샤앗탐(3,600년) 동안의 기근

기근으로 인간들은 커다란 고통을 겪게 된다. 시간이 흐를수록 상황은 더 악화된다. 여기에서는 3,600년 동안 지구가 점점 황폐해졌다고 말한다.

위에서는 수로를 채울 비가 오지 않았다.
아래에서는 지하수가 끊겨 샘물이 흐르지 않았다.
지구의 자궁은 생명을 주지 못했고,
식물도 싹이 트지 않았다.
검은 목초가 하얗게 변해 갔고,
넓은 평야는 알칼리 염기로 질식됐다.
(Above, [rain did not fill the canals]

Below, flood-water did not flow from the springs. Earth's womb did not give birth,

No vegetation sprouted .

People did not look [

The dark pastureland was bleached,

The broad countryside filled up with alkali.)(Dalley, 『Epic of Atra-Hasis』, Tablet II, 1998)

여기서 「창세기」를 볼 필요가 있다. 「창세기」는 진실을 포함하고 있기 때문이다. 분명 「창세기」에는 노아가 600살 때 대홍수가 일어나고(「창세기」 7:11), 950살에 죽었다고 기록되어 있다(「창세기」 10:28-29). 『아트라하시스 서사시』에도 600년을 기준으로 6회의 기근들이 자세히 기록되어 있다.

첫해(the first year)는 바로 첫 샤앗탐(the first sha-at-tam)이다. 시친(Sitchin)은 샤앗탐을 샤르(Sar, Shar)와 같이 해석했는데(시친, I, 2009, p. 544~571), 필자가 보기엔 샤앗탐은 바로 600년이다. 6회의 질병과 기근이 왔으므로 6 × 6 = 3,600년 동안 인간들은 고통을 당했다는 것이다. 그리고 바로 7회의 기근은 3600년부터 시작된다. 즉 니비루 행성이 지구에 근접할 때 그 공전주기가 3600년과 일치한다. 그때부터 니비루 행성의 인력에 의해 대홍수가 일어난다.

다만 노아의 성경연대기를 보면 BC 3058(B)년에 태어났다. 600살에 대홍수가 일어났으므로 대홍수가 시작된 때는 3058-600=BC 2458(B)년에 일어났다. 하지만 실제로 대홍수는 BC 13020년에 일어났다고 볼 수 있다. 이렇게 본다면 노아는 대홍수가 일어나기 전 마지막 6샤앗탐이 시작할 때 태어났으므로 실제 지구연대기상의 13020 + 600 = BC 13620년에 태어났다고 볼 수 있다.

첫 번째 해에 인간은 [?]을 먹었다
두 번째 해에는 곳간이 비었다.
세 번째 해에는 기아로 인해 인간들의 모습이 변했다.
인간들의 얼굴은 엿기름처럼 말라 딱지가 생겼다.
그들의 얼굴은 창백해졌다.
그들은 등을 구부린 채 걸어 다녔고,
잘 생긴 어깨는 흉한 자세로 수그러들었으며,
꼿꼿한 자세가 휘어졌다.
(In the first year they ate (?)

In the second year they depleted the storehouse.

When the third year came,

Their looks were changed by starvation,

Their faces covered with scabs (?) like malt.

Their faces looked sallow.

They went out in public hunched,

Their well-set shoulders slouched,

Their upstanding bearing bowed.)(Dalley, 『Epic of Atra-Hasis』, Tablet II, 1998)

같은 내용의 아시리아 버전을 보자. 여기는 첫 샤앗탐에서 네 번째 샤앗탐까지의 기근 상황이 자세히 기록되어 있다.

첫 샤앗탐에 인간들은 풀을 먹었다.

두 번째 샤앗탐에 인간들은 복수로 고통 받았다.

세 번째 샤앗탐이 왔다;

인간들의 모습은 배고픔으로 인해 변했고.

얼굴에 껍질이 생겼으며…

인간들은 죽음 직전에 이르렀다.

네 번째 샤앗탐이 왔다,

인간들의 얼굴엔 푸른 점이 나타났고;

그들은 등을 구부린 채 걸어 다녔다;

그들의 넓은 어깨는 좁아졌다.

For one sha-at-tam they ate the earth's grass.

For the second sha-at-tam they suffered the vengeance.

The third sha-at-tam came;

their features were altered by hunger,

their faces were encrusted…

they were living on the verge of death.

When the fourth sha-at-tam arrived,

their faces appeared green;

they walked hunched in the streets;

their broad [shoulders?] became narrow.(시친, I, 2009, p. 544)

5. 엔릴 신의 명령을 계속 거부하는 엔키 신과 아트라하시스

『아트라하시스 서사시』의 〈점토판 2〉의 제4줄(Column 4)에는 아트라
하시스가 엔키(에아) 신에게 다시 호소하는 내용이 반복적으로 나온다.
그리고 에아(엔키) 신은 신들을 경배하지 말라고 거듭 명령한다. 엔키
신의 인간 말살 계획을 계속 거부하는 것이다.

그의 주님이신 에아는 그와 얘기할 것이므로.

아트라하시스는 소리를 내어 그의 주님이신 에아에게 말했다,

'오 주님이시여, 나의 인간들이 신음하고 있습니다!

신들의 분노로 인한 질병들이 이 나라를 불태우고 있습니다.

오 나의 주님이신 에아여, 나의 인간들이 신음하고 있습니다.

신들의 노여움이 이 땅을 소멸시키고 있습니다.

그러나 당신은 우리를 창조하신 분으로

이 병들 : 통증과 어지러움과 열을 사라지게 해주십시오'

에아는 그의 소리를 듣고 아트라하시스에게 말했다,

'전령자들은 선언하라,

이 땅에서 큰 소리를 내라:

신들을 경배하지 말아,

여신들에게 기도하지 말라!

([And his god] Ea would speak with him.

Atrahasis made his voice heard and spoke, Said to Ea his master,

'Oh Lord, people are grumbling!

Your [sickness] is consuming the country!

Oh Lord Ea, people are grumbling!

[Sickness] from the gods is consuming the country!

Since you created us

[You ought to] cut off sickness: headache, guruppu and agakku.'

Ea made his voice heard and spoke,

Said to Atrahasis,

'Order the heralds to proclaim,

To make a loud noise in the land:

Do not revere your gods,

Do not pray to your goddesses!)(Dalley, 『Epic of Atra-Hasis』, Tablet II, 1998)

6. 더욱 많은 섹스 소리, 인간들이 전보다 많아졌다

그리고 엔릴 신이 다른 신들과 그의 아들들에게 인간들이 사라지지 않았다고 불평하는 기록이 이어진다. 인간들이 전보다 많아진 것이다. 이것으로 보아 엔키 신이 아트라하시스에게 이 땅에서 더욱 많은 소리를 내라고 명령한 것이 효과가 있었다고 봐야 할 것이다. 인간들은 더욱 많은 섹스를 통해 그 수가 전보다 많아졌던 것이다.

엔릴 신은 회의를 소집해,

다른 신들과 그의 아들들에게,

'여러분들은 인간들에게 질병을 다시 가하지 않아,

인간들이 사라지지 않고 있어?

인간들이 전보다 더 많아졌다!

(Enlil organized his assembly,

Addressed the gods his sons,

'You are not to inflict disease on them again,

(Even though) the people have not diminished? they are more than before!)(Dalley, 『Epic of Atra-Hasis』, Tablet II, 1998)

7. 다섯 번째~여섯 번째 샤앗탐, 딸과 아들을 잡아 음식을 차려

『아트라하시스 서사시』의 〈점토판 2〉의 제4줄(Column 4)에는 계속되는 굶주림과 기근에 대해 설명하고 있다. 다섯 번째 해가 오자 식인 풍습(cannibalism)이 마구 퍼졌다. 딸들을 잡아 음식을 차리고 아들들을 잡아 음식을 차렸다.

두 번째 해가 왔다

인간들의 곳간이 비었다.

세 번째 해가 왔다

기아로 인해 인간들의 모습이 변했다.

네 번째 해가 왔다

꼿꼿한 자세가 휘어졌고,

잘 생긴 어깨는 흉하게 쭈그러들었으며,

그들은 등을 구부린 채 걸어 다녔다.

다섯 번째 해가 왔다,

딸을 잡아 음식을 차렸으며,

아들을 잡아 음식을 차렸다

(When the second year arrived

They had depleted the storehouse.

When the third year arrived

[The people's looks] were changed [by starvation].

When the fourth year arrived

Their upstanding bearing bowed,

Their well-set shoulders slouched,

People went out in public hunched over.

When the fifth year arrived,

They served up a daughter for a meal,

Served up a son for food).(Dalley, 『Epic of Atra-Hasis』 Tablet II, 1998)

　　그리고 『아트라하시스 서사시』의 〈점토판 2〉의 제5줄(Column 5)에
는 어머니가 굶어 딸들의 음식을 감추고, 딸들은 어머니가 음식을 감
추지 않는지 감시한다.

딸들은 어머니가 들어 오는지 감시한다;

어머니는 딸에게 문 조차 열어 주려고 하지 않는다.

딸은 어머니 음식을 감시하고,

어머니는 딸의 음식을 감시한다.

여섯 번째 해가 왔을 때

딸을 잡아 음식을 차리고,

아들을 잡아 음식을 차렸다.

오로지 한두 집만 남았다

(A daughter would eye her mother coming in;

A mother would not even open her door to her daughter.

A daughter would watch the scales (at the sale of her) mother,

A mother would watch the scales (at the sale of her) daughter.

When the sixth year arrived

They served up a daughter for a meal,

Served up a son for food.

Only one or two households were left).(Dalley, 『Epic of Atra-Hasis』, Tablet II, 1998)

같은 내용의 아시리아 버전(Assyrian version)을 보자. 여기에서는 다섯 번째 샤앗탐에는 인간의 삶이 완전히 폐허가 되고, 어머니가 굶어 딸들의 음식을 감추고, 딸들은 어머니가 음식을 감추지 않는지 감시한다. 그리고 여섯 번째 샤앗탐이 오자 식인 풍습이 생겨 이웃집 사람들까지 서로 잡아먹어 이 땅에는 오로지 한두 집만 남는다.

여섯 번째 샤앗탐이 왔다

그들은 딸을 잡아 음식을 차렸다;

그들은 아들을 잡아 음식을 차렸고…
이웃집 사람들을 서로 잡아먹었다.
(When the sixth sha-at-tam arrived
they prepared the daughter for a meal;
the child they prepared for food....
One house devoured the other).(시친, I, 2009, p. 544)

8. 엔릴 신과 엔키 신이 다투다

엔릴은 먼저 신들을 모아 놓고 무장한 누스크(Nusku) 신으로 하여금
엔키를 데려오도록 지시한다. 그리고 엔릴은 엔키가 신들이 전부 합의
한 계획을 무력화시켰다고 비난한다.

전쟁의 신인 엔릴은 그들에 강조했다,
'우리, 위대한 아눈나키가,
다 같이 합의한 계획이었다.
아누와 아다드는 위를 지키고,
나는 그 아래 땅을 지키기로 했다.
그러나 엔키는 어디 갔었나.
바다의 빗장을 풀어 물고기들이 나와
바다의 식량을 인간에게 주었고,
식량을 인간에게 주었다.
(The warrior [Enlil] addressed them,
'We, the great Anunna, [all of us],
Agreed together on a plan.
Anu and Adad were to guard above,
I was to guard the earth below.

Where you [went],

[You were to undo the chain and set (us) free],

[You were to release produce for the people])(Dalley, Tablet II, 1998)

9. 일곱 번째 샤앗탐, 대홍수, 인간에겐 비밀인 아눈나키들의 홍수에 대한 서약

〈점토판 2〉의 제6줄(Column 6)에는 일곱 번째 샤앗팀, 즉 7회의 재앙이 시작된다. 니비루가 지구에 근접하는 3600년이 되면서, 곧 대홍수가 일어나니 인간들을 다 죽일 기회라고 엔릴이 말하면서, 인간들에게는 그 재앙을 비밀에 부쳐야 한다고 회의에서 말한다. 엔릴은 회의에 모인 신들에게 비밀을 지킬 것을 맹세하고 요구하며, 특히 엔키가 서약할 것을 주문한다. 엔키는 처음에는 서약을 거부한다.

수메르에서 발견된 원통형 인장에 새겨진 그림. 바다를 관장하던 엔키 신이 바다의 빗장을 풀어 물고기를 인간에게 주는 모습. Credit : Gateway to Babylon.com.[3]

---

3 http://www.gatewaystobabylon.com/myths/texts/enki/eridugen.htm

엔키 신이 형제 신들에게 말했다,

'왜 내가 서약에 맹세해야 하는가?

왜 내가 만든 인간들에 대해 권한을 행사해야 하는가?

나에게 언급한 홍수가 무엇인가?

나는 모르는 일이다.

내가 홍수를 일의킬 수 있나?

그것은 엔릴의 일이네!

…

엔릴은 분명 인간들에게 나쁜 일을 하고 있네'

(And spoke to his brother gods,

'Why should you make me swear an oath?

Why should I use my power against my people?

The flood that you mention to me?

What is it? I don't even know!

Could I give birth to a flood?

That is Ellil's kind of work!

…

Ellil performed a bad deed to the people.')(Dalley, Tablet II, 1998)

그러나 엔키도 결국 서약을 하게 된다. 하늘의 신인 안(An), 땅의 수장인 엔릴, 바다의 수장인 엔키, 생명의 여신인 마미(닌후르쌍) 등 12명의 고위 아눈나키 신들은 인간에게 비밀로 하자는 서약을 했다.

6절 <점토판 3(Tablet III)> - 대홍수의 비밀

<점토판 3>은 대홍수에 관한 이야기이다. 이 내용은『길가메시 서사시』의 <점토판 11> 내용과 같다. 따라서 내용이 틀린 부분만 소개하기로 한다.

1. 엔키가 갈대 장벽을 통해 비밀을 알려주다

엔키 신은 자신이 아눈나키 회의에서 서약에 맹세한 것을 교묘하게 해석한다. 엔키 신은 인간들에게 다가오는 대홍수에 대한 비밀을 누설하지 않겠다고 서약했다. 그렇다고 벽(wall)에다 대고 말하지 않겠다는 서약을 한 것은 아니었다. 아트라하시스를 신전으로 부른 엔키는 갈대 벽 뒤에 아트라하시스를 세운다. 그리고 엔키는 그에게 순종하는 지구인이 아니라 벽에다 대고 말을 하는 것처럼 비밀을 알려준다. 그 내용은『길가메시 서사시』<점토판 11>의 내용과 같다.

단 다른 점은 다음과 같다. 구약「창세기」(7:1, 7:7, 9:18)에는 '너와

수메르에서 발견된 원통형 인장에 새겨진 그림. 시중을 드는 사람이 칸막이를 들고 있고 뱀 모양의 엔키 신이 아트라하시스에게 비밀을 알려주고 있다. Credit : 시친, I, 2009, p 550, © Z. Sitchin, Reprinted with permission.

온 집(you and your whole family)', 즉 노아 부부, 아들인 셈(Shem) 부부, 함(Ham) 부부, 그리고 야벳(Japheth) 부부 이렇게 8명만이 방주에 탑승했으나, 『길가메시 서사시』의 우트나피시팀은 자기 가족 이외에, 방주를 만들 때 자신을 도왔던 친척들(relatives)과 기술자들(craftsmen), 그리고 엔키 신이 보내 준 항해사인 푸즈르아무르리(Puzur-Amurri, 비밀을 아는 서쪽 사람) 일행까지도 배에 태웠다. 그러나 아트라하시스는 「창세기」와 같이 자기 가족만 태운다(〈점토판 3〉, 제2줄).

2. 신들이 우주선을 타고 지구 궤도를 돌다

그리고 대홍수가 왔다. 대홍수에 앞서 신들은 우주선을 타고 지구를 떠났고, 이들은 대홍수의 물이 완전히 빠질 때까지 천상의 안전한 안 (An) 신의 영역, 즉 지구 궤도의 모선에 머물러 있어야 만했다.

아트라하시스 아시리아 버전에서는 신들이 지구를 떠날 때 루쿠브 일라니(rukub ilani, chariot of the gods, 신들의 마차)를 탔다고 기록되어 있다. 아눈나키와 이기기 신들이 이륙했다. 그리고 그들의 우주선이 빛을 뿜어 땅을 불타게 했다(The Anunnaki lifted up their rocketships, like torches, setting the land ablaze with their glare.)(시친, I, 2009, p. 532)

지구 궤도를 돌면서 아눈나키와 이기기 신들은 지구가 파괴되는 것을 보고 심한 충격을 받았다. 신들은 좁은 우주선에 갇혀서 그들이 방금 이륙한 지구에서 어떤 일이 벌어지고 있는지를 지켜보고 있어야 만 했다. 신들은 도망치면서 지구가 파괴되는 것을 보았다. 신들이 타고 있던 우주선의 상황도 별로 좋지 않았다. 그들은 몇 개의 우주선에 나눠 타고 있었다.

3. 닌투 여신이 우주선에서 인간의 멸망을 목격하고 슬피 울다

모신인 닌투(마미, 닌후르쌍)와 함께 우주선을 탄 신들의 상황이 자세히 기록되어 있다. 모신인 닌투는 지구의 파멸에 큰 충격을 받는다. 닌투 여신은 자신이 보고 있는 상황에 당황해한다. 닌투 여신은 과연 자신이 창조한 인간들이 죽어가고 있는데, 자신의 생명만을 지킬 수 있을까? 라고 반문한다. 그리고 이 결정을 내린 최고의 신이자 하늘의 신인 안(An)이 신중하지 못했다고 불평을 한다.

위대한 여신인 닌투의
입술이 서리같이 말랐다.
위대한 신들인 아눈나키는,
갈증에 바싹 마르고 배가 고팠다.
신들의 산파역인 마미가
지구를 보고 울었다:
'낮이여 돌아오라…'
신들의 회의에서 어떻게 내가
인간들을 죽이라고 명령을 했을까?
엔릴이 사악한 명령을 내렸어!
나에 대해 울부짖는
인간들의 울음소리가 내게 들린다,
이제 내가 제어할 수 없는 상황에서,
나의 인간들이 모두 죽은 양처럼 되었어.
어떻게 인간들이 죽어 떠난 집에서 살 수 있을까?
어떻게 내가 하늘로 올라가
은둔 생활을 할 수 있을까?
그의 아들들인 신들이 복종해야 하는

안의 의사결정의 의도가 무엇인가?

그는 신중하지 못하고,

인간들에 대파국을 가져올

홍수를 보냈어.

(As for Nintu the Great Mistress,

Her lips became encrusted with rime.

The great gods, the Anunna,

Stayed parched and famished.

The goddess watched and wept,

Midwife of the gods, wise Mami:

'Let daylight (?)

Let it return and . !

However could I, in the assembly of gods,

Have ordered such destruction with them?

Ellil was strong enough (?) to give a wicked order.

Like Tiruru he ought to have cancelled that wicked order!

I heard their cry levelled at me,

Against myself, against my person.

Beyond my control (?) my offspring have become like white sheep.

As for me, how am I to live (?) in a house of bereavement?

My noise has turned to silence.

Could I go away, up to the sky

And live as in a cloister(?)?

What was Anu's intention as decision-maker?

It was his command that the gods his sons obeyed,

He who did not deliberate,

but sent the Flood,

He who gathered the people to catastrophe.)(Dalley, Tablet III, 1998)

계속해서 닌투와 함께 우주선을 탄 신들의 모습이 기록되어 있다. 닌투 신과 같이 있던 신들도 함께 운다. 신들은 배가 고팠고 목마름에 입술이 바싹 탔다. 마치 여물통에 먹을 것이 없어 쭈그리고 앉아 있는 양처럼 신들은 앉아 땅의 인간들을 위해 울었다.

닌투는 감정에 복받쳐 울었다.

신들도 그녀와 함께 땅을 위해 울었다.

마치 여물통에 쭈그리고 앉아 있는 양처럼,

그녀는 슬픔에 앉아 있었고, 다른 신들도 슬픔에 차 앉아 있었다.

그들의 입술은 목마름에 갈증이 났고,

그들은 배가 고팠다.

7일 낮과 밤 동안,

소나기, 폭풍, 그리고 홍수가 왔다.

(Nintu wept and fuelled her passions.

The gods wept with her for the country.

She was sated with grief, she longed for beer (in vain).

Where she sat weeping, (there the great gods) sat too,

But, like sheep, could only fill their windpipes (with bleating).

Thirsty as they were, their lips

Discharged only the rime of famine.

For seven days and seven nights

The torrent, storm and flood came on.)(Dalley, Tablet III, 1998)

4. 아트라하시스의 번제에 신들이 파리떼처럼 몰려들다

제5줄에는 바로 아트라하시스가 방주에서 내리자마자 곧바로 동물을 잡아 신들에게 번제를 드린다. 그런데 여기서 구약의 유일신과 수메르 신들과의 차이점이 드러난다. 노아가 번제를 드렸을 때는 야훼 신께서 그 향기를 흠향하셨지만(「창세기」 8:21), 아트라하시스가 번제를 드리자 '신들(the gods)'이 그 냄새를 맡았다. 배고픔에 지쳐 있던 신들은 번제에 파리떼처럼 몰려들었다. 그리고 닌투(닌마) 여신은 인간을 멸망하기로 한 서약에 대해 아눈나키가 신중하지 못했다고 비난한다.

> 아트라하시스는 방주에서 내려 음식을 신들께 바쳤다.
> …
> <u>신들이 그 향을 냄새 맡고(흠향하시고),</u>
> <u>제물에 파리떼처럼 몰려들었다.</u>
> 신들이 제물을 먹을 때,
> 닌투 신이 일어나 신들을 싸잡아 비난했다,
> 안의 결정이 가져온 것이 무엇인가?
> 엔릴 신은 번제물을 위해 왔는가?
> 다들 신중하지 못해 인간을 파국으로 몰 홍수를 보냈다?
> 여러분들이 다 인간을 멸망시키기로 동의했다.
> 그래서 밝은 얼굴이 검게 되었다.
> 그런 다음 닌투 신은 파리떼로 몰려갔다.
> (He put down [Provided food
> …
> The gods smelt the fragrance,
> Gathered like flies over the offering.
> When they had eaten the offering,

Nintu got up and blamed them all,

'Whatever came over Anu who makes the decisions?

Did Ellil (dare to) come for the smoke offering?

(Those two) who did not deliberate, but sent the Flood,

Gathered the people to catastrophe?

You agreed the destruction.

(Now) their bright faces are dark (forever).

Then she went up to the big flies.)(Dalley, Tablet III, 1998)

인안나 여신은 『길가메시 서사시』의 〈점토판 11〉에 있는 내용과 같이 말을 한다.

청금석 목걸이도 파리떼에 끼워 줘,

내 이 날을 영원이 잊지 않고 기억할 것이다.

(Let these flies be the lapis lazuli of my necklace

By which I may remember it daily [forever])(Dalley, Tablet III, 1998)

5. 엔릴 신과 엔키 신의 화해

『길가메시 서사시』의 〈점토판 11〉과 같이 나중에 엔릴 신이 도착했을 때 그는 음식에는 별 관심이 없었다. 다만 배와 생존자가 있다는 사실을 알고 진노한다.

다 같이 서약했는데!

아무도 멸망을 피할 수 없었는데!

어떻게 인간이 살아남을 수가 있을까?

아누 신이 엔릴 신에게 말했다,

'엔키 신이 아니면 누가 했겠어?

엔키가 장막 뒤로 비밀을 누설했어.'

엔키는 다른 신들에게 말했다,

'너에게 도전하기 위해 내가 했다!

생명을 보전하기 위해.

(Agreed together on an oath!

No form of life should have escaped!

How did any man survive the catastrophe?

Anu made his voice heard And spoke to the warrior Ellil,

'Who but Enki would do this?

He made sure that the [reed hut] disclosed the order.'

Enki made his voice heard And spoke to the great gods,

'I did it, in defiance of you!

I made sure life was preserved.)(Dalley, Tablet III, 1998)

6. 대홍수 이후의 인간의 세 부류가 결정되다

결국 상황 논리는 엔키 신의 설득이 힘을 얻는다. 아눈나키는 홍수 이후에 인간들의 번식에 대해 상의한다. 그 결과 엔키 신과 모신인 닌투는 대홍수 이후에 인간을 세 부류로 나눈다. 점토판이 훼손되어서 정확히는 알 수가 없지만 뒤의 내용으로 보아, 인간들 중 1/3은 임신하는 여자와 1/3은 임신하지 않는 여자, 그리고 1/3은 어머니의 자궁에서 아기를 훔쳐가는 악마로 나뉜다.

엔릴은 멀리서 온 엔키에게 말했다,

자궁의 여신인 닌투를 불러라!

그리고 회의에서 서로 상의하라.

엔키는 닌투에게 말을 했다.

너는 운명을 결정하는 자궁의 여신이다.

인간들 중 1/3은…

인간들 중 1/3은…

또 1/3이 있도록.

1/3은 아이를 낳고

1/3은 아이를 낳지 못하고,

어머니의 자궁에서 아이를 훔쳐가는

악마의 여자가 1/3이 있도록 하라.

… 그렇게 하여 인간의 수를 제어시키자.

(Enlil made his voice heard

And spoke to far-sighted Enki,

'Come, summon Nintu the womb-goddess!

Confer with each other in the assembly.'

Enki made his voice heard

And spoke to the womb-goddess Nintu,

'You are the womb-goddess who decrees destinies.

Let one-third of them be

Let another third of them be.

In addition let there be one-third of the people,

Among the people the woman who gives birth yet does

Not give birth (successfully);

Let there be the pagttu-demon among the people,

To snatch the baby from its mother's lap.

… and thus control childbirth.')(Dalley, Tablet III, 1998)

7. 영생을 얻지 못한 아트라하시스

엔릴 신은 살아남은 인간들과 화해하고 아트라하시스를 신들의 카운슬러라고 칭송하며 그의 위대함을 기리는 찬양을 모든 사람들에 들려준다. 이 부분에서 『길가메시 서사시』에 등장하는 우트나피시팀과 차별화가 있다. 우트나피시팀은 신들로부터 영생(Eternal Life, Immorality)을 얻어 딜문(Dilmun, Til.Mun)에 거처했지만 아트라하시스는 매우 현명한 자이지만 영생을 얻지는 못했다.

> 어떻게 우리가 홍수를 보냈는가.
> 그러나 이 재앙에서 살아남은 자가 있다.
> 아트라하시스는 신들의 카운슬러다;
> 이기기 신들은 그를 칭찬하기 위해
> 이 노래를 들어라.
> 그리고 아트라하시스의 위대함을 기록하라.
> 내가 대홍수의 노래를 모든 사람에게 들려주리니:
> 들어라!
> (How we sent the Flood.
> But a man survived the catastrophe.
> You are the counsellor of the gods;
> Let the Igigi listen to this song
> In order to praise you,
> And let them record (?) your greatness.
> I shall sing of the Flood to all people:
> Listen!)(Dalley, Tablet III, 1998)

3장
c.BC 2150년에 쓰여진 『에리두 창세기』

c.BC 2150년에 쓰여진 『에리두 창세기(Eridu Genesis)』는 모세(Moses, BC 1526-BC 1406)가 이스라엘 민족을 이집트의 고센(Goshen) 땅에서 이끌어내고, 시나이 반도(Sinai Peninsula)와 시나이 반도 남단의 시내산 (Mt. Sinai, 히브리어로 Horeb)에서 40년의 광야생활(Wilderness or Desert, BC 1446-BC 1406)을 할 때, 즉 출애굽 기간에 쓰여진 것으로 알려진 『모세오경(Five Books of Moses)』보다 무려 800년이나 앞선 것으로 대략 아브라함(Abraham, BC 2166-BC 1991)시대에 쓰여진 것이다. 우리는 『에리두 창세기』를 통해 「창세기」에서 말해 주지 않는 '인간 창조와 노아 홍수의 비밀'을 파악할 수 있다.

1절 고고학적 발굴

수메르 창조 신화와 홍수 신화(Sumerian creation myth and flood myth) 중 홍수 이야기(The Flood Story) 또는 대홍수(The Great Flood)를 『에리두 창세기』라 하는데, 이는 고대 수메르시대(c.BC 5000-c.BC 2023)의 도

이라크의 니푸르에서 발굴된 c.BC 2150년으로 추정되는 홍수 신화를 담은 점토판, 현재는 미국 펜실베이니아 박물관에 전시되어 있음. Credit : Penn Museum, Object # B10673.[1]

시인 니푸르(Nippur)에서 발굴된 것으로, 단 하나의 점토판(Clay tablet, 粘土板) 위에 c.BC 2150년에 수메르어 설형문자(Sumerian Cuneiform)로 쓰여진 문서이다(Davila, 1995). 이는 창조와 홍수 관련 문서 중 가장 오래된 문서이다.

발견 당시 점토판의 2/3는 분실되었으나 학자들은 『수메르 왕 연대기(Sumerian King List)』와 『베로수스(베로소스, Berossus, Berosus, Berossos)』를 참조하여 복원하고 있으며, 이 수메르어 설형문자로 쓰여진 점토판은 현재 미국 펜실베이니아 박물관(Pennsylvania Museum)에

---

1 http://www.penn.museum/adopt-an-artifact.html

소장품(Object) B10673으로 전시되어 있다.

2절 『에리두 창세기』의 내용 요약

점토판은 수메르의 신들인 하늘에 거처하는 최고의 신인 안(아누, Anu, An)과, 하늘에서 이 땅에 내려와 아눈나키(Great Ahnunnaki 또는 the great Anunakk)의 수장이 되신 최고 높은 신인 엔릴(Enlil)과, 제일 먼저 이 땅에 내려오고 인간을 만들어 과학과 문명을 전수하신 두 번째로 높은 신인 엔키(Enki, Ea)와, 그리고 엔키 신을 도와 인간을 창조하는 데 제일 중요한 역할을 한 모신(母神)인 닌후르쌍(Ninhursanga, Ninhursag) 등의 신들이 검은 머리(black-headed, black hair)에 검붉은 피부를 가진(dark red blood-colored skin) 흑인 인간을 창조한 이야기에서, 왕권이 하늘로부터 내려와 에리두(Eridu), 라르사(Larsa), 시파르(Sippar, 수메르어로 Zimbir), 슈루팍(Shuruppak, Suruppag, Curuppag)에 도시를 건설했다는 내용으로 이어진다.

그 다음 슈루팍의 왕인 지우수드라(Ziusudra)의 홍수 이야기가 이어지고, 홍수가 끝난 후 '인간과 동물을 홍수로부터 보호했다는' 공을 인정받아 지우수드라는 하늘의 신인 안과 이 땅의 최고 높은 엔릴 신으로부터 영생(Eternal Life)을 얻고 그 당시 생명나무가 있던 동쪽의 해 뜨는 지역인 딜문(Dilmun, Til.Mun)에 거처하게 된다는 이야기로 끝을 맺는다.

내용으로는 크게 다음과 같이 분류할 수 있다.

- 인간의 창조(분실됨)(the creation of men(now lost));
- 인간들의 처참한 상태/고통(their miserable condition);
- 왕권의 성립(creation of kingship);
- 최초의 도시들(the first cities);
- 대홍수 이전의 왕들(분실됨)(the kings who ruled before the Great Flood(lost))
- 인간을 멸망시키려는 엔릴의 결정(분실됨)(the supreme god Enlil's decision to destroy sinful humankind(lost));
- 대재앙이 오고 있음을 터득하는 지우수드라(Ziusudra learns of the approaching calamity);
- 방주를 구축(분실됨)(building of the Ark(lost);
- 대홍수(분실됨)(the Great Flood(lost);
- 지우수드라의 번제(Ziusudra's sacrifice);
- 지우수드라에 영생을 내림(an offer of eternal life to Ziusudra).

3절 『에리두 창세기』의 출처/인용

점토판의 내용은 영국 옥스포드 대학의 수메르 전자문학문서 중 『홍수 신화(The Flood Story)』를 기본 참고 문헌으로 하고(Black et al., 1998-2006)〉, 자코브손(Jacobson)이 1981년과 1998년에 번역한 『한때의 하프…: 수메르어 시의 번역(The Harps that Once…: Sumerian Poetry in Translation)』(Jacobson, 1981 & 1998)에서 『에리두 창세기』만을 인용해 여기에 소개한다.

4절 『에리두 창세기』의 내용

1. 〈세그먼트 에이(Segment A)〉 : 인간 조의 비밀, 아담은 흑인

1-10. …셋업… "닌후르쌍, 창조의 여신은… 인간을 가뭄과 질병으로 멸망시키려고; 닌투르 여신을 위해, 나는 내가 만든 창조물들을 괴멸시키는 것을 중지할 것이다. 그리고 인간들을 그들이 사는 땅으로 돌아가게 할 것이다. 인간들로 하여금 많은 도시를 건설하게 하여, 그 도시의 그늘에서 휴식을 취해야지. 인간들로 하여금 정결한 장소에 많은 벽돌로 도시들을 쌓고, 정결한 장소에 신성한 장소를 세우게 하여, 그리고 그때 불을 소멸시키고… 정리하고, 신성한 의식과 찬양된 권위를 완전하게 회복시키고, 땅은 관개수로로 물이 공급되게 하며, 거기에 잘사는 곳을 세울 것이다."

1-10. … sets up …. "I will … the perishing of my mankind; for Nintur, I will stop the annihilation of my creatures, and I will return the people from their dwelling grounds. Let them build many cities so that I can refresh myself in their shade. Let them lay the bricks of many cities in pure places, let them establish places of divination in pure places, and when the fire-quenching … is arranged, the divine rites and exalted powers are perfected and the earth is irrigated, I will establish well-being there."(Black et al., 『The Flood Story』, 1998-2006)

이게 도대체 무슨 말인가? 창조의 여신인 닌후르쌍은 엔키 신과 더불어 자신의 자궁에서 직접 인간을 창조하신 여신이다. 신들은 처음에 원인(猿人, Apeman=호모 에렉투스=Homo Erectus)과 다른 동물들을 혼합해 원시적인 노동자를 만들려고 했지만, 결국 유일하게 실현 가능

196

한 혼합은 자신들과 원인의 혼합이라는 사실을 깨닫는다. 그리고 몇 번의 실패 끝에 신의 정자(유전자)와 원인의 난자(유전자)와 죽어야 할 (Mortal) 22개의 원자를 흙에서 추출하여 시험관 배아를 만든 후 닌마(아루루, 닌후르쌍)의 자궁에 이식해 주형, 즉 모델인 아담(Adam, 아다파, Adapa)을 만들어낸다. 그리고 아담(아다파)이 자신들이 원하던 자신들의 형상(Image, 영=spirit)과 모습(Likeness, 육체=flesh)을 닮은 바로 그 존재라는 결론이 내려지자, 아담의 복제인간을 만들어내기 위해 유전적 모델, 즉 주형을 사용해 남자와 여자를 복제해 만든다. 「창세기」 2장 21절에 나오는 것처럼, 여자를 만드는 데 사용했다고 한 아담의 갈비뼈(rib)는 수메르어 티(TI)에서 나온 말이다. 이 단어는 갈비뼈라는 뜻과 함께 '생명(Life)'이라는 뜻도 갖고 있다. 따라서 이브는 아담의 생명, 즉 생명의 정수(Life's essence), 즉 유전자로부터 복제된 것이다.

이렇듯 인간을 직접 창조한 여신이 인간들에게 동정심을 보내고 있다. 이 상황은 그 후 섹스를 해도 임신이 안 되던 인간들이 엔키 신과 닌마(닌투, 닌후르쌍) 여신의 유전자 조작으로 임신을 하게 되고(이를 성경은 뱀과 선악과로 표현함), 그래서 인간의 숫자가 늘어나고 날마다 인간들의 섹스 소리가 최고 높은 신인 엔릴 신에게까지 들리게 된다. 결국 엔릴 신은 인간들을 멸망시키기 위해 600년의 기간 동안 총 6회, 즉 600 × 6 = 3,600년 동안 여섯 번의 질병과 가뭄과 기근을 인간들에게 내려 인간들은 심한 고통을 받게 된다. 이러한 상황에서 닌마 여신은 인간들 편에 서서 동정심을 보내고 있는 것이다. 심한 고통에서 인간들을 벗어나게 하여 정상화시키고 신의 의식을 되찾고 인간들로부터 찬양 받는 평화와 행복한 이 땅을 복원시키겠다는 것이다.

10-14. 안, 엔릴, 엔키, 닌후르쌍이 검은 머리 인간들을 유전자로

만들어낸 후, 그들은 또한 동물들을 창조해 이 땅을 번창케 했는데, 오늘날 네 발로 걷는 동물들이 평원에서 번창하고 있는 것이다.

10-14. After An, Enlil, Enki and Ninhursaga had fashioned the black-headed people, they also made animals multiply everywhere, and made herds of four-legged animals exist on the plains, as is befitting.(Black et al., 『The Flood Story, Segment A』, 1998-2006)

또한 중요한 것은 만들었다(fashioned)라고 표현했다는 점이다. 이는 엔키 신을 의미하는데, 엔키 신은 수메르어로 이미지 패셔너(Image Fashioner)라는 뜻의 누딤무드(Nudimmud)로 불리기도 했다. 이는 유전자를 조작해 인간을 만든 것에 비유하여 사용하는데, 기본(Essence) 즉 유전자 구조(DNA Structure)를 조작해 신들과 비슷하지만 검은 머리 인간을 만들었다는 뜻이다. 처음에 창조된 아담은 검은 머리(black-headed, black hair)에 검붉은 피부를 가진(dark red blood-colored skin) 흑인이었다. 왜냐하면 인간의 조상인 원인(猿人, Apewoman=호모 에렉투스=Homo Erectus)이 검기 때문이었다.

2. 〈세그먼트 비(Segment B)〉: 왕권의 성립, 최초의 도시들

4-5. "내가 인간들의 노동을 관장할 거야…이 땅의 구축 자, 견고한 기초를 파라(I will oversee their labour. Let … the builder of the Land, dig a solid foundation.)"(Black et al., 『The Flood Story, Segment B』, 1998-2006)

6-18. 그 이후… 왕권이 하늘에서 내려와(인간에게 왕권이 주어지다), 그 이후 기쁨으로 찬양된 왕권이 하늘로부터 내려와, 신성한 의식과 신들의 권위가 완벽해지고, 벽돌을 쌓아 신전을 세우고, 그들의 이름

이 붙여지고… 배분되었다. 첫 번째 도시는 에리두였고, 제일 먼저 내려온 누딤무드(엔키) 신에게 주어졌다. 두 번째 도시는 바드-티비라(Bad-tibira)였는데, 인안나(Inanna) 여신과 두무지(Dumuzi) 신에게 주어졌다. 세 번째는 라락이었는데, 파빌상(닌우르타, Ninurta)에게 주어졌다. 네 번째 도시는 시파르(짐비르, Sippar)였는데, 우투(샤마시) 신에게 주어졌다. 다섯 번째 도시는 슈루팍이었는데, 수드(닌후르쌍, 닌투, 닌마) 여신에게 주어졌다. 도시들의 이름이 공표된 후에… 도시들은 신들에게 배분되었으며, 강은… 물이 넘쳐 흘렀고, 작은 수로(운하)가 정화되어… 구축되었다(After the … of kingship had descended from heaven, after the exalted crown and throne of kingship had descended from heaven, the divine rites and the exalted powers were perfected, the bricks of the cities were laid in holy places, their names were announced and the … were distributed. The first of the cities, Eridug, was given to Nudimmud the leader. The second, Bad-tibira, was given to the Mistress. The third, Larag, was given to Pabilsag. The fourth, Zimbir, was given to the hero Utu. The fifth, Suruppag, was given to Sud. And after the names of these cities had been announced and the … had been distributed, the river …, … was watered, and with the cleansing of the small canals … were established.)(Black et al., 『The Flood Story, Segment B』, 1998-2006)

여기서도 분명 인간 창조의 목적은 노동과 신들에게 봉사하는 것이라고 기록하고 있다. 인간들은 신을 대신해 노동을 하고, 신전을 세우고 신들께 봉사한 것이다. 여기에 등장하는 5개의 대홍수 이전의 도시들(antediluvian/pre-Diluvial cities)은 『수메르 왕 연대기』에도 등장한다.

그런데 중요한 사실이 드러난다. 다른 고대문서들인 c.BC 1150년의 『길가메시 서사시』와 c.BC 1640년의 『아트라하시스 서사시』를 보면, 에리두는 제일 먼저 이 땅에 내려온 엔키 신에게 주어졌는데, 엔키 신은 금을 캐러 내려왔기 때문에, 페르시아만에 근접한 에리두를 첫 번째 도시로 정했다. 아마도 처음에는 바다에서 금을 캐지 않았나 추측이 된다. 그리고 아프리카 짐바브웨에서 캐낸 금은 배를 이용하여 바드-티비라로 옮겨졌는데, 바드-티비라는 두무지 신이 관장하던 도시였다. 바드-티비라 도시의 이름은 문자 그대로 번역하면 '대장장이, 즉 금속 가공의 토대(the foundation of metalworking)'라는 뜻으로 구약 성경의 두발(Tubal, 「창세기」 4:22)에 해당된다. 구약에 나오는 두발가인은 철과 동과 금의 기술자였다.

그리고 시파르(짐비르)는 우투 신에게 주어졌는데, 우투는 태양의 신으로, 그 당시 시파르에 있던 우주공항을 책임지던 신이었다. 바드-티비라에서 정제된 금은 메소포타미아로 옮겨져 시파르 우주공항에서 우주선으로 지구 궤도를 돌고 있던 이기기(Igigi, 네피림Nephilim) 신들의 모선(mother spaceship)으로 옮겨지고, 그 다음 신들의 행성인 니비루(Nibiru)로 가져간 것이다. 왜 금을 캐러 왔을까? 니비루의 대기 환경이 안 좋아져 금가루가 필요했기 때문이었다. 마지막으로 슈루팍은 수드(닌후르쌍, 닌투, 닌마) 여신에게 주어졌는데, 이곳에는 의료센터(Medical/Science Center, Healing Center), 즉 병원이 세워져 있었다. 그래서 닌투 여신은 생명을 관장하던 여신으로 등장하고, 아담을 유전자 조작으로 본인의 자궁에서 직접 창조한 여신이다.

200

3. 〈세그먼트 시(Segment C)〉: 대홍수의 비밀(I)

인간을 멸망시키려는 엔릴 신의 결정

1-7. … 하늘에 앉아… 홍수가… 인간에게… 그래서 그가 결정… 그 다음 닌투(신후르쌍) 여신은… 자기가 만든 인간들을 위해 울었다… 인안나 여신도 자기의 인간들을 생각하며 슬픔에 잠겼다. 엔키 신은 스스로 고민하고 있었다. 안(아누) 신과 엔릴 신과 엔키 신과 닌후르쌍 여신은 하늘의 모든 신들과 땅의 모든 신들과 함께 안 신과 엔릴 신이 결정하고 주문한 서약서에 맹세했다(…seat in heaven. … flood. … mankind. So he made …. Then Nintur …. Holy Inana made a lament for its people. Enki took counsel with himself. An, Enlil, Enki and Ninhursaga made all the gods of heaven and earth take an oath by invoking An and Enlil.)
(Black et al., 『The Flood Story, Segment C』, 1998-2006)

대홍수가 일어나는 순간에 신들이 무엇을 했는지를 보여 주는 대목이다. 인간은 닥쳐오는 자연의 재앙을 알아차리지 못했지만 신들은 알고 있었다. 대홍수가 일어날 것이라는 사실을…. 그리고 맹세했다. 인간에겐 절대로 비밀로 하자고… 위대한 하늘의 신인 안(An)이 신들의 중요한 회의에 직접 참석한 것으로 보아 그때 신들의 고향인 니비루(Nibiru) 행성이 지구 가까이의 소행성대(The Asteroid belt)를 지나고 있었음이 분명하다. 니비루가 태양을 한번 공전하는 기간은 신들로 보면 1년이지만 지구로 계산하면 3,600년이다. 바로 대홍수는 니비루 행성이 지구에 근접할 때 엄청난 인력에 의해 남극의 빙하가 바다로 미끄러져 들어가 발생했다. 그로 인해 거대한 해일이 발생했다. 이는 신들이 대홍수를 일으킨 것이 아니라 니비루가 근지점(Perigee)에 접근할 때 천체우주물리학의 원리에 의해 지구에서는 남극 대륙의 빙하가 깨져 바다로 미끄러져 들어가고 각종 지진과 해일 등이 일어났다.

또한 신들은 비록 대홍수를 막아낼 수는 없었지만 그것이 닥쳐올 시기는 알고 있었다. 인간을 멸망시키려는 신들의 계획은 능동적인 것이 아니라 수동적인 침묵이었다. 구약에서 말하는 것처럼 신들은 홍수를 일으키지 않았다. 다만 신들은 그것이 닥친다는 사실을 인간들에게 숨겼을 뿐이다. 신들의 결정은 지구와 인간을 버리고 하늘로 올라가는 것이었다.

그러나 인간에게는 알리지 말라는 서약에 동의했음에도 불구하고 닌후루쌍 여신과 인안나 여신은 인간을 동정하는 모습으로 그려져 있으며, 엔키 신은 무척이나 고민하는 모습으로 그려져 있다.

대재앙이 오고 있음을 터득하는 지우수드라(Ziusudra learns of the approaching calamity)

8-27. 그 당시 지우수드라는 슈루팍의 왕으로, 아주 깨끗한 제사장이었다… 그는 만들었다… 겸손하고, 책임감 있으며, 신을 공경하는 지우수드라는… 날마다, 지속해서 서 있으며… 무엇인가 꿈이 아닌 현실이 다가오고 있음을, 대화를 통해서… 하늘과 땅에서 요구되는 하나의 맹세에 서약을 했다는 것을. 기-울에서, 신들은… 하나의 벽에. 지우수드라는 벽에 서서 말을 들었다: "내 옆의 벽에 서라, 벽에, 내가 너에게 말을 할 것이다; 내 말을 잘 듣고, 내가 지시하는 것에 주의를 기울여라. 대홍수가 모든 것을 쓸어 버릴 것이다… 모든 것을… 지금까지 창조된 인간의 씨들을 다 멸망하기로 결정이 났다. 이 정죄는, 신성한 신들의 회의를 거쳐 나온 것이기 때문에, 되돌릴 수가 없다. 하늘의 신인 안과 이 땅의 신인 엔릴이 공포한 명령은 되돌릴 수가 없

다. 신들의 왕권과 신들의 기간이 줄어 들고, 신들의 마음이 이번 결정에 대해 안위를 받을 것이다. 자… 무엇을…."(In those days Zi-ud-sura the king, the gudug priest, …. He fashioned …. The humble, committed, reverent ……. Day by day, standing constantly at …. Something that was not a dream appeared, conversation …, … taking an oath by invoking heaven and earth. In the Ki-ur, the gods … a wall. Zi-ud-sura, standing at its side, heard: "Side-wall standing at my left side, …. Side-wall, I will speak words to you: take heed of my words, pay attention to my instructions. A flood will sweep over the … in all the …. A decision that the seed of mankind is to be destroyed has been made. The verdict, the word of the divine assembly, cannot be revoked. The order announced by An and Enlil cannot be overturned. Their kingship, their term has been cut off: their heart should be rested about this. Now …. What …."")(Black et al., 『The Flood Story, Segment C』, 1998-2006)

신들은 다가오는 대홍수에 인간을 다 죽이기로 서약했고, 지우수드라는 본인이 존경하고 공경하는 엔키 신의 도시에 발을 들여놓고 날마다 기도하고 애원한다. 이 내용을 상세히 이해하려면 『아트라하시스 서사시』〈점토판 2(Tablet II)〉의 내용을 보아야 한다.

아트라하시스는 그 도시에 발을 들여놓고;
매일 울고 또 울었다.
아침에 그는 향을 바쳤다.
'나의 신이시여, 설사 서약을 했지만,
꿈 속에서 저에게 지시를 내려 주십시오.
…

그의 신의 집에 들어가 살면서,

그는 앉아서 울었다.

…

강을 주시하면서.

…

강둑을 바라보면서,

압수를 보면서…

엔키 신은 그의 말을 들었다.

그리고 지시를 내렸다.

그 사람이… 봐라… 오라…

He set his foot in the city (?);

Every day he wept and wept.

In the morning he would bring incense.

'My god [would speak] to me, but he is under oath,

So he will give [instructions] in dreams.

…

He lived in the house of his god,

..he would sit and weep.

…

Addressed [   ] of the river.

…

Facing the river On the bank …

To the Apsu I…

Enki listened to [his speech]

And [gave instructions] to the lahmu-heroes.

'The man who … Behold! Let … Come…. (Dalley, 『Epic of Atra-Hasis,

　그 다음의 내용은 엔키 신이 지우수드라의 갈대 장막 뒤에 서서 벽에다 대고 얘기하는 것처럼, 신들의 비밀을 지우수드라에게 반복해서 말한다. 엔키 신도 서약은 했지만 그렇다고 해서 벽에다 대고 말하지 않겠다는 서약을 한 것은 아니었다. 이 내용을 상세히 이해하려면 『길가메시 서사시』〈점토판 11(Tablet XI)〉의 내용을 보아야 한다.

"갈대 장막, 갈대 장막!! 장막의 벽에, 장막의 벽에!
갈대 장막은 잘 들어라!! 장막의 벽에 귀를 대라!!
오 우바라-투투의 아들이자 슈루팍의 인간이여,
갈대 장막을 허물어,
갈대 배를 건축하라.
모든 것을 버리고, 생명을 구하라.
재산을 버리고 영혼을 구하라!
살아 있는 모든 생명체의 씨(유전자)와 함께 배를 타라.
네가 지을 배의 크기는
주어진 치수에 따라야 한다.
길이와 넓이를 같게 하라.
지붕은 지하 물의 심연과 같이 하라(즉 잠수가 가능한 특수한 배와 같이.)
("Reed hut, reed hut! Wall of the hut, wall of the hut!

Listen o reed hut! Consider, o wall of the hut!

O man of Shuruppak, o you son of Ubara-Tutu,

Tear down your hut of reeds,

Build of them a reed boat

Abandon things

수메르에서 발견된 원통형 인장에 새겨진 그림. 시중을 드는 사람이 칸막이를 들고 있고 뱀 모양의 엔키 신이 지우수드라, 즉 아트라하시스에게 비밀을 알려주고 있다. Credit : 시친, I, 2009, p 550, © Z. Sitchin Reprinted with permission.

Seek life

Give up possessions

Keep your soul alive!

And into the boat take the seed of all living creatures.

The boat you will build

Will have dimensions carefully measured

Its length and its width shall be equal

And roof it as I have my subterranean watery abyss.")(Temple, 『A verse version of the Epic of Gilgamesh』, 1991)

신들의 왕권과 신들의 기간이 줄어 들고(120년?)

이는 무엇을 의미하는가? 「창세기」 6장 1절에서 3절의 내용을 보면 120년이란 기간이 나온다. 이는 120년이란 기간의 해석을 정확히 알 수 있게 해주는 대목이다.

1 사람이 땅 위에 번성하기 시작할 때에 그들에게서 딸들이 나니

2 하나님의 아들들이 사람의 딸들의 아름다움을 보고 자기들의 좋아하는 모든 자로 아내를 삼는지라

3 여호와께서 가라사대 나의 신이 영원히 사람과 함께 하지 아니하리니 이는 그들이 육체가 됨이라 그러나 그들의 날은 일백이십 년이 되리라 하시니라

1 When men began to increase in number on the earth and daughters were born to them,

2 the sons of God saw that the daughters of men were beautiful, and they married any of them they chose.

3 Then the LORD said, "My Spirit will not contend with man forever, for he is mortal; his days will be a hundred and twenty years."(한글개역, NIV)

결론적으로 120년은 인간들에게 적용된 날이 아니라 신들에게 적용되는 날이었다. 자세한 내용은 『수메르 왕 연대기』와 『베로수스』를 참조하라.

4. 〈세그먼트 디(Segment D)〉 : 대홍수의 비밀(II), 우투 신의 레이저 광선

1-11. 모든 폭풍과 강풍이 한꺼번에 일어났고, 대홍수는 …을 다 쓸어버렸다… 홍수가 이 땅을 다 쓸어 버린 후, 파도와 폭풍이 커다란 방주를 7일 밤낮으로 아라라트 산의 바위에 걸치게 했고, 태양의 신인 우투가 와서, 하늘과 땅을 비췄다. 지우수드라는 방주에 문을 뚫었고, 영웅인 우투 신이 그의 레이저 광선을 들고 방주에 들어왔다. 지우수드라는 우투 신 앞에 엎드렸다. 지우수드라는 황소와 많은 양을 번제로 드렸다(All the windstorms and gales arose together, and the flood swept over the …. After the flood had swept over the land, and waves and windstorms had rocked the huge boat for seven days and seven nights, Utu the sun god came out, illuminating heaven and earth. Zi-ud-sura could drill an opening in the huge boat and the hero Utu entered the huge boat with his rays. Zi-ud-sura the king prostrated himself before Utu. The king sacrificed oxen and offered innumerable sheep.)(Black et al., 『The Flood Story, Segment D』, 1998-2006)

대홍수가 어떻게 일어났는지는 상세히 나오지 않지만, 방주가 아라라트 산의 꼭대기게 닿았다. 그리고 우투 신이 레이저 광선을 들고 들어오고 지우수드라는 황소와 양을 잡아 번제를 드린다. 여기에서 왜 우투 신이 등장할까?

그 이유를 알고자 한다면 『길가메시 서사시』〈점토판 11(Tablet XI)〉의 내용을 알아야 한다. 지우수드라, 즉 우트나피시팀은 엔키 신으로부터 미리 들은 특정한 징조가 나타날 때까지 배를 타지 않고 기다렸다. 엔키 신의 명령은 다음과 같은 것이었다. 태양의 신인 우투(샤마시)가 나를 위해 특정 시간을 정해 주었는데 하면서 엔키 신은 우트나피시팀에게 다음과 같이 말을 한다.

"샤마시 신이 황혼에 그의 불행인 빗물을 내릴 때,
그 빗물은 하나의 깜박이는 전율과 같이 비가 쏟아질 것이다.
그러면 야단 법석을 떨지 말고 너는 배를 타고,
배의 문을 안전하게 닫아라.
(When He who rains down His misfortune in the twilight
Does rain down His misfortune like a blight,

208

Then board your boat without further ado

And make sure your door is safely pulled to.")(Temple, 『A verse version of the Epic of Gilgamesh』, 1991)

이것은 무엇을 말하는 것일까? 우투(샤마시) 신은 메소포타미아의 시파르에 있었던 우주공항 책임자였다. 모든 신들은 대홍수가 들이 닥치기 전에 우주선을 타고 지구 궤도로 대피해야만 했다. 샤마시 신은 그 정확한 시간에 우주선을 이륙시켰던 것이다. 엔키가 우트나피시팀에게 명령한 것은, 시파르의 우주공항에서 신들이 탄 우주선들이 이륙하는 것을 지켜보라는 것이었다. 또한 이륙이 황혼 무렵에 행해졌기 때문에 이륙하는 우주선이 내뿜는 엄청난 폭발을 보는 것은 어려운 일이 아닐 것이다. 따라서 신들은 우주선을 타고 지구를 떠났고, 이들은 대홍수의 물이 완전히 빠질 때까지 천상의 안전한 안(An)의 영역, 즉 지구 궤도의 모선에 머물러 있어야만 했다.

우투 신은 엔키 신과 같은 생각을 갖고 있었다. 인간을 멸망시키는 것은 잘못된 일이라고… 인안나 여신과 닌마 여신 또한 같은 생각을 가지고 있었다. 그러한 이유로 이들 신들은 인간에 대해 동정하는 마음을 보이고 행동을 한 것이다.

5. 〈세그먼트 이(Segment E)〉 : 대홍수의 비밀(Ⅲ)

지우수드라에 영생을 내림(an offer of eternal life to Ziusudra)
1-2. "신들은 하늘과 땅에 대고 지우수드라에게 맹세를 했다 … 하늘의 신인 안과 땅의 신인 엔릴은 하늘과 땅에 대고 지우수드라에게 맹세를 했다 …(They have made you swear by heaven and earth, …. An

and Enlil have made you swear by heaven and earth, ….)"

3-11. 더욱 더 많은 동물들이 이 땅에 번창하리라. 지우수드라는 안 신과 엔릴 신 앞에서 엎드렸다. 안과 엔릴 신은 지우수드라를 친절하게 대하고… 신들은 지우수드라에게 신과 같은 생명을 주고, 영생을 내렸다. 그 당시, 동물과 인간의 씨를 홍수로부터 보호했다는 이유로, 신들은 지우수드라에게 멀리 떨어져 있는, 태양이 떠오르는 동쪽의 딜문(Dilmun) 지역에 정착하여 살게 하였다(More and more animals disembarked onto the earth. Zi-ud-sura the king prostrated himself before An and Enlil. An and Enlil treated Zi-ud-sura kindly ……, they granted him life like a god, they brought down to him eternal life. At that time, because of preserving the animals and the seed of mankind, they settled Zi-ud-sura the king in an overseas country, in the land Dilmun, where the sun rises).

12. "지우수드라 너는 ….(You ….)"(Black et al., 『The Flood Story, Segment E』, 1998-2006)

해피 엔딩으로 끝나고 있지만, 『길가메시 서사시』를 보면, 엔릴 신과 엔키 신의 갈등이 재현된다. 엔릴 신은 인간의 멸망을 원하고 있고, 엔키 신은 지우수드라에게 신들과 약속한 비밀을 벽에 대고 털어놓았다. 아라라트(「창세기」의 '아라랏', Ararat) 산에 도착한 두 신은 말다툼을 한다. 결국 엔키 신은 신들의 비밀을 스스로 알아낼 수 있을 정도로 현명한 인간의 능력을 무시하지 말자고 엔릴을 회유한다. 분노가 잦아들자 엔릴도 인간이 살아남은 것이 쓸모가 있다는 사실을 깨닫게 된다. 신들은 물이 빠진 후 드러난 마른 땅과 거기서 자라는 식물들을 보고 인간과 화해해야겠다는 생각을 가졌을 것이다. 신들은 닥쳐올 대홍수를 알고 있었지만 그것이 전례 없는 것이라 대홍수 이후에는 지구가 다시는 생명체가 살 수 없는 땅이라고 생각했던 것 같다. 그러나 그들은 아라라트 산에서 사실은 그렇지 않다는 것을 확인한다. 지구는 여전히 신들이 살 수 있는 땅이었으며, 그리고 여전히 신들에게는 인간이 필요했던 것이다.

『길가메시 서사시』〈점토판 11(Tablet XI)〉을 보자. 바로 그때 엔릴이 지우수드라, 즉 우트나피시팀에게 영원한 생명을 허락한다.

"그러자 엔릴이 배에 올랐다.
나의 손을 잡고
나를 배에 태웠다
나의 아내도 배에 태우고,
그녀를 내 옆에 무릎 꿇고 앉게 하고
엔릴은 아내와 내 사이에 서서,
이마에 손을 대고 우리를 축복했다:
지금까지 우트나피시팀은 죽을 인간에 불과했다
그러나 앞으로 우트나피시팀과 그의 아내는
우리 신들과 같아질 것이다.
우트나피시팀은 멀리 있는-
그곳은 천상의 강물이 모이는 곳에-
거기서 거주하며 살게 될 것이다!"
("Then Enlil went up into the ship.

He grasped my hand,

He caused me to go aboard,

He caused my wife to go aboard,

He made her to kneel beside me

He stood there between us,

He touched our foreheads and blessed us;

"Until now, Utnapishtim has been a more mortal

But from now shall Utnapishtim and his wife

Be like unto us gods.

Utnapishtim shall reside far away-

At the confluence of the celestial rivers-

There shall he dwell!")(Temple, 『A verse version of the Epic of Gilgamesh』, 1991)

그렇게 해서 지우수드라, 즉 우트나피시팀은 페르시아만으로부터 멀리 떨어져 있는, 유프라테스 강과 티그리스 강이 합류하는 지점인 딜문 지역, 즉 신들의 처소로 옮겨졌고 불멸(Immortality)의 영생(Eternal Life)을 받아 신들과 같이 살게 되었다.

4장
신들은 이 땅에 언제 오셨나?
「창세기」 6장 3절의 '120년'이란?

『수메르 왕 연대기』와 『베로수스』를 통해 우리는 신들이 이 땅에 언제 오셨는지를 파악할 수 있으며, 「창세기」 6장 3절의 "그들의 날은 일백이십 년이 되리라 하시니라(his days will be a hundred and twenty years)"(NIV)의 '120'년의 의미를 정확하게 해석할 수 있다. 또한 노아의 대홍수가 언제 일어났는지도 파악할 수 있다.

1절 c.BC 2119년에 쓰여진 『수메르 왕 연대기』

1. 고고학적 발굴

고대 수메르 도시인 우르크(Uruk)는 1849년 영국의 고고학자인 로프터스(William Kennett Loftus)에 의해 발견되고, 1850년에 발굴되었다. 또한 동시에 수메르 위쪽에 위치한 도시인 라르사(Larsa)도 발굴되었다. 1851년에 로프터스는 엘람(Elam, 페르시아, Persia, 지금의 이란) 지역의 수사(Susa)에서 발굴의 결과를 발표하였다. 1853년에 우르크에 대한 대대적인 발굴작업이 시도되고, 로프터스는 1854년까지 발굴을 지휘했으며, 그 결과 흙으로 된 원통형 벽(Clay cone wall)과 쐐기 모양의 수메르어 설형문자(Sumerian Cuneiform)로 쓰여진 점토판들(Clay tablets, 粘土板)을 발굴하였다.

그 후 1902년에 독일의 동양사발굴단(German Oriental Society, GOS, Deutsche Orient-Gesellschaft, DOG)의 고고학자인 안드레(Walter Andrae)에 의해 재발굴되었으며, 1912-1913년에 독일의 동양사발굴단의 요단(Julius Jordan)은 인안나(Inanna) 여신의 지구라트(Ziggurat) 신전(Temple)인 에안나(Eanna)를 발견하였다. 이 인안나 신전은 우르크에 존재했던 4개의 신전 중 하나였는데, 벽돌과 다양한 색채로 된 모자이크(mosaics)로 유명하다. 또한 요단은 c.BC 3000년 것으로 추정되는 도시의 성벽을 발견

우르크에서 발굴된 c.BC 3000년 것으로 추정되는 우르크의 꽃병. 숭배자들이 인안나 여신의 신전에 공물을 바치고 있다. 우르크의 꽃병은 이라크 박물관에 보관되어 오다가 2003년에 도난을 당했고, 그 이후 돌아왔으나 깨져서 왼쪽의 사진처럼 부분적으로 복원되었다. Credit : Near East Collection: Middle Eastern & Islamic Cuisine from Yale University[1]

하였다. 독일팀(GOS)은 1928-1939년 발굴을 재시도하여 1933-1934년에 우르크 왕조 시대(c.BC 2900-c.BC 2370)의 c.BC 2900년 것으로 추정되는 인안나 여신이 조각된 우르크의 꽃병(Uruk Vase or Warka Vase)을 발굴하였다(Kleiner et al., 2006).

독일팀(GOS)은 제2차 세계대전이 끝난 후인 1953-1967년과 1968년에도 지속적인 발굴을 시도해 상당량의 고고학적 발견의 성과를 거두었다. 2001-2002년에 독일고고학연구소(German Archaeological Institute)는 우르크에 대한 자기측정(magnetometer) 조사를 실시하고 더 나아가 지구물리학적(Geophysical) 조사를 실시하여, 우르크 지역에 대한 고선명 인공위성 사진을 찍어 공개했다.

영국팀과 독일팀(GOS)에 발굴된 점토판과 점토판에 새겨진 설형문자의 기록들은 대략 c.3000-c.BC 2000년 것으로 추정되고 있다. 이들 점토판들은 해독되고 번역되었는데, 그 유명한 『수메르 왕 연대기』가 그 중의 하나이다. 연대기에는 수메르 문명(Sumerian civilization) 시대의 왕들의 이름이 기록되어 있다. 또한 점토판들에는 그 당시에 법을 다룬 문서와 학문적인 문서 등 매우 귀중한 문서들로, 독일의 고고학자인 포켄슈타인(Adam Falkenstein) 및 독일의 금석문학자들(epigraphists)에 의해 책으로 발간되었다.

또한 영국의 여행가인 웰드 블런델(Herbert Joseph Weld Blundell)은 1922년에 이라크의 고대 도시인 라르사를 발굴하여 c.BC 2119년경에 쓰여진 『수메르 왕 연대기』 또는 그의 이름을 딴 웰드-블런델 프리즘

---

1 http://www.library.yale.edu/neareast/exhibitions/cuisine.html

영국 옥스포드 대학의 애쉬몰린 박물관에 전시된 수메르 왕 연대기(웰드-블런델 프리즘), 박물관 소장 번호는 AN1923.444.(The Sumerian King-List(Weld-Blundell Prism), AN1923.444. Credit : Ashmolean Museum[2]

(Weld-Blundell Prism, WB 444)을 발견하였다. 이는 20cm × 9cm 큐브 크기의 구운 점토판(baked clay) 4개의 면에 각각 2줄(Columns)로 새겨진 수메르어 설형문자이다. 이 WB 444는 영국 옥스포드 대학의 애쉬몰린 박물관(Ashmolean Museum)에 전시되어 있다. 박물관 소장 번호는 AN1923.444이다.

우르크 및 라르사 이외에도 니푸르(Nippur) 등에서 총 16개 이상의

---

2 http://www.ashmolean.org/departments/antiquities/about/ANEast/?s=Weld-Blundell%20Prism, http://lost-history.com/kinglists.html, http://www.cdli.ucla.edu/dl/photo/P384786.jpg

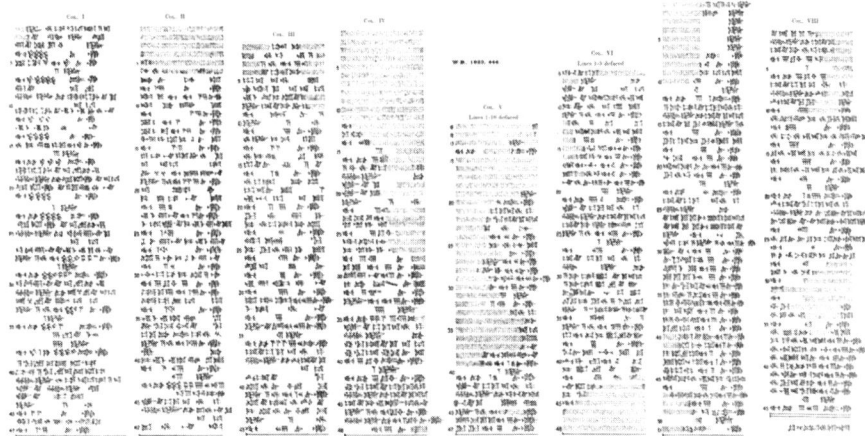

영국 옥스포드 대학의 애쉬몰린 박물관에 전시된 WB 444의 4면의 내용을 펼쳐 놓은 것. Credit : CDLI/UCLA[3]

복사본이 발견되었는데, 그 순서에 따라서 A, B, C 등으로 매겨 업데이트되고 있다.

수메르어(Sumerian language)는 그 후 아카드(Akkad, Agade, 아가데, 「창세기」10장 10절에 나오는 '악갓') - 바빌로니아(바빌론, 바벨론, Babylonia, Babylon, 지금 이라크의 '바그다드') - 아시리아(Assyria) 문명의 근원으로 밝혀졌으며, 그 후 고고학적으로 바빌로니안(Babylonian)과 아시리안(Assyrian) 왕의 연대기들도 발굴되어 계속 업데이트 하고 있다.

2. 『수메르 왕 연대기』의 출처/인용

이 책에 참고한 『수메르 왕 연대기』 버전은 WB 444와 G로 라르사에서 발견된 『수메르 왕 연대기』이다. 오늘날 가장 많이 알려진 것으로 영

---

3 http://www.cdli.ucla.edu/dl/lineart/P384786_l.jpg

국 옥스포드 대학 수메르 전자문학문서의 『수메르 왕 연대기』(Black et al, 1998-2006)도 이 WB 444 버전과 G 버전을 기초로 하여 영어로 번역해 공개하고 있다.

『수메르 왕 연대기』 내용은 말 그대로 왕과 왕의 재위 기간에 대한 리스트들이다. 따라서 이 땅에 신들께서 언제 오셨는지를 파악하고, 「창세기」 6장 3절의 "그들의 날은 일백이십 년이 되리라 하시니라(his days will be a hundred and twenty years)"(NIV)를 해석하는 데 『수메르 왕 연대기』의 내용을 인용할 것이다.

2절 BC 280년에 쓰여진 『베로수스』

기원전 3세기의 헬레니즘(Hellenism) 시대의 바빌로니아의 마르둑(Marduk) 신의 신전인 벨로스(Belos) 신전의 신관(priest)이자 역사가이며 천문학자인 베로수스(베로소스, Berossus, Berosus, Berossos)는 BC 280년에 역사서인 『바빌로니아지(誌, Babyloniaca, History of Babylonia)』 3권을 그리스어로 써서, 시리아의 왕인 안티오쿠스 1세(Antiochus I Soter)에게 바쳤다. 이 책을 일명 『베로수스』(Berossus, 『Babyloniaca, History of Babylonia』, at noahs-ark.tv)라 부른다.

지금은 책의 원본이 사라져 존재하지 않지만, 그 이후 많은 역사가들이 『베로수스』를 인용해 그 내용을 전했다. 아리스토텔레스(Aristotle)의 제자였던 아비데누스(Abydenus, BC 200), 아테네의 아폴로도로스(Apollodorus, BC 160), 그리고 알렉산더 폴리히스토르(Alexander Polyhistor, BC 50) 등에 의해 베로수스의 책이 인용되어 현재 전해지고 있다.

제1권에서는 바빌로니아 역사의 시작에서 대홍수의 기원(起源)까지를, 제2권에서는 나보나사로스 왕의 시대(BC 747)까지를, 제3권에서는 알렉산더 대왕(Alexander the Great, BC 330-BC 323)의 죽음까지를 다루고 있다. 바빌로니아의 역사와 천문학을 그리스 세계에 소개한 점에서 중요한 자료이다. 문제는 1권의 내용으로 바빌로니아 관점에서의 창조, 홍수와 바벨탑(Babel) 사건을 다루고 있는데, 실제로 BC 380년까지도 아라라트 산(Mt. Ararat)에 노아의 방주가 있었다고 기록하고 있다. 사람들이 산에 올라 노아의 방주 나무조각을 찾으면 그것이 액운을 없앤다고 기록되어 있다(people actually climbed Mt. Ararat to gather wood to be used a lucky charms to ward off evil)(Berossus, 『Babyloniaca, History of Babylonia』, at noahs-ark.tv).

앞으로 이 땅에 신들께서 언제 오셨는지를 파악하고 「창세기」 6장 3절의 "그들의 날은 일백이십 년이 되리라 하시니라(his days will be a hundred and twenty years)"(NIV)를 해석하는 데 『베로수스』의 내용을 인용할 것이다.

3절 대홍수 이전 - 8명의 왕

『수메르 왕 연대기』에 따르면 "대홍수 이전 시대(Antediluvian, pre-Diluvial)에 하늘로부터 왕권(Kingship)이 땅에 내려와(After kingship had descended from heaven) 최초의 도시를 건설했는데 그게 에리두(Eirdu)였으며 최초의 왕은 알루림(Alulim)이었다"라고 기록하고 있다. 그는 8샤르(Sars, Shar) 동안 통치했다고 기록하고 있다. 1샤르는, 『바이블 매트릭스』 1권의 『우주 창조의 비밀』에서 살펴보았듯이, 신들의 고향인

버전 WB 444와 G의 5개 도시들에서 8명의 전체 통치 기간

도시 이름	도시를 지배한 신(神)의 이름	왕 이름	통치 기간	샤르로 계산
에리두(Eridu)	누딤무드 (Nudimmud, 엔키 =Enki, 에아=Ea)	알루림(Alulim)	28,800년	3,600 × 8
에리두(Eridu)		아랄가르(Alalgar)	36,000년	3,600 × 10
바드티비라(Bad-tibira)	인안나(Inanna) 여신과 두무지 (Dumuzi)	엔멘루안나 (Enmen-lu-ana)	43,200년	3,600 × 12
바드티비라(Bad-tibira)		엔멘갈안나 (Enmen-gal-ana)	28,800년	3,600 × 8
바드티비라(Bad-tibira)		두무지(Dumuzi)	36,000년	3600 × 10
라락(Larak/Larag)	파빌상(Pabilsag=위대한 수호자)=닌우르타(Ninurta)	엔시파지안나(En-sipad-zid-ana)	28,800년	3,600 × 8
시파르(Sippar, 수메르어로 Zimbir)	우투(Utu)	엔멘두르안나 (Enmen-dur-ana)	21,600년	3,600 × 6
슈루팍(Suruppak)	수드(닌후르쌍, 닌투, 닌마) 여신	우바라-투투 (Ubara-Tutu)	18,000년	3,600 × 5
5개 도시		8명의 왕들	241,200년	

니비루(Nibiru)의 1년 공전주기로 지구로 보면 3,600년을 말한다(시친, I, 2009; Proust, 2009). 다시 말해 8샤르 × 3600 = 28,800년을 통치하였다. 이는 노아 홍수 이전의 통치자들(Antediluvian Rulers)로서 이같이 오래 통치한 이유는 초기의 왕들은 신들(Gods, Elohim)에 속하는 계급이었고 신들의 고향인 니비루에서 내려왔기 때문이다.

『수메르 왕 연대기』를 보면 대홍수 이전 시대에 5개의 도시에서 8명의 왕들이 통치를 했다. 그런데 8명의 왕들이 통치를 한 것을 다 합친 연수가 버전마다 다르다. 버전 WB 444는 241,200년이라 되어 있고, 버전 G에는 385,200년이라 되어 있으며, 다른 버전에는 421,200년이라 되어 있다. 그러나 버전 G나 다른 버전들은 실제로 계산해 보면

241,200년이지만, 기록에는 385,200년이나 421,200년이라 한 줄로 기록되어 있다. 여기서 특이한 점은 통치 기간이 모두 3,600년의 배수라는 점이다.

c.BC 2150년에 쓰여진 『에리두 창세기』와 c.BC 2199년에 쓰여진 『수메르 왕 연대기』를 종합해서 표를 만들면 위와 같다.

4절 『베로수스』와 다른 버전 - 10명의 왕들이 120샤르 동안 통치

그런데 『베로수스』에는 대홍수 이전에 8명의 왕이 아니라 10명의 왕이 다스렸다고 기록하고 있다. 아리스토텔레스(Aristotle)의 제자였던 아비데누스(Abydenus, BC 200)는 『베로수스』를 인용하면서 대홍수 이전에 지구를 120샤르 동안 다스렸던 10명의 지도자(ten pre-Diluvial rulers)에 대해 언급하고 있으며, 10명의 지도자들과 그들의 도시가 모두 고대 메소포타미아에 있었다고 분명히 기록하고 있다.

땅을 다스린 최초의 왕은 아로루스였다고 한다···
그는 10샤르 동안 통치했다.
<u>1샤르는 3,600년인 것으로 생각된다.</u>.
그 다음에는 아라프루스가 3샤르 동안 통치했다;
그의 뒤를 이어 판티-비블론에서 아밀라루스가
13샤르 동안 통치했으며···
그 다음에는 아메논이 12샤르 동안 통치했다;
그의 도시도 판티-비블론이었다.
그 다음에는 메갈루루스가 역시 판티-비블론에서 18샤르 동안 통치했다.

그 다음엔 다오스, 즉 목자가

10샤르 동안 통치했다…

(It is said that the first king of the land was Alorus....

He reigned ten shar's.

Now, a shar is esteemed to be three thousand six hundred years…

After him Alaprus reigned three shar's;

to him succeeded Amillarus from the city of panti-Biblon,

who reigned thirteen shar's. …

After him Ammenon reigned twelve shar's;

he was of the city of panti-Biblon.

Then Megalurus of the same place, eighteen shar's.

Then Daos, the Shepherd,

governed for the space of ten shar's. …)(시친, I, 2009, p. 352).

다른 통치자의 뒤를 이어

마지막으로 시시스루스가 통치했다;

모두 10명의 왕이 있었으며,

그들의 통치기간은 120샤르이다.

(There were afterwards other Rulers,

and the last of all Sisithrus;

so that in the whole,

the number amounted to ten kings,

and the term of their reigns to an hundred and twenty shar's). (시친, I, 2009, p. 352)

아테네의 아폴로도로스(Apollodorus, BC 160)도 베로수스가 말한 것처럼 이전 시대의 왕들에 대해 10명의 지도자가 120샤르 동안 다스렸다는 기록을 남겼으며, 베로수스의 책을 요약한 알렉산더 폴리히스토르(Alexander Polyhistor, BC 50)는 베로수스의 두 번째 책에서, 갈대아(Chaldea, Chaldean)의 10명의 왕들과 통치 기간에 대해 설명하면서 그들의 통치 기간은 대홍수 때까지 120샤르였다고 기록하고 있다(시친, I, 2009, p. 352 & 353).

물론 그 이름은 모두 그리스어로 대체되었지만 마지막 열 번째 왕이 바로 지우수드라(Xisuthros)로 64,800년 동안 다스려, 총 10명의 왕들이 총 432,000년을 다스렸다고 기록되어 있다. 또한 WB 62라는 하나의 점토판은 단지 두 문장으로 되어 있다. 이 버전에는 라르사(Larsa)를 다스렸던 두 명의 왕이 더 적혀 있는데 '키둔누(…kidunnu)'는 72,000년을, '알리누나(…alinuna)'는 21,600년을, 그리고 마지막 지우수드라(Ziusudra)는 36,000년을 다스려, 결국 총 10명의 왕이 총 454,000을 다스렸다고 기록되어 있다(Hasel, 1978).

이렇게 보면 「창세기」의 노아가 대홍수 이전의 마지막 왕으로 보는 것이 타당하고, 『에리두 창세기』의 슈루팍(Suruppak)의 왕이었던 지우수드라, 『아트라하시스 서사시』의 슈루팍의 왕이었던 아트라하시스, 『길가메시 서사시』의 슈루팍의 왕인 우트나피시팀(Utnapishtim), 그리고 「창세기」의 노아는 동일 인물로 보는 것이 타당하므로, 이들은 반드시 열 번째 왕으로 기록되어 있어야 한다.

그런데 「창세기」에는 노아가 600살 때 대홍수가 일어나고(「창세기」 7:11), 950살에 죽었다고 기록되어 있다(「창세기」 10:28-29). 그러나 WB

WB 62		Berossos	
Alulim	67,200년	Aloros	36,000년
Alalgar	72,000년	Alaparos(Alaprus)	10,800년
···kidunnu	72,000년	Amelon(Amillarus)	46,800년
···alinuna	21,600년	Amenon	43,200년
Dumuzi	26,800년	Megalaros(Megalurus)	64,800년
Enmendurauna	21,600년	Daonos(Daos)	36,000년
Ensipaizianna	36,000년	Euedorachos	64,800년
Enmenduranna	72,000년	Amempsinos	36,000년
Suruppak	28,800년	Otiartes	28,800년
Ziusudra	36,000년	Xisuthros(Sisithrus)	64,800년
10 Kings	454,000년	10Kings	432,000년

62에는 지우수드라가 36,000년, 그리고 『베로수스』는 지우수드라에 해당하는 시시스루스가 64,800년을 다스렸다고 기록되어 있어 연도가 일치하지 않는다. 이것은 실수일까 고의일까? 아무튼 알 수가 없다. 어느 분인가 연구해서 꼭 공유를 했으면 좋겠다.

아무튼 작고하신 시친(Sitchin)은 대홍수 이전에 왕들이 8명이 아니라 10명이라고 한다. 또한 그는 WB 62와 『베로수스』가 기술한 통치 기간도 3,600년의 배수라고 지적한다. 따라서 각각의 왕들은 상당한 기간의 샤르 동안 다스렸고, 그들의 통치 기간은 120샤르라고 결론짓고 있다(시친, I, 2009, p 355 & 558). 즉, 대홍수 이전의 10명의 왕들의 통치 기간은 120샤르 × 3,600년 하면 432,000년이 나온다. 이렇게 본다면 『베로수스』의 계산이 정확이 맞는다. 위키피디아[4] 사전도 1샤르는 3,600년이라고 밝히고 있는데, 이는 니비루 행성의 1년 공전주기이다.

5절 「창세기」 6장 3절의 120년은 120샤르 - 신들은 언제 지구에 오셨나

「창세기」 6장 1절에서 3절의 내용을 보면 확실하게 이해가 된다.

「창세기」 6:1 - 사람이 땅 위에 번성하기 시작할 때에 그들에게서 딸들이 나니

2 하나님의 아들들이 사람의 딸들의 아름다움을 보고 자기들의 좋아하는 모든 자로 아내를 삼는지라

3 여호와께서 가라사대 나의 신이 영원히 사람과 함께 하지 아니하리니 이는 그들이 육체가 됨이라 그러나 그들의 날은 일백이십 년이 되리라 하시니라.(한글개역)

1 When men began to increase in number on the earth and daughters were born to them,

2 the sons of God saw that the daughters of men were beautiful, and they married any of them they chose.

3 Then the LORD said, "My Spirit will not contend with man forever, for he is mortal; his days will be a hundred and twenty years."(NIV)

---

4 http://en.wikipedia.org/wiki/Sumerian_King_List

그 동안 많은 성경학자들과 역사학자들이 '그들의 날은 120년이 되리라'라는 구절을, 하나님이 인간에게 120년의 수명을 준 것이라고 해석했다. 저도 처음엔 그렇게 해석했다. 그러나 이것은 잘못된 해석이다. 인간 전체를 멸망시키려는 여호와 하나님이 왜 인간에게 120년이라는 수명을 주겠는가? 대홍수에서 살아남은 노아도 120년 보다 훨씬 긴 950살을 살았다. 그리고 그의 후손들인 셈(Shem)은 600살을 살았고 아르박삿(Arphaxad)은 438살을, 그리고 셀라(살라, Shelah)는 433년을 살았다(「창세기」 10장 & 11장).

결론적으로 120년은 인간들에게 적용된 날이 아니라 신들에게 적용되는 날이었다. 지구에 처음 착륙한 시점에서 대홍수가 일어날 때가 바로 120샤르의 시간, 즉 120 × 3600 = 432,000년으로, 이는 『베로수스』의 432,000년과 정확히 일치한다. 즉 처음에 에리두에서 시작해 슈루팍에서 대홍수가 일어날 때 인간은 모두 멸망한다는 뜻이다. '나의 신(Spirit)이 이제 인간들과 함께 있지 않겠다'는 말은 인간과의 결별을 선언한 것이다. 인간은 신에게서 받은 영(Spirit)이 다 떠나가고 육체(flesh)로 돌아가고 있어—이 당시 인간은 황소와 같이 섹스에만 몰두했음—죽어야 할(mortal) 운명이기 때문에 대홍수로 다 죽이겠다는 뜻이다. 왜냐하면 신들은 다시 신들의 행성으로 돌아가면 그만이기 때문이었다.

6절 신들은 445,000전에 이 땅에 오셨고, 대홍수는 BC 13020년에 일어나

대홍수가 일어난 시점은 12궁의 처녀자리(처녀궁, 處女宮, Virgo, 12궁의 6

궁)와 천칭자리(천칭궁, 天秤宮, Libra, 12궁의 제7궁) 사이인 BC 13020년 경에 일어났음을 예측해 볼 수 있으므로, 대략 13,000년 전이라고 본다면, 신들이 지구에 최초로 착륙한 시점은 432,000 + 13,000 = 약 445,000년 전임이 확실하게 드러난다. 즉 445,000년 전에 신들은 이 지구를 방문한 것이다(참조 : 시친, I, 2009, p. 359 & 570).

물론 그 전에도 이미 여러 번 탐방을 했을 것이다. 그러나 이 계산은 「창세기」 6장 3절과 『수메르 왕 연대기』와 『베로수스』에 의거한 연대임을 밝힌다. 다시 말해 「창세기」는 신들이 오신 시점과 인간 탄생 시점을 중심으로 하여 인간의 역사를 기록한 역사서이다.

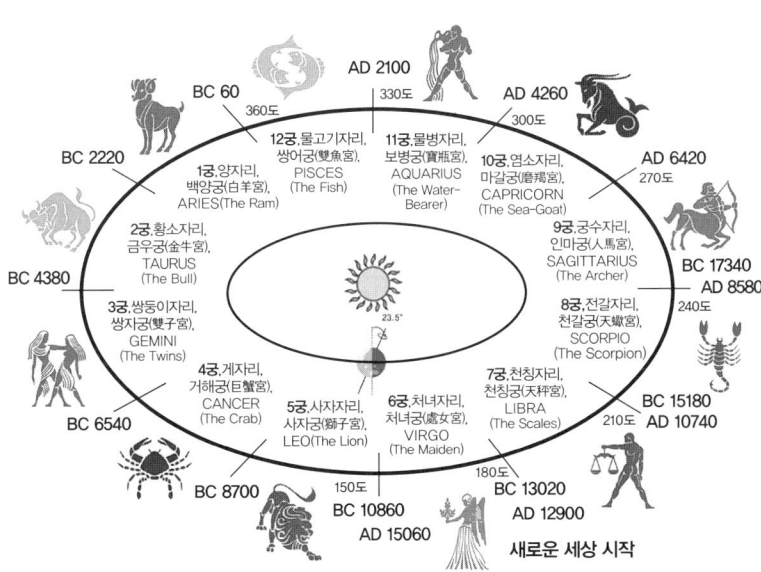

세차운동(歲差運動, Precession)에 의해 대주기(Grand Circle) 혹은 대년(Great Year)인 25,920년에 따라 변하는 시대별 춘분의 12개 별자리.

7절 대홍수 이후의『수메르 왕 연대기』

노아 홍수 이후의 왕권(After the Flood had swept over and kingship had descended from heaven)은 인간에게 주어져 반신반인(半神半人, Demigod) 혹은 인간들이 통치하기 시작했다. 그 후 수메르시대에 수메르 북쪽의 키시(Kish or Cush)에 첫 번째 키시 왕조(c.BC 3800~c.BC 2900)가 세워지고, 그 다음 수메르 아래 지역인 우르크에 우르크 왕조(c.BC 2900~c.BC 2370)가 세워져, 첫 번째 우르크 왕조의 다섯 번째 왕이 반신반인인 길가메시(Gilgamesh, c.BC 2700, 통치 126년)이다. 그는 우리에게『길가메시 서사시』로 잘 알려져 있는 인물이다.

　『수메르 왕 연대기』에 의하면, 대홍수 이후의 첫 번째 우루크 왕조는 두 번째 왕인 엔메르카르(Enmerkar)에 의해 확대 건설되었는데, 그는 수메르의 여신인 인안나(Inanna)를 위해 에안나(Eanna)를 건설한 것으로 나와 있다. 이는『엔메르카르와 아라타의 영주(Enmerkar and the Lord of Aratta)』(Balck et al., 1998~2006)라는 서사시에도 기록되어 있다. 또한『길가메시 서사시』에 의하면 길가메시는 우르크 도시 주위에 성벽을 건설한 것으로 기록되어 있다.

　고고학자들과 역사학자들은 수메르에서 발굴된 문서들을 통해 '고대 근동의 연대기(Chronology of the ancient Near East)'[5]를 도출하고 '간략한 연대기(Short Chronology)'[6]를 도출하고 있다.

5　http://en.wikipedia.org/wiki/Chronology_of_the_Ancient_Near_East
6　http://en.wikipedia.org/wiki/Short_chronology_timeline

5장

결론

1절 대홍수는 천체물리학의 원리로 일어나

신들은 물이 빠진 후 드러난 마른 땅과 거기서 자라는 식물들을 보고 인간과 화해해야겠다는 생각을 가졌을 것이다. 신들은 닥쳐올 대홍수를 알고 있었지만 그것이 전례 없는 것이라 대홍수 이후에는 지구가 다시는 생명체가 살 수 없는 땅이라고 생각했던 것 같다. 그러나 그들은 아라라트 산에서 사실은 그렇지 않다는 것을 확인한다. 지구는 여전히 신들이 살 수 있는 땅이었으며, 그리고 여전히 신들에게는 인간이 필요했던 것이다.

인간은 닥쳐오는 자연의 재앙을 알아차리지 못했지만 신들은 알고 있었다. 또한 신들은 비록 대홍수를 막아낼 수는 없었지만 그것이 닥쳐올 시기는 알고 있었다. 인간을 멸망시키려는 신들의 계획은 능동적인 것이 아니라 수동적인 침묵이었다. 구약에서 말하는 것처럼 신들은 홍수를 일으키지 않았다. 다만 신들은 그것이 닥친다는 사실을 인간들에게 숨겼을 뿐이다.

지구를 떠난 신들은 좁은 우주선에 갇혀서 그들이 방금 이륙한 지구에서 어떤 일이 벌어지는지를 지켜보고 있어야만 했다. 위대한 신들의 그룹인 아눈나키도 남쪽에서 시작한 대지진과 이에 따른 홍수가 이리 클 것이라고는 미처 생각하지 못했던 것 같다. 우주선에선 인안나 여신이 "옛것들이 모두 진흙으로 되돌아갔다"며 울부짖고, 그녀와 같이 있던 다른 신들 또한 입을 꼭 다문 채 모두 앉아 울고만 있었다.

아눈나키의 결정은 지구를 버리고 하늘로 올라가는 것이었다. 위대한 하늘의 신인 안(An)이 신들의 중요한 회의에 직접 참석한 것으로 보아 그때 신들의 고향인 니비루(Nibiru) 행성이 지구 가까이의 소행성대(The Asteroid belt)를 지나고 있었음이 분명하다. 바로 대홍수는 니비루 행성이 지구에 근접할 때, 즉 근지점(Perigee)에 접근할 때, 엄청난 인력에 의해 남극의 빙하가 바다로 미끄러져 들어가 발생한 것이다. 그로 인해 거대한 해일이 발생한 것이다. 남쪽에서 바람이 분 것으로 보아 남극 대륙에서 지진 등의 지각 변동이 일어났음을 알 수 있다. 이는 신들이 대홍수를 일으킨 것이 아니라 니비루가 근지점에 접근할 때 천체우주물리학의 원리에 의해 지구에서는 남극 대륙의 빙하가 깨져 바다로 미끄러져 들어가고 각종 지진과 해일 등이 일어난 것이다. 남쪽에서 바람이 분 것으로 보아 남극 대륙에서 지진 등의 지각 변동이 있었음도 알 수 있다.

2절 고대문서에 등장하는 홍수 이야기 비교표

고대 문서에 등장하는 홍수 이야기를 간략하게 정리하면 다음과 같다. 베로수스(Berossus)의 대홍수의 기원은 BC 280년에 쓰여졌다. 구약성경(舊約聖經, Old Testament)의 『모세오경』은 모세(Moses, BC 1526-BC 1406)가 이집트를 탈출해 40년간의 광야생활(Wilderness or Desert, Shur & Sin & Paran & Zin, BC 1446-BC 1406)을 할 때(「출애굽기」 16:36), 모세가 직접 썼다고 알려져 있으나, 그 원본과 사본은 현재 발견되지 않고 있다. 고고학적으로 가장 오래된 문서는 1947년에서 1956년에 이스라엘 사해(死海) 서쪽 해안가인 쿰란 동굴에서 발견된 BC 150-AD 75년경에 히브리어로 쓰여진 타나크의 사본인 사해사본이다. 이 사해사본이 가장 오래된 『모세오경』의 문서이다.

『길가메시 서사시』가 c.BC 1150년에, 『아트라하시 서사시』가 c.BC 1640년에, 『수메르 왕 연대기』가 c.BC 2119년에, 그리고 『에리두 창세기』가 c.BC 2150년에 쓰여진 것으로, 고고학적으로 발굴되고 확인된 고대의 문서들이다.

고대 문서에 등장하는 홍수 이야기 비교표[1]

고대 문서 이름	에리두 창세기(Eridu Genesis)	수메르 왕 연대기(Sumerian King List & Flood Story)	아트라하시스 서사시(Epic of Atra-Hasis)	길가메시 서사시(Epic of Gilgamesh)	베로수스(Berossus)	모세오경-타나크(Tanakh)의 창세기
발굴/발견된 기록물	단 하나의 점토판(a Clay tablet)	20cm×9 cm 큐브 크기의 4개의 면에 각각 2줄(Columns)로 쓰여진 구은 점토(baked clay)	점토판 1~3	점토판 1~12	역사서인 바빌로니아지(誌, Babyloniaca, History of Babylonia) -3권	양피지 혹은 파피루스(Parchment or Papyrus)
기록 연대	c.BC 2150	c.BC 2119	c.BC 1640	c.BC 1150	BC 280	BC 150 (사해사본)
쓰여진 언어 (Language)	수메르어 설형문자(Sumerian Cuneiform)	수메르어 설형문자(Sumerian Cuneiform)	아카드어 설형문자(Akkadian Cuneiform)	아카드어 설형문자(Akkadian Cuneiform)	그리스어 (Greek)	히브리어 (Hebrew)
홍수의 영웅 (Hero)과 영생 관계	지우수드라(Ziusudra), '영생을 얻음(he obtained immortality)'	노아의 손자인 구스(Cush, Noah's grandson)	아트라하시스(Atra-Hasis), '매우 현명한 자이지만 영생을 얻지 못함(he is very wise, but not obtained immortality)'	우트나피시팀(Utnapishtim), '영생을 얻음(he obtained immortality)'	지수쓰로스(Xisuthros), '영생을 얻음(he obtained immortality)'	노아(Noah), '영생을 얻지 못함)
도시 이름 (City)	슈루팍(Shuruppak)	슈루팍(Shuruppak)	슈루팍(Shuruppak)	슈루팍(Shuruppak)	시파르(Sippar)	
멸망을 명령한 신 (Destroyer God)	엔릴(Enlil)		엔릴(Enlil)	엔릴(Enlil)	엔릴(Enlil)	야훼(Yahweh)

---

1 본 표는 다음 두 개의 사이트를 참조하여 편집 수정한 것임(As of 14 Sep 2011)
1) The Search for Noah's Ark-The global flood from the oldest archeology on earth, at www.noahs-ark.tv
http://www.noahs-ark.tv/noahs-ark-flood-creation-stories-myths-eridu-genesis-sumerian-cuneiform-zi-ud-sura-2150bc.htm
2) The great Flood: the Epic of Atrahasis, at www.livius.org
http://www.livius.org/fa-fn/flood/flood3-t-atrahasis.html

홍수 기간 (Period)	7 Days	7 Days	7 Days	7 Days	"quickly"	40/150 Days
홍수에서 구원해주신 신(Savior)	엔키 (Enki)		엔키 (Enki)	엔키 (Enki)	엔키 (Enki)	야훼 (Yahweh)
배에 탄 사람 (홍수에서 구원 된 자들)			노아 부부, 셈(Shem) 부부, 함(Ham) 부부, 야벳 (Japheth) 부부= 8명	가족 8명 이 외에 방주를 만들 때 도움을 준 친척들(relatives) 과 기술자들 (craftsmen)과 엔키 신이 보내준 항해사인 푸즈르아무르리		노아 부부, 셈(Shem) 부부, 함(Ham) 부부, 야벳 (Japheth) 부부= 8명
발견 장소	니푸르 (Nippur), Iraq	라르사 (Larsa), Iraq	시파르 (Sippar), Iraq	니네베 (Nineveh), Turkey	아비데누스 등이 인용 (Quoted by Abydenus etc.)	쿰란 동굴 (Qumran Cave), Israel
전시된 박물관 (Museum)	Pennsyl- vania Museum: Object B10673	Ashmolean Museum in Oxford, England	British Museum, Room 56	British Museum, Room 55	No Originals	Shrine of the Book in the Israel Museum

용어해설

갈대아(Chaldea): 갈대아는 원래 바빌로니아(Babylonia) 남부의 수메르(Smuer, 「창세기」 10장 10절의 '시날=Shinar')를 가리키는 고대 지명이다. 그러다가 바벨탑(The Tower of Babylonia) 사건[「창세기」 11장, c.BC 3450, BC 2357(B)~BC 2118(B)] 이후 바빌로니아 전체로 지명이 확대되었다. 그래서 구약성경에서는 갈대아를 흔히 바빌로니아와 동의어로 사용하고 있다. 따라서 갈대아인(Chaldean)은 바로 바빌로니아인(Babylonian)이다. 이는 구약과 신약 전체를 통해 바빌로니아인들은, 여호와 하나님과 적대시되는, 이스라엘 민족과 적대시되는, 바빌론의 수호신이었던 마르둑(Marduk)이라는 신을 주신으로 섬겼기 때문이다. 그 유래는 함(Ham)족이다. 「창세기」 10장에는 함의 손자인 니므롯(Nimrod)은 용맹이 뛰어난 사냥꾼으로 시날(Shinar) 지역에 도시를 만들고 성벽을 쌓아 거대한 바벨론(바빌론) 왕조를 건설하였다고 기록되어 있다(「창세기」 10:8-12, c.BC 2300). 도시로는 바벨론(Babylon), 악갓(아카드, 아가데, Akkad), 에렉(에르크, Erech, 우르크, Urkuk, Unug), 갈레(Calneh)에서 시작하여 더 나아가 셈(Shem)의 아들인 앗수르(Asshur)가 거주하고 있던 앗수르(아슈르, 아시리아, Assyria)까지 나아가 니느웨(니네베=Nineveh)를 건설하였다고 기록되어 있다. 따라서 니므롯은 북쪽의 아시리아, 그 중간의 바벨론, 그리고 남부의 수메르를 잇는 사실상의 메소포타미아 전역을 통일했다고 보인다. 이는 우리가 역사에서 배운 고대 바빌로니아(BC 1830-c.BC 1531) 이전의 도시국가로 추정된다. 「창세기」 10장에 니므롯에 관해서 상세하게 설명이 나온 이유는 아시리아와 바벨론이 후에 아시리아(앗수르) 포로(Assyria Exile/

Captivity, BC 723-BC 612)와 바벨론 유수(Babylonian Captivity or Babylon Exile, BC 605~BC 539) 등 이스라엘 백성과 역사적으로 중요한 관계에 있게 되기 때문이다. 갈대아는 히브리인(헤브라이인, Heberites, Hebreians) 민족의 발원지라 볼 수 있다. 히브리인은 수메르(Smuer) 남부에서 활약한 셈계(系)의 아르박삿(Arphaxad) 종족으로 아브라함(Abram, Abraham, BC 2166-BC 1991)의 아버지 데라(Terah, BC 2236-BC 2031)도 갈대아에 있는 니푸르(Nippur) 출신의 히브리인이다. 그 당시 니푸르는 성경에 언급되지 않는 우주비행통제센터(Spacecraft Mission Control Center)가 있던 도시이다. 이곳 니푸르에서 데라는 70세에 아브라함과 나홀(Nahor)과 하란(Haran)을 낳았다. 데라는 왕가 사제 집안의 출신으로 신전과 궁정 사이의 연락을 위해 남쪽 우르(Ur)로 이주하였다(BC 2113).「창세기」11장과 15장의 기록을 보면 아브라함도 갈대아 우르(Ur) 출신의 히브리인이다.

그 후 함족(Ham)의 후손인 가나안(Canaan)의 아모리(Amorites) 족속이 갈대아(Chaldea) 지역의 바벨론을 중심으로 하는 고대 바빌로니아 왕조(BC 1830-c.BC 1531)를 세운다. 그 후 시리아에 거주하고 있던 셈계(系)의 아람(Aram)계 족속들이 남부 갈대아로 이주해 신아시리아 왕조(Neo-Assyrian Empire, BC 912-BC 612)를 멸망시킨 후 바벨론에 입성하여 신바빌로니아 왕조(BC 625~BC 539)를 연다. 그래서 신바빌로니아를 갈대아 왕조라고 한다. 고대 바빌로니아 왕조나 신바빌로니아 왕조나 모두 여호와 하나님(야훼)의 적(뱀으로 표현되는 신)으로 간주되는 마르둑 신을 신봉하였다. 따라서 여호와 하나님을 주신으로 섬기는 히브리인(유대인, 이스라엘인) 입장에서 보면 마르둑 신을 섬기는 갈대아인, 즉 바빌로니아인은 이방인이며 적이다.

고대 수메르 문서에 의하면, 마르둑 신이 지지자들을 이끌고 갈대아, 즉 바벨론의 아카드와 수메르로 진군해 스스로 바벨론의 옥좌에 오르는데, 이를 '신들의 전쟁, 인간들의 전쟁(The wars of gods and men)'으로 규정한 시친(Sitchin)은 이때부터 신들의 전투가 중앙 메소포타미아로 확산되었다고 한다(BC 2024)(시친, III, 2009). 그 결과 바벨론을 장악한 마르둑 신이 예루살렘 근처의 모리야 산(성전산, Mount Moriah, Temple mount, 아브라함이 아들 이삭을 번제물로 바치려 했던 산임)에 있던 신들이 사용하는 우주비행통제센터(Spacecraft Mission Control Center)와 시나이 반도에 있던 우주공항(Departing Platform as Runways Platform)을 장악하려고 가나안의 추종자들을 집결시키자, 여호와 하나님(야훼)은 하란(Haran)에 머물던 아브라함을 가나안 지역으로 이동시켜 이를 저지하고자 하나(BC 2041) 역

부족이었다. 이에 분노한 여호와 하나님을 비롯한 고위 신들(아눈나키, Ahnunnaki)이 자신들을 배반하고 마르둑 신에 선 가나안 도시인 소돔과 고모라와 시나이 반도의 우주공항(필자가 보기엔 폐쇄하고자 결정함)을 핵(필자가 보기엔 오늘날의 원자핵 또는 그 이상의 우리가 모르는 핵무기)으로 멸망시키게(BC 2023) 된다. http://en.wikipedia.org/wiki/Chaldea, http://100.naver.com/100.nhn?docid=150710, http://100.naver.com/100.nhn?docid=101741

거인(Great/Giant Man): 우리는 대홍수 이후에 이집트의 기자(Giza)에 세워진 세 개의 피라미드(Pyramid)와 스핑크스(Sphinx, 사자인간, 사람머리와 사자의 동체)가 어떻게 구축되었는지 그 비밀을 알게 되는데, 누가 거대한 돌들을 쌓아 올렸는가이다. 바로 대홍수 이후에도 살아남은 100미터 키의 반신반인(半神半人, Demigod)인 거인(Great Man or Giant Man)들이 신들을 도와 이 작업을 했다는 것을 예측해 볼 수 있다. 또한 스핑크스의 사자의 동체로 보아 피라미드와 스핑크스는 대년(Great Year)의 시대별 춘분의 12개 별자리의 사자자리(사자궁, 獅子宮, Leo, 12황도대의 제5궁)시대인 BC 10860-BC 8700년 사이에 건축되었음을 알 수 있다. 이는 대홍수 이후의 일이다. 이렇게 볼 때 대홍수는 그 앞의 처녀자리(처녀궁, 處女宮, Virgo, 12궁의 6궁)과 천칭자리(천칭궁, 天秤宮, Libra, 12궁의 제7궁) 사이인 BC 13020년경에 일어났음을 예측해 볼 수 있다. 여호와 하나님은 서로 살육케 하고 동시에 대홍수로 네피림(Nephilim)의 자손인 거인들(Giant Men)을 쓸어버리려고 했지만, 구약성경을 보면 이들은 대홍수 이후에도 살아남아 있었다고 기록하고 있다. 모세(Moses, BC 1526-BC 1406)가 이집트를 탈출해 40년간 광야생활(Wilderness or Desert, Shur & Sin & Paran & Zin, BC 1446-BC 1406)을 할 때(「출애굽기」 16:36), 가나안(Canaan) 지역을 탐사하는 과정에서, 가나안 땅에는 네피림의 후손들인 거인인 아낙(Anak, Anakim, Anakite) 자손들이 사는 곳이라고 기록한 것을 보면 알 수 있으며(「민수기」 13: 22 & 28 & 33; 「신명기」 1:28), 거인들은 여러 곳에 기록되어 있다(「신명기」 2:10-11, 20-21, 3:11, 9:2; 「여호수아」 11:21-22, 14:12-15, 15:13-14, 「사사기」 1:20).

고대 바빌로니아 왕조(Old Babylonian Empire, BC 1830-c.BC 1531): 함족(Ham)의 후손인 가나안(Canaan)의 아모리(Amorites) 족속이 갈대아(Chaldea) 지역의 바벨론을 중심으로 세운 고대 바빌로니아 왕조는 제6대 함무라비(Hammurabi, BC 1792~BC 1750) 왕이 죽은 후 쇠퇴하여 c.BC 1531년에 지금의 터키 남부와 시리아 지역에 살던, 같은 함 족속의 가나안 족속인 히타이트(Hittites, 구약의 '헷')의 침입으로 멸망한다. 고대 바빌로니아의 주신(Patron god)은 마르둑이다. 그 후 바빌로니아의 지배권은 동북부 산악지대를 장악한 카사이트(카시트, Kassites, c.BC 1600-c.BC 1115)로 넘어가 400년 동안 카사이트의 지배를 받는다. 그 후 악랄하기로 유명한 아시리아(앗시리아, 구약성경의 '앗수르=Asshur', 아슈르, Assur, Ashur, Assyria)가 점점 세력을 얻어 바빌론을 공격하여 함락시키고 자립하여 신아시리아 왕조(Neo-Assyrian Empire, BC 912-BC 612)를 연다. 아시리아의 주신은 아슈르(Ashur, 모든 것을 보는 자라는 'overseer'를 뜻함.)이다. http://en.wikipedia.org/wiki/Babylonia

고대 수메르 문서: 고대 수메르(Smuer, 「창세기」 10장 10절에 처음 나오는 '시날 = Shinar'을 말함) 도시에서 발굴되거나 발견된 c.BC 5000-c.BC 2023년의 점토판(Clay tablets)이나 유물/유적지에 기록된 문서들을 말한다. 이 문서들은 쐐기 모양의 설형문자(Sumerian cuneiform), 그림문자(Iconography)와 기호문자(Symbology)로 새겨지거나 기록되었다. 수메르의 설형문자는 1686년 독일의 자연주의자이자 내과의사인 캠퍼(Engelbert Kaempfer)가 고대 페르시아의 수도인 페르세폴리스(Persepolis, 그리스어로 페르시아의 도시, 페르시아인들은 '파르사(Parsa)'라 부름)를 방문하여 발견하였다. 그 이후 수메르 지역에서 고고학적으로 발굴된 설형문자들은 학자들이 음역(transliteration)하거나 번역(Tranlsation)하여 영국 옥스포드 대학의 수메르 전자문학문서(The Electronic Text Corpus of Sumerian Literature)로 집대성하여 일반에게 공개하고 있다. 고대 수메르 지역에서 발굴된 총 400개의 문서들을 목록에 따라 또는 번호로 매겨 집대성하고 있다. 이 전자문학문서에는 신들의 고향인 열두 번째 행성인 니비루(Nibiru, 타원형 궤도의 가장 높은 점 또는 교차점이라는 뜻)가 등장하고, 하늘의 니비루에서 이 땅에 최초로 내려와 인간을 창조하시고 인간에게 문명을 가르쳐 주신 엔키(Enki) 신부터 시작하여 두 번째로 내려와 고위 신들(아눈나키, Ahnunnaki)의 최고 높은(Most High or Great Mountain) 신이 되신 엔릴(Enlil), 그리고 여신인 엔릴 신의 손녀인 인안나(Inana) 여신 등이 등장하고, 홍수 신화(The Flood story)도 등장하며, 우리가 잘 아는 고대 영웅이신 첫번째 우르크(Uruk, Unug, 「창세기」 10장 10절의 '에렉=Erech', 에레크) 왕조의 다섯 번째 왕인 길가메시(Gilgamesh, c.BC 2700, 통치 126년)를 칭송하는 『길가메시 서사시(Epic of Gilgamesh)』와, 이와 관련하여 수메르어로 쓰여진 길가메시의 5편의 시(Poems)도 등장한다. 따라서 이 고대 수메르 문서는 구약성경에서 말하지 않는 많은 역사적 진실을 말하고 있다. 이 땅에는

무수히 많은 신들이 내려왔으며 인간을 왜 창조했는지, 노아의 홍수가 왜 일어났는지, 「창세기」 10장에 등장하는 고대도시를 다스린 신들과 왕들에 대해 자세히 기록하고 있다.

http://en.wikipedia.org/wiki/Cuneiform

http://www.dmoz.org/search?q=Cuneiform

http://en.wikipedia.org/wiki/Engelbert_Kaempfer

http://www-etcsl.orient.ox.ac.uk/

http://www-etcsl.orient.ox.ac.uk/edition2/etcslbycat.php

http://en.wikipedia.org/wiki/Sumerian_religion

고센(Goshen): 이집트 나일 강 하류의 나일 델타(Nile Delta)를 이루는 지역 중 동쪽에 위치한 땅으로 이스라엘 족속(Israelites)이 거주했던 땅이다. 이스라엘 족속 중 야곱(Jacob)의 열한 번째 아들인 요셉(Joseph, BC 1916-BC 1806)이 17세에 이집트로 팔려가(「창세기」 37:25-28), 30세에 이집트의 총리가 되고(「창세기」 41:46), 40세(BC 1876)에 130세의 아버지 야곱과 11형제를 이집트의 고센 땅으로 모셔와 잘 살다가, 요셉과 형제가 모두 죽은 후부터 이집트의 노예가 된다(「창세기」 45:10, 「창세기」 46:28, 「창세기」 47:27, 「출애굽기」 8:22, 「출애굽기」 9:26). 이스라엘 민족은 고센 땅의 라암셋(Rameses)을 출발하여(「출애굽기」 12:37) 홍해(Red Sea, Sea of Reeds)를 건너고 시나이 반도(Sinai Peninsula)를 거쳐 가나안(Canaan)에 정착하게 된다.

http://en.wikipedia.org/wiki/Land_of_Goshen

구갈라나(Gugalana, Gugalanna): 수메르어로 구드안나(Gud.An.Na)는 하늘의 안(An, Anu) 신의 무기로, 금속으로 만들어진 공격무기, 즉 크루즈 미사일(Cruise missile)이라는 뜻. 하늘의 위대한 황소(The Great Bull of Heaven)로 수메르시대의 신(deity, God), 나중에 별자리의 황소자리, 즉 황소좌의 타우루스(Taurus)가 됨.

http://en.wikipedia.org/wiki/Gugalanna

길가메시 서사시(Epic of Gilgamesh): 영국의 레이어드(Austen Henry Layard)와 그의 조수인 라삼(Hormuzd Rassam)은 1852-1854년에 큐윤지크(Kuyunjik)라 불리는 아시리아의 수도였던 니네베(Nineveh, 「창세기」 10장 11절의 '니느웨', 지금의 이라크 '모술(Mosul)')의 발굴을 시도하여 1853년에 신아시리아 왕조(Neo-Assyrian Empire, BC 912-BC 612)의 마지막 왕인 아수르바니팔(Ashurbanipal, 에사르하돈의 아들, 구약의 '오스납발', KJV의 'Asnappar', 통치 BC 668-BC 612)가 세운, 그러나

폐허가 된 아수르바니팔의 도서관(Library of Ashurbanipal)을 발굴하여 수메르 시대(c.BC 5000-c.BC 2023) 첫번째 우르크(Uruk, Unug, 「창세기」 10장 10절의 '에렉=Erech', 에레크) 왕조의 다섯 번째 왕인 길가메시(Gilgamesh, c.BC 2700, 통치 126년)를 칭송하는 『길가메시 서사시』를 발견한다. 오늘날 우리에게 알려진 이 표준 버전의 『길가메시 서사시』는 1-12개의 점토판에 아카드어로 쓰여진 완벽한 버전으로 그 점토판에는 BC 1300-BC 1000년 사이에 신-리크-우니나니(Sin-liqe-unninni)가 옛 수메르 전설과 신화를 바탕으로 편집했다고 기록되어 있다. 이 서사시의 내용은 1876년 아시리아 학자인 스미스(George Smith)가 『갈대아인과 창조의 근원(The Chaldean Account of Genesis)』이라는 제목으로 최초로 번역하여 출판했다(Smith, 1876). 단 주의할 것은 수메르시대(c.BC 3800-c.BC 2023)에 일어난 일을 중세 아시리아 왕조(Middle Assyrian Empire, BC 1380-BC 912) 시대에 아카드어로 점토판에 기록했기 때문에 몇몇 수메르 신들의 수메르어 이름이 아카드어 이름으로 표현되고 있다는 점이다. 예를 들어 수메르시대의 여신인 인안나(수메르어 Inanna)를 이시타르(아카드어 Ishtar)로 표현하고 있다. 『길가메시 서사시』의 원래 제목은 'He who Saw the Deep' 혹은 'Surpassing All Other Kings'이다. 이들이 발견한 점토판은 영국으로 옮겨져 지금은 영국 박물관(British Museum)에 전시되어 있다.

이 아카드어 표준 버전 이외에도 고대 바벨로니아 버전도 있는데, 이를 『바벨로니아 길가메시 서사시(Babylonian Epic of Gilgamesh)』라고 한다(George, 2003). 특히 아카드어로 쓰여진 『길가메시 서사시』를 고대 바벨로니아인들이(아카드어를 사용함) 각색 편집한 문서를 『바벨로니아 아트라하시스 서사시(Babylonian Epic of Atrahasis)』 또는 『아카드어 아트라하시스 서사시(Akkadian Atrahasis Epic)』라고 하는데, 『길가메시 서사시』가 1-12까지의 점토판에 기록된 반면 『아트라하시스 서사시』는 1-3까지의 점토판에 기록되어 있다(Lambert and Millard, 1965 & 1969). 길가메시의 〈점토판 11(XI)〉과 아트라하시스 〈점토판 3〉은 홍수의 비밀을 담고 있다. 특히 길가메시의 〈점토판 11〉을 길가메시의 홍수의 비밀(Gilgamesh flood myth)이라고 부른다. 이외에 기타 고대 수메르어로 기록된 시(Poem)도 5편이나 된다. 그래서 역사적으로 가장 오래된 수메르어 시대의 기록을 보려면 이 5편의 시를 참조해야 한다. 구약 「창세기」에는 노아(Noah, 쉬었다는 뜻)가 홍수의 영웅으로 등장하지만, 『수메르 창조 신화와 홍수 신화(Sumerian creation myth and flood myth)』, 즉 『에리두 창세기(Eridu Genesis)』에는 슈루팍(Shuruppak)의 왕인 지우수드라(Ziusudra, 영생을 찾다라는 뜻, 우트나피시팀의 수메르어 이름)가, 『길가메시 서사시』에는 우트나피시팀(Utnapishtim, 영생을 찾다라는 뜻, 수메르어 이름인 지우수드라의 아카드어)이, 『아트라하시스 서사시』에는 아카드어 이름인 아트라하시스(Atrahasis, 매우 현명하다는 뜻)가 홍수의 영웅으로 등장한다.

(1) Thompson, R. Campbell, 『The Epic of Gilgamish』, London, 1928.

http://www.sacred-texts.com/ane/eog/index.htm

(2) Temple, Robert, 『A verse version of the Epic of Gilgamesh』, 1991-http://www.angelfire.com/tx/gatestobabylon/temple1.html

(3) 아카드어 표준 버전 『길가메시 서사시(Epic of Gilgamesh)』의 I-XI까지의 영어 번역본-http://www.ancienttexts.org/library/mesopotamian/gilgamesh/

(4) Gilgamesh-In search of Immortality-http://www.mircea-eliade.com/from-primitives-to-zen/159.html

(5) 아카드어 표준의 『길가메시 서사시』의 요약본: 『Epic of Gilgamesh』, Summary by Michael McGoodwin, prepared 2001, revised 2006.

http://mcgoodwin.net/pages/otherbooks/gilgamesh.html

(6) 고대 바벨로니아 버전의 e-Book은 『길가메시 서사시』: Edited by Morris Jastrow, translated by Albert T. Clay

http://www.gutenberg.org/ebooks/11000

(7) 『길가메시 서사시』 풀이 : Richard Hooker(wsu.edu)

http://www.wsu.edu/~dee/MESO/GILG.HTM

(8) 『The Epic of Gilgamesh: A Spiritual Biography』, By W. T. S. Thackara

http://www.theosociety.org/pasadena/sunrise/49-99-0/mi-wtst.htm

(9) Appendix V: The Epic of Gilgamesh, An Outline with Bibliography and Links

http://www.hist.unt.edu/web_resources/epic_gilgamesh_old_file.htm

(10) 수메르어로 된 5편의 시-수메르시대의 문서와 문학-옥스포드 대학에서 전자문서로 집대성 번역하여 공개하고 있는 수메르시대의 길가메시 관련 5편의 시 - 영어 번역본.

『Gilgamesh and Aga』

http://etcsl.orinst.ox.ac.uk/cgi-bin/etcsl.cgi?text=t.1.8.1.1#

『Gilgameh and the bull of heaven』

http://etcsl.orinst.ox.ac.uk/cgi-bin/etcsl.cgi?text=t.1.8.1.2#

『The Death of Gilgameh』

http://etcsl.orinst.ox.ac.uk/cgi-bin/etcsl.cgi?text=t.1.8.1.3#

『Gilgamesh, Enkidu and the nether world』

http://etcsl.orinst.ox.ac.uk/cgi-bin/etcsl.cgi?text=t.1.8.1.4#

『Gilgamesh and Huwawa(Version A)』

http://etcsl.orinst.ox.ac.uk/cgi-bin/etcsl.cgi?text=t.1.8.1.5#

(11) Mitchell, Stephen, 『Gilgamesh: A New English Translation』, Free Press, 2004.

(12) George, Andrew R.(translator), 『The Epic of Gilgamesh』, Penguin Books, 1999.

(13) 기타 - http://en.wikipedia.org/wiki/Epic_of_Gilgamesh

http://en.wikipedia.org/wiki/Gilgamesh

http://en.wikipedia.org/wiki/Utnapishtim

http://en.wikipedia.org/wiki/Ziusudra

http://en.wikipedia.org/wiki/Sumerian_creation_myth

http://www.soas.ac.uk/baplar/recordings/

난나(Nannar) **신**(神): 수메르어로 난나(Nannar or Nanna), 아카드어로 수엔(Suen) 또는 신(Sin), 달의 신(God of the moon). 신(Sin)의 이름은 달을 의미하는 킨구(Kingu)=엔수(Ensu)에서 파생된 수엔(SU.EN, 황무지의 지배자). 엔릴(Enlil) 신의 두 번째 아들로 지구에서 태어남. 고대 도시인 메소포타미아 남부의 우르(Ur=Urim)와 북쪽의 하란(Harran)의 주신(Patron god). 난나 신의 지구라트 신전은 에키쿠누잘(E-kic-nu-jal). http://en.wikipedia.org/wiki/Sin_(mythology), http://en.wikipedia.org/wiki/Ur

남타라(NAM.TAR, Namtara, Namtar, Namtaru) **신**(神): 수메르의 신으로 지옥의 신이자 죽음의 신이며 운명의 신(god of fate). 안(An)이나 아래세계를 지배하고 있던 에르쉬기갈(Ereshkigal)과 네르갈(Nergal)의 메시지를 전달하는 신. 엔릴 신이 여신인 닌릴(Ninlil)과 결혼하기 전에 에르쉬기갈과의 정사로 하늘에서 태어난 신으로 질병과 페스트를 책임지는 신. 60개의 질병을 다양한 형태의 악마로 변형시켜 인간의 몸에 침투시키는 책임을 짐. 따라서 남타라 신에게 제물과 번제를 드리면 이와 같은 질병을 사전에 예방할 수 있음. http://en.wikipedia.org/

wiki/Namtar

네르갈(Nergal, Nirgal, Nirgali) **신**(神): 엔키(Enki) 신이 지구에서 낳은 셋째아들로 죽은 자들이 가는 아래세계(Netherworld, Underworld)를 다스리던 신. 배우자는 에르쉬기갈(Ereshkigal, Ereckigala) 여신. 네르갈 신은 구약성경의 「열왕기하(2 Kings)」 17장 30절에 등장하는데, 각 민족이 각기 자기의 신상을 만들어, "굿 사람들은 네르갈을 만들었고(the men from Cuthah made Nergal)"(NIV)에 나오듯이 메소포타미아의 고대 도시인 구스(Cush, Cuth, Cuthah)의 주신(Patron god)임을 알 수 있음. 자세한 것은 『바이블 매트릭스』시리즈의 4권 『하나님들의 과학기술과 우리가 창조해야 할 미래』편을 참조하라.

http://en.wikipedia.org/wiki/Nergal

네피림(Nephilim), **이기기 신들**(Igigi gods): 「창세기」 6장 4절에 등장하는 '복수'의 단어인 네피림(Nephilim)을 의미하는데, 하나님의 아들들(sons of God), 즉 '하늘에서 지구로 내려온 신들'이라는 뜻이다. 특히 계급이 낮은 젊은 신들(Lower Gods)을 지칭하는데, 『아트라하시스 서사시』〈점토판 1~3〉과 『길가메시 서사시』의 〈점토판 11〉에는 네피림을 이기기 신들(Igigi-Gods)이라 표현하기도 한다. 이기기란 '돌면서 관측하는 자들(Those Who See and Observe),' 즉 '감시자 또는 주시자(Watchers)'이란 뜻이다. 또한 『창조의 서사시』〈점토판 3(III)〉의 126줄과 〈점토판6(VI)〉의 21줄과 123줄에도 이기기 신들이 등장한다. 이들은 주로 인간이 창조되기 이전에 신들의 고향 행성인 니비루(Nibiru)에서 이 땅에 내려와 광산에서 금을 캐거나 강을 막아 수로를 만들거나 또는 신들의 고향인 니비루로 금을 실어 나르기 위해 지구 궤도 위에 있던 혹은 화성에 베이스를 둔 우주선 모선이나 우주왕복선에 속해 일을 했다. 특히 모선에 속한 300명의 이기기 신들은 인간이 창조된 후에는 인간과 지구의 기후상황을 주시하고 감시하는 감시자들(Watchers)이었다. 문제는 이들 감시자들이었다. 위경인 「희년서(Book of Jubilees)」 4장 22절과 「에녹1서(The Book of Enoch 1)」 7장 7절에는 천사 또는 감시자 또는 주시자로 표현하고 있으며, 이들이 주어진 역할과 위치를 이탈하고 200명 규모로 이 땅에 내려와 인간의 여성들과 결혼하여 100미터 키의 거인(Great/Giant Man)을 낳았다고 기록하고 있다. 이는 「창세기」 6장 1절-5절의 내용과 일치한다. 자세한 것은 『바이블 매트릭스』시리즈 2권 『인간 창조와 노아 홍수의 비밀』편을 참고하시라.

http://en.wikipedia.org/wiki/Nephilim, http://en.wikipedia.org/wiki/Igigi

노아(Noah): 「창세기」의 홍수의 영웅인 노아(Noah)로 '유예' 혹은 '휴식(respite)'이라는 뜻으로 '쉬었다'는 뜻, '인간의 노동과 고통으로부터 인간을 편안하게 해주었다'는 뜻. c.BC 2150년경에 수메르어로 쓰여진 『에리두 창세기』에 나오는 슈루팍의 왕인 지우수드라(Ziusudra), c.BC 1150년경에 아카드어로 쓰여진 『길가메시 서사시』의 슈루팍의 왕인 우트나피시팀(Utnapishtim), c.BC 1640년에 아카드어로 쓰여진 『아트라하시스 서사시』의 슈루팍의 왕인 아트라하시스(Atrahasis), 이들은 모두 구약성경의 홍수의 영웅인 노아(Noah)와 동일 인물. 노아와 아트라하시스는 영생을 얻지 못하지만, 우트나피시팀과 지우수드라는 영생을 얻음. http://en.wikipedia.org/wiki/Noah

누딤무드(Nudimmud=엔키=Enki=에아=Ea=해왕성=Neptune): 인간을 창조하신 엔키(Enki) 또는 에아(Ea) 신의 행성, 재주 좋은 창조자(artful creator), 땅을 고르게 펴거나 관개수로로 바꾸거나 유전자를 조작해 인간을 만든 것에 비유하여 수메르어로 이미지 패셔너(Image Fashioner)라는 뜻. 각주의 엔키(Enki) 신(神)을 참조. http://en.wikipedia.org/wiki/Nudimmud, http://en.wikipedia.org/wiki/Neptune

니네베(Niniveh): 수메르어로 니네베(Niniveh), 아카드어로 니느웨(Ninwe), 「창세기」 10장 11절의 '니느웨(Nineveh)', 지금의 이라크의 '모술(Mosul)'을 말함. http://en.wikipedia.org/wiki/Nineveh

니비루(Nibiru): 수메르어로 니-비-룸(ni-bi-rum), 아카드어로 니비루(Nibiru) 또는 니베루(Neberu) 또는 네비루(Nebiru)로, 번역하면 '통과(crossing)' 또는 '타원형 궤도의 가장 높은 점 또는 교차점(point of transition)'이라는 뜻. 태양계를 횡단하는 행성이라는 뜻. 신들의 고향 행성을 말함. 아직까지 과학적으로 발견되지 않은 행성. 천문학자들은 명왕성(Neptune) 너머의 이 행성을 '미지의 행성(Planet X)'이라 부르는데, 눈에 보이지 않지만 혜성의 궤도에 영향을 미치는 어떤 행성이 존재한다는 사실이 확인됨. 태양을 중심으로 다른 행성들과는 달리 시계방향의 궤도로 공전하는 행성으로 1년의 공전주기는 지구로 보면 3,600년이며 3,600년을 1샤르(Shar, Sar)라 하고, 니비루 행성이 지구에 근접할 때를 근지점(近地點, Perigee), 지구와 가장 먼 거리에 있을 때를 원지점(遠地點, Apogee)이라 함. 또는 태양과 가까울 때는 근일점(近日點, Perigee) 멀어질 때는 원일점(遠日點, Apogee)이라 함. 니비루 행성이 근지점에 다다를 때 엄청난 인력으로 인해 지구에서는 남극대륙의 빙하가 깨져 바다로 미끄러져 들어가고 지진과 해일 등 각종 재난이 일어남. 바로 「창세기」 6장~8장의 노아의 홍수는 과학적으로 이와 같은 천체 우주물리학의 원리에 의해 일어난 것임. 니비루 행성은 『창조의 서사시』 〈점토판 7〉에 등장하며, 〈점토판 7〉의 109줄에는 니비루를 마르둑 행성이라고 표현하고 있음(Let his name(Marduk) be Nibiru)(King, 1902). 거대한 공전궤도를 가지고 있는 니비루 행성은 그 자체가 움직이는 관측기지이기 때문에, 이 행성의 신들은 외행성들을 포함한 태양계의 모든 것뿐만이 아니라 우주 전체를 관찰할 수 있음. 신들은 어떻게 지구에 도착했을까? 지구에 도착한 것은 니비루 행성이 3,600년마다 근지점에 도착할 때로 보는데, 근지점이란 비니루 행성이 화성(Mars)과 목성(Jupiter) 사이의 궁창(Expanse or Firmament), 즉 소행성대(Asteroid Belt)에 오는 것을 말함. 이때 니비루에서 모선(mother spaceship, 母船)을 발사하고 모선이 지구의 궤도를 돌면, 모선에서 착륙선을 발사해 지구에 도착. 착륙선은 시파르(Sippar)의 우주공항에 착륙(시친, I, 2009, pp. 392-393).

http://www.bibliotecapleyades.net/esp_hercolobus.htm

http://www.bibliotecapleyades.net/esp_hercolobus.htm#Libros-Tratados

http://en.wikipedia.org/wiki/Nibiru_(Sitchin)#Planets_proposed_by_Zecharia_Sitchin

http://en.wikipedia.org/wiki/Nibiru_(Babylonian_astronomy)

http://en.wikipedia.org/wiki/Planet_X

http://en.wikipedia.org/wiki/Enuma_Elish

니사바(Nissaba) **여신**(女神): 수메르의 여신으로 수확(Harvest)의 여신. 풍만한 가슴은 젖을 생산해 풍요롭게 한다는 뜻임. http://en.wikipedia.org/wiki/Nissaba

니푸르(Nippur): 수메르어 니브루(Nibru), 아카드어 니브루(Nibbur), 아눈나키(Great Annunakki, Ahnunnaki)의 수장인 이 땅에 내려오신 최고 높은 신인 엔릴(Enlil)이 거주하던 도시. 지구의 니브루키(Nibruki), 즉 지구의 니비루(Nibiru)라는 뜻. 엔릴(Enlil) 신의 지구라트 신전은 니푸르에 건설한 에쿠르(Ekur, 높은 집). 니푸르에는 엔릴 신이 신들의 행성인 니비루(Nibiru)와 지구의 교신을 하기 위한 우주관제센터와 통신센터가 있었는데, 바로 두르안키(DUR.AN.KI), 즉 '하늘과 땅의 유대'를 설치했다. 이를 통해 지구 궤도의 모선에 있던 이기기(Igigi, 돌면서 보는 자들인 감시자들 또는 주시자들) 신들과 통신했다.

http://en.wikipedia.org/wiki/Nippur

닌순(Ninsun) **여신**: 또는 닌순아(Ninsuna) 또는 리마트 닌순(Rimat Ninsun)-

http://en.wikipedia.org/wiki/Ninsun

닌우르타(Ninurta) **신**(神): 닝기루수(Ningirsu) 또는 닌닙(Ninib) 또는 닌닙(Ninip), 땅과 쟁기의 신(Lord of the Earth & Plough)이며 전쟁의 신(God of War)이라는 뜻. 『수메르 왕 연대기』에는 위대한 수호자의 파일상(Pabilsag)으로 기록. 엔릴(Enlil) 신이 이복남매지간인 여신 닌후르쌍(Ninhursag)과의 연인관계에서 태어난 첫 번째 아들로 하늘에서 태어남. 격납고와 인간을 돌보던 병원이 있던 고대 도시인 라가시(Lagash)의 주신(Patron god). 닌우르타 신의 지구라트(Ziggurat) 신전은 라가시의 에-닌누(E-Ninnu).

http://en.wikipedia.org/wiki/Ninurta, http://en.wikipedia.org/wiki/Lagash

닌후르쌍/아루루(Ninhursanga/Aruru) **여신**(女神): 닌후르쌍(Ninhursanga, Ninhursag, 니후르싹), 수메르어 닌(Nin)은 귀부인(Lady)이라는 뜻이고, 하르쌍(HAR.SAG)은 산(Mountain) 이라는 뜻으로 산의 귀부인(Lady of Mountain)이라는 뜻. 이때 산은 높음(highest)을 의미. 닌마(Ninmah)는 위대한 여왕(Great Queen)과 모든 신들의 여왕(Mistress of All Gods)이라는 뜻. 남성 신인 벨(Bel)의 여성 신인 모든 신들의 벨릴틸리(Belet-ili=Lady of Gods)로 닌투르(Nintur), 닌투(Nin-tu), 닌티(Nin.Ti)의 뜻으로 탄생의 여신(Lady of Birth)을 말함. 따라서 마미(Mami), 맘마(Mamma), 맘무(Mammu), 즉 어머니(Mother)라는 뜻. 별명은 아루루(Aruru) 혹은 수드(Sud)로 자궁의 여신, 생명의 부인과 갈비뼈의 부인, 즉 어머니 혹은 엄마라는 뜻. 생명공학에 정통한 여신으로 원인(猿人)의 난자와 신(神)의 정자를 추출하고 진흙에서 기본 원자들을 추출하여 시험관 실험실에서 인간의 생명과 탄생을 주도한 모신(母神). 하늘에 거처하는 안(An, Anu) 신(神)의 딸로 하늘에서 태어남. 닌후르쌍의 지구라트 신전은 의료센터(Medical/Science Center, Healing Center), 즉 병원이 있었던 슈루팍(Shuruppak, Suruppag, Curuppag)에 세워짐.

http://en.wikipedia.org/wiki/Ninhursag

두무지(Dumuzi) **신**(神): 수메르어로 두무지(Dumuzi or Dumuzid), 아카드어로 두주(Duzu), 바벨로니아어로 탐무즈 또는 담무스(Tammuz). 엔키(Enki) 신이 지구에서 낳은 둘째아들로 음식과 농작물을 관할하던 신(神). 구약성경 「에스겔(Ezekiel, 에제키엘, 이흐지키엘)」 8장 14절에 등장하는 담무스(Tammuz) 신. 인안나(Inanna) 여신의 정식 남편. 두무지 신의 도시는 바드티비라(Bad-tibira)였으며, 두무지 신의 지구라트 신전은 에아라리(e.a.ra.li)였음. 수메르 신화의 인안나와 두무지는 이집트의 신화의 이시스(Isis)와 호루수(Horus, Horon), 바빌론 신화의 이시타르(Ishtar)와 탐무즈(Tammuz), 그리스 신화의 아프로디테(Aphrodite)와 아도니스(Adonis)로 발전한 것으로 학자들은 해석하고 있음(Campbell, 1976). 두무지 신과 인안나 여신은 구약성경에 실제로 등장하는데 이 내용은 『바이블 매트릭스』 시리즈 4권 『하나님들의 과학기술과 우리가 창조해야 할 미래』에서 자세히 다루기로 함.

http://en.wikipedia.org/wiki/Tammuz_(deity)

딜문(Dilmun, Til.Mun): 미사일의 땅이라는 뜻으로, 즉 로켓이 발사되는 곳이며, 생명나무가 있는, 살아 있는 자의 땅(the Land of the Living)으로, 하늘로 오르는 우주선 기지가 있던 곳. 페르시아만에 위치했던 것으로 고고학자들은 보고 있음. http://en.wikipedia.org/wiki/Dilmun

라르사(Larsa): 수메르어 약호문자(Sumerian logogram)로 라르삼(UD.UNUG). 「창세기」 14:1절과 14:9절에 나오는 엘라살(Ellasar). 태양의 신인(Sun God) 우투(Utu, 샤마시, Shamash)가 지배하던 도시. http://en.wikipedia.org/wiki/Larsa

루갈반다(Lugalbanda 또는 Banda): 루갈(lugal)은 왕(king)이라는 뜻, 반다(banda)는 젊다(young 혹은 junior)라는 뜻. http://en.wikipedia.org/wiki/Lugalbanda

마르둑(Marduk) **신**(神): 수메르어로 마르둑, 아카드어로 아마르우트(AMAR.UTU), 히브리 성경의 히브리어인 므로닥(Merodach)을 말함. 순수한 언덕의 아들이라는 뜻으로 젊은 벨(Young Bel), 바알(Baal), 즉 주님(Lord)이란 뜻임. 연장자 벨(Elder Bel)은 엔릴(Enlil) 신과 엔키(Enki) 신을 말함. 아프리카에서는 라(Ra) 신으로 불림. 엔키(Enki) 신이 하늘에서 낳은 첫째아들로 지구에 내려와 인간인 사파니트(Sarpanit)와 결혼함. 그 후 c.BC 2024년경에 마르둑 신은 지지자들을 이끌고 갈대아(Chaldea), 즉 바벨론의 아카드(Akkad)와 수메르(Smuer)로 진군해 신들의 권력을 찬탈하고 스스로 바벨론의 옥좌에 올라, 신들 중의 최고의 신으로 등극하여 고대 바빌로니아 왕조(BC 1830~c.BC 1531)와 이어지는 신바빌로니아 왕조(BC 625~BC 539)에서도 마르둑 신을 수호신으로 섬김. 따라서 성경은 전체적으로 마르둑 신과 이를 수호신으로 받든 바벨론을 야훼(Yahweh, YHWH, JHWH, Jehovah, 영문성경의 'the LORD' 또는 'the LORD God', 한글성경의 '여호와' 또는 '여호와 하나님', 카톨릭 성경의 '주님' 또는 '주 하느님') 신의 적으로 표현하고 있음. 마르둑(므로닥) 신은 구약성경에 딱 한 번 나오는데, 「예레미야」 50장 2절에 나오는 므로닥(Merodach) 신은 야훼 신의 적으로, 멸망해야 할 바벨론의 주신(patron deity) 또는 수호신인 젊은 벨(Bel)이라 표현함. 따라서 성경은 전체적으로 마르둑 신을 수호신으로 받든 바벨론을 야훼 신의 적으로 표현하고 있음. 「요한계시록」 18 장에는 이를 뒷받침하듯이 바벨론의 멸망(The Fall of Babylon)을 다루고 있음. http://en.wikipedia.org/wiki/Marduk

바드티비라(Bad-tibira): 바드티비라의 이름은 문자 그대로 번역하면 '대장장이, 즉 금속 가공의 토대', 즉 '광석이 최종 처리되는 밝은 곳'이라는 뜻으로 구약성경의 두발(Tubal, 「창세기」 4:22)에 해당된다. 구약에 나오는 두발가인은 철과 동과 금의 기술자였다. 『에리두 창세기』와 『수메르 왕 연대기』에 따르면, 대홍수 이전 시대(Antediluvian)에, 하늘로부터 왕권(Kingship)이 땅에 내려와(After kingship had descended from heaven) 최초의 도시를 건설했는데, 그게 에리두(Eirdu)였으며, 에리두 다음의 도시가 바로 에리두 위쪽에 건설한 바드티비라였다고 기록하고 있다. 에리두와 바드티비라는 엔키(Enki) 신의 영역이었으나 차후에 바드티비라는 인안나(Inanna) 여신과 그녀의 남편인 두무지 신(Dumuzi)에게 배분되었다. 엔키 신의 거처는 에리두였다. http://en.wikipedia.org/wiki/Bad-tibira, http://en.wikipedia.org/wiki/Sumerian_King_List

반신반인(半神半人, Demigod): 신과 인간, 인간과 신이 결혼하여 출생한 후세들을 반신반인(半神半人, Demigod)이라고 하는데, 처음 출생한 후세들은 거의 키가 100미터가 넘는 거인들(Great or giant man)이었다. 이때의 신이란 「창세기」 6장 1절~7절의 네피림(Nephilim), 즉 젊은 신들인 이기기(Igigi) 신들로, 그 뜻은 '하늘에서 내려온 젊은 신들'을 말한다. 우리가 잘 알고 있는 첫 번째 우르크(Uruk, 「창세기」 10장 10절의 '에렉=Erech', 에레크) 왕조(c.BC 2900-c.BC 2370)의 다섯 번째 왕이 길가메시(Gilgamesh, c.BC 2700, 통치 126년)인데, 그는 신인 어머니 닌순(Ninsun)과 인간인 아버지 루갈반다(Lugalbanda 또는 Banda) 사이에서 출생한 반신반인이었다. 정확하게 말하자면 2/3는 신이었고 1/3은 인간이었는데, 키는 무려 4~6미터였고 가슴둘레만 2미터였다. http://en.wikipedia.org/wiki/Demigod

베로수스(베로소스, Berossus, Berosus, Berossos): 기원전 3세기의 헬레니즘 (Hellenism)시대의 바빌로니아의 마르둑(Marduk) 신전인 벨로스 신전 신관 (priest)이자 역사가이며 천문학자인 베로수스는 BC 280년에 역사서인 『바빌로니아지(誌, Babyloniaca, History of Babylonia)』 3권을 그리스어로 써서, 시리아의 왕인 안티오쿠스 1세(Antiochus I Soter)에게 바쳤다. 이 책을 일명 『베로수스』라 부른다. 지금은 책의 원본이 사라져 존재하지 않지만, 그 이후 많은 역사가들이 베로수스를 인용해 그 내용을 전했다. 아리스토텔레스(Aristotle)의 제자였던 아비데누스(Abydenus, BC 200), 아테네의 아폴로도로스(Apollodorus, BC 160), 그리고 알렉산더 폴리히스토르(Alexander Polyhistor, BC 50) 등에 의해 베로수스의 책이 인용되어 현재 전해지고 있다. 제1권에서는 바빌로니아 역사의 시작에서 대홍수의 기원(起源)까지를, 제2권에서는 나보나사로스 왕의 시대(BC 747)까지를, 제3권에서는 알렉산더 대왕(Alexander the Great, BC 330~ BC 323)의 죽음까지를 다루고 있다. 바빌로니아의 역사와 천문학을 그리스 세계에 소개한 점에서 중요한 자료이다. 문제는 1권의 내용으로 바빌로니아 관점에서의 창조, 홍수와 바벨탑(Babel) 사건을 다루고 있는데, 실제로 BC 380년까지도 아라라트 산(Mt. Ararat)에 노아의 방주가 있었다고 기록하고 있다. 사람들이 산에 올라 노아의 방주 나무 조각을 찾으면 그것이 액운을 없앤다고 기록되어 있다(people actually climbed Mt. Ararat to gather wood to be used a lucky charms to ward off evil). 그런데『베로수스』에는 대홍수 이전에 8명의 왕이 아니라 10명의 왕이 다스렸다고 기록되어 있다. 아리스토텔레스의 제자였던 아비데누스는『베로수스』를 인용하면서 대홍수 이전에 지구를 120샤르 동안 다스렸던 10명의 지도자(ten pre-Diluvial rulers)에 대해 언급하고 있으며, 10명의 지도자들과 그들의 도시가 모두 고대 메소포타미아에 있었다고 분명히 기록하고 있다.『Babyloniaca or History of Babylonia』, BC 280 at The Search for Noah's Ark. http://www.noahs-ark.tv/noahs-ark-flood-creation-stories-myths-berossus-xisuthrus-babyloniaca-history-of-babylonia-abydenus-apollodorus-alexander-polyhistor-josephus-eusebius-georgius-syncellus-oannes-280bc.htm

사해사본(死海寫本, 사해문서, 死海文書, 사해 두루마리, Dead Sea Scrolls, DSS, BC 150-AD 75)은『바이블 매트릭스』시리즈 1권『우주창조의 비밀』편의 부록인 "구약성경의 역사"를 참조하라. 사해사본의 히브리어 사본 및 영문 번역본 보기. http://en.wikipedia.org/wiki/Dead_Sea_Scrolls,
http://100.naver.com/100.nhn?docid=84663, http://ko.wikipedia.org/wiki/%EC%82%AC%ED%95%B4_%EB%AC%B8%EC%84%9C, http://jewishchristianlit.com/Resources/Texts/dss.html, http://www.gnosis.org/library/scroll.htm,
http://home.flash.net/~hoselton/deadsea/cave01.htm,
http://www.gnosis.org/library/dss/dss_bookstore.htm,

http://www.ibiblio.org/expo/deadsea.scrolls.exhibit/Library/library.html,

http://jewishchristianlit.com/Texts/dss.html

http://orion.mscc.huji.ac.il/index.html,

http://virtualqumran.huji.ac.il/

샤르(Shar, Sar): 위대한 지도자라는 뜻의 행성의 형용사, 완전한 원을 의미. 숫자 3,600을 의미, 3,600은 커다란 원을 의미.

설형문자: 전 세계 박물관의 설형문자 라이브러리- http://www.cdli.ucla.edu/

http://en.wikipedia.org/wiki/Cuneiform

http://www.dmoz.org/search?q=Cuneiform

세다산(Cedar Forest/Mountain/Felling): 삼목나무 숲, 그 당시 우주선의 착륙장 (Landing Platform)이 있던 곳. http://en.wikipedia.org/wiki/Cedar_Forest

세차운동(歲差運動, Precession)**과 대년**(Great Year): 지구의 지축(Earth's axis)은 항상 같은 방향을 가리키고 있지 않다. 지축은 우주공간에 고정되어 있지 않아, 지구가 태양 주위를 공전할 때 팽이가 쓰러지면서 좌우로 비틀대듯이 비틀거리며 천천히 원운동(Rotation Axis)을 한다. 이 지축의 흔들거림(wobble)을 세차운동(歲差運動, Precession)이라 한다. 이러한 세차운동 현상으로 그 결과 북극성을 가리키는 북극 하늘에 거대한 가상의 원(Grand Circle)을 그리게 되며, 지구에서 볼 때 이 가상의 원에 12개의 별자리들이 보이게 된다. 그리고 이들 별자리들을 세차원동에 의해 360도 돌게 되며, 1도 도는 데 72년이 걸리고, 하나의 별자리를 도는 데 2,160년(72년×30도)이 걸린다. 결국 지구의 지축이 360도 돌아 다시 북극성(Polaris)을 가리키게 되는 이른바 대주기(Grand Circle)는 25,920년에 다시 돌아오게 된다(72년×360도=25,920년, 2,160년×12별자리 = 25,920년). 이것을 천문학자들은 '대년(Great Year)' 혹은 '플라톤의 해(Platonic Great Year)' 혹은 '피타고라스의 해(Pythagorean Great Year)'라고 부르는데, 이러한 명칭이 붙은 것은 고대 그리스의 철학자인 플라톤(Plato, BC 428~BC 348)도 이러한 현상을 알고 있었기 때문이다. 따라서 이 현상을 세차운동의 주기(세차주기)라 하는데, 밀란코비치는 세차운동의 주기를 약 22,000년으로 보았고, 에드헤마르(Joseph Adhemar, 1797~1862)는 세차주기를 26,000년으로 계산했으며, 현대과학은 정확히 25,920년으로 계산한다. http://en.wikipedia.org/wiki/Precession, http://en.wikipedia.org/wiki/Great_year

소행성대(The Asteroid belt): 소행성들(Minor planets), 왜성(Dwarf planets), 유성체

(Meteoroids), 주소행성대(Main asteroid belt or main belt)라고 하며, 바이블적으로는 두들겨 편 팔찌(Hammered Bracelet) 또는 하늘들을 펴셨다(Stretched out the heavens)라고도 한다(「욥기」 9:8 & 37:18; 「이사야」 40:22; 「예레미야」 10:12 & 51:15; 「스가랴」 12:1). 소행성대는 화성(Mars)과 목성(Jupiter) 사이의 공간에 존재하는 소행성들로, 거의 원형 궤도로 태양 주위를 돌고 있다. 주로 4개의 커다란 소행성들, 즉 세레스(Ceres), 4베스타(4Vesta), 2팔라스(2Pallas), 그리고 10히기아(10Hygiea)가 대표적 커다란 소행성들로 지름이 400~950km나 된다. 그리고 그보다 작은 200개가 넘는 소행성들은 지름이 100km나 되고, 이보다 작은 70만~170만 개의 소행성들은 지름이 1km나 된다. 이들의 공전주기는 지구의 공전주기로 3.3~6.0년이다. 이들 소행성들은 『창조의 서사시』에 따르면 시계방향으로 태양을 공전하는 마르둑(Marduk) 행성(神)이 티아마트(Tiamat)와 충돌하여 두 동강을 내서, 윗부분은 지구(Earth)를 만들고, 아랫부분은 산산조각 내고 쭉 펴서 소행성대, 즉 「창세기」 1장 6절~8절에 나오는 궁창(expanse/NIV, firmament/KJV, space/New Living, dome/Good News), 즉 하늘(sky/NIV/New Living, Sky/Good News, Heaven/KJV)을 만들었다고 기록되어 있음. http://en.wikipedia.org/wiki/Asteroid_belt

수메르/시날(Smuer, Shinar): 「창세기」 10절 10절에 처음 나오는 시날(Shinar)은 남부 메소포타미아 지역의 이름으로 초기 이름은 수메르(Sumer, Shumer)이다. 지금의 이라크 남부 지방에 해당한다. 수메르는 티그리스 강(Tigris, 「창세기」 2장 14절의 '힛데겔')과 유프라테스 강(Euphrates, 「창세기」 2장 14절의 '유브라데')의 하류에 형성된 지방으로 BC 5000년경부터 농경민이 정주하여 BC 3000년경에는 오리엔트 세계 최고의 문명을 창조하였다. 그 후에는 바빌로니아(Babylonia)로 불리게 되었는데, 영문성경 New Living과 Good News에는 시날을 바빌로니아(Babylonia)로 표현하고 있다. 고고학적으로 수메르어가 적힌 점토판이 발굴되어 수메르 문자가 해독되면서 이 수메르어는 그 후 아카드(Akkad, Agade)-바빌로니아-아시리아(Assyria) 문명의 근원으로 밝혀졌다. http://en.wikipedia.org/wiki/Sumer, http://en.wikipedia.org/wiki/Shinar

수메르 왕 연대기(Sumerian King List): 영국의 여행가인 웰드-블런델(Herbert Joseph Weld Blundell, 1852~1935)은 1922년에 이라크의 고대 도시인 라르사(Larsa)를 발굴하여, c.BC 2119년경의 『수메르 왕 연대기』 또는 그의 이름을 딴 웰드-블런델 프리즘(Weld-Blundell Prism, WB 444)을 발견하였다. 20cm × 9cm

큐브 크기의 4개의 면에 각각 2줄(Columns)의 수메르 왕 연대기를 수메르어 설형문자로 기록하고 있다. 이 WB 444는 영국 옥스포드 대학의 애쉬몰린 박물관(Ashmolean Museum)에 전시되어 있다. 라르사 외에도 니푸르(Nippur) 등에서 총 16개 이상의 복사본이 발견되었는데, 그 순서에 따라서 A, B, C 등으로 매겨 업데이트하고 있다. 이 중에서 이 책에 참고한 버전은 WB 444와 G로 라르사에서 발견된 『수메르 왕 연대기』이다. 오늘날 가장 많이 알려진 것으로 영국 옥스포드 대학 수메르 전자문학문서의 『수메르 왕 연대기』(Black et al, 1998-2006)도 이 WB 444 버전과 G 버전을 기초로 하여 영어로 번역해 공개하고 있다. http://www-etcsl.orient.ox.ac.uk/section2/tr211.htm,

http://etcsl.orinst.ox.ac.uk/cgi-bin/etcsl.cgi?text=t.2.1.1#

『수메르 왕 연대기』에 따르면 하늘로부터 왕권(Kingship)이 땅에 내려와 최초의 도시를 건설했는데, 그게 에리두(Eirdu, Eridug)였으며, 최초의 왕은 알루림(Alulim)이었다. 그는 8사르(Shar, Sar)─1샤르는 신들의 고향인 니비루(Nibiru)의 1년 공전주기로서 지구의 연도로는 3600년을 말한다(Sitchin, 1991; Proust, 2009)─즉 8 × 3600 = 28,800년을 통치하였다. 이는 노아 홍수 이전의 통치자들(Antediluvian Rulers)로서 이같이 오래 통치한 이유는 초기의 왕들은 신들(Gods)에 속하는 계급이었기 때문이다. 수메르 왕 연대기에는 총 8명의 왕들이 다스렸으며 『베로수스(베로소스, Berossus, Berosus, Berossos)』와 WB 62버전에는 총 10명의 왕들이 다스렸다고 기록되어 있다. 특히 베로수스는 총 10명의 왕들이 다스린 기간을 120샤르, 즉 120 × 3600 = 432,000년 동안 다스렸다고 기록하고 있다. 즉 신들이 이 땅에 오신 기간이 대홍수가 일어나기 전의 432,000년에 오셨다는 것으로, 대홍수가 일어난 시점은 처녀자리(처녀궁, 處女宮, Virgo, 12궁의 6궁)와 천칭자리(천칭궁, 天秤宮, Libra, 12궁의 제7궁) 사이인 BC 13020년경에 일어났으므로 대략 13,000년 전이라고 본다면, 신들이 지구에 최초로 착륙한 시점은 432,000 + 13,000 = 약 445,000년 전임을 알 수 있다. 즉 445,000년 전에 신들은 이 지구를 처음 방문한 것이다.

수메르(Sumer, Shinar=시날) **고대 도시국가시대**(City-States, c.BC 5000-c.BC 2023): 「창세기」 10절 10절에 처음 나오는 시날(Shinar)을 말한다. 시날은 남부 메소포타미아(Mesopotamia) 지역의 이름으로 초기 이름은 수메르(Sumer, Shumer)이다. 지금의 이라크 남부 지방에 해당한다. 수메르는 티그리스 강(Tigris, 「창세기」 2장 14절의 '힛데겔')과 유프라테스 강(Euphrates, 「창세기」 2장 14절의 '유브라데')의 하류에 형성된 지방으로 c.BC 5000년경부터 농경민이 정주하여 c.BC 3000년경에는 세계 최고의 오리엔트 문명을 창조하였다. 고대 수메르 도시국가시대에는 티그리스 강과 유프라테스 강에 의해 이 일대 지역이 남과 북으로 나뉘었는데 북부를 아시리아(Assyria), 남부를 바빌로니아(바빌론, 바벨론, Babylonia, Babylon, 지금 이라크의 '바그다드')라고 불렀다. 바빌로니아는 다시 남부의 수메르(Smuer, 「창세기」 10장 10절의 '시날=Shinar'), 북부의 바빌론을 중심으로 하는 아카드(Akkad, Agade, 아가데, 「창세기」 10장 10절에 나오는 '악갓')로 나뉘어졌다. 이 시기는 전기청동기시대(Early Bronze Age)로 고대 수메르 도시들 예컨대 에리두(Eridu), 우르(Ur, 「창세기」 11장 28절의 '우르'), 라르사(Larsa), 라가시(Lagash), 우르크(Uruk, Erech, 「창세기」 10장 10절의 '에렉'), 키시(Kish, Cush, 「창세기」 10장 6절의 함의 아들인 '구스'의 이름과 같음), 아카드, 니푸르(Nippur) 등의 도시를 중심으로 인간에 의한 왕권(Kingship)이 형성되어 지배하던 고대 도시국가시대였다. 그 후에는 바빌로니아(Babylonia)로 불리게 되었는데, 영문성경 New Living과 Good News에는 시날을 바빌로니아(Babylonia)로 표현하고 있다. 이 시대에 사용한 언어가 수메르어이다. 고고학적으로 수메르어가 적힌 점토판(Clay tablets, 粘土板)이 발굴되어 수메르 문자가 해독되면서 이 수메르어는 그 후 아카드(Akkad, Agade) 왕조(Akkadian Empire, c.BC 2330-c.BC 2193)의 아카드어 문명, 고대 바빌로니아 왕조(Old Babylonia Empire, BC 1830-c.BC 1531)의 바벨로니안(Babylonian) 문명, 고대 아시리아 왕조(Old Assyrian Empire, c.BC 1800-c.BC 1381)와 신아시리아 왕조(Neo-Assyrian Empire, BC 912-BC 612)의 아시리안(Assyrian) 문명과 언어의 근원으로 밝혀졌다. http://en.wikipedia.org/wiki/Sumer, http://en.wikipedia.org/wiki/Shinar

시내 산(Mt. Sinai, 히브리어로 Horeb): 시나이 반도 남단에 위치한 산으로 히브리어로는 호렙(Horeb)이다. 「창세기」 5장 21절~24절에 등장하는 하나님(God)과 동행하다 365세에 하나님이 데려갔다는 에녹(Enoch, BC 3492(B)-BC 3127(B) 혹은 에녹의 4대손인 노아(Noah, BC 3058(B)-BC 2108(B)가 쓴 것으로 추정되고, 위경(僞經, Pseudographia, Pseudepigrapha)으로 간주되는 「에녹1서(The Book of Enoch or Ethiopian Enoch or 1 Enoch)」의 1장 4절에도(Charles & Laurence, 인터넷 공개), 하나님(God)이 시내 산에 많은 무리를 이끌고 강림해 하늘의 권능을 이곳에서 증명하고 천명했다고(Who will hereafter tread upon Mount Sinai; appear with his hosts; and be manifested in the strength of his power from heaven) 기록

하고 있다. 또한 모세(Moses)가 40일 동안 주야로 금식하면서 두개의 돌 판에 적힌 십계명(The Ten Commandments)과 지켜 할 규례(「레위기」 등) 등 증거의 두 판(Two tablets of Testimony)을 여호와 하나님으로부터 받은 산이기도 하다(「출애굽기」 20장, 「출애굽기」 34장). 성경은 이 산을 '하나님의 산 호렙(Horeb, the mountain of God, the mountain of LORD)'이라 표현하고 있다(「출애굽기」 3:1 & 33:6, 「민수기」 10:33). 모세(Moses)가 타지 않는 떨기나무를 이상히 여겨 돌이켜보고자 하자 "하나님이 가라사대 이리로 가까이 하지 말라 너의 선 곳은 거룩한 땅이니 네 발에서 신을 벗으라("Do not come any closer," God said. "Take off your sandals, for the place where you are standing is holy ground)"(「출애굽기」 3:5)라고 말씀하신 것으로 보아 이 높은 산, 즉 시내 산과 캐서린 산(Mt. Katherine)에는 신들, 특히 야훼(Yahweh, YHWH, JHWH, Jehovah) 신이 사용하던 우주선 안내기지(관제센터, Marker and Control Tower for Spacecraft)와 주위에는 우주공항(시나이 우주공항, Departing Platform as Runways Platform)이 있었음에 분명하다. 구약성경에는 시내 산(Mount Sinai)이란 이름이 모세가 고센(Goshen)의 라암셋(Rameses)을 출애굽하여(이집트를 탈출하여) 시내 광야(Desert of Sinai)에 이르러서야(「출애굽기」 19:2) 등장하는데, 여호와 하나님(야훼)이 시내 산에 강림하면서 부터이다(「출애굽기」 18:11). 야훼는 다음과 같이 말씀하신다. "너는 백성을 위하여 사면으로 지경을 정하고 이르기를 너희는 삼가 산에 오르거나 그 지경을 범하지 말찌니 산을 범하는 자는 정녕 죽임을 당할 것이라"(「출애굽기」 19:12). "손을 그에게 댐이 없이 그런 자는 돌에 맞아 죽임을 당하거나 살에 쐬어 죽임을 당하리니 짐승이나 사람을 무론하고 살지 못하리라 나팔을 길게 불거든 산 앞에 이를 것이니라 하라"(「출애굽기」 19:13). 방사선의 우주선 기지가 있었으므로 함부로 시내 산에 오르지 말라는 것이다. 오늘날 높은 산에는 공군부대나 방위부대가 있는 것과 같다. 서울 관악산 꼭대기에는 최첨단 통신시설로 갖춰진 벙커(bunker)가 있는 것과 같다. 따라서 영역을 정해 영역을 침범하는 자는 정녕 죽임을 당한다는 것이다. 설사 영역을 침범하는 자나 동물이 있으면 손으로 만지지 말고 그대신 돌로 치고 화살을 쏴서 죽이라는 것이다. 이 말은 정해진 영역에는 항상 전기가 흐르거나 방사선이 나오거나 레이저 광선이 나오므로 영역을 침범한 사람이나 동물이 있으면 반드시 죽게 되므로, 이들을 손으로 만지면 만진 사람도 감전되거나 방사선/레이저 광선에 노출되어 죽는다는 뜻이다. 그러나 나팔을 길게 불면 이러한 위험이 해제되므로 산 위로 올라오라는 것이다. 그런데 조건이 있다. 몸을 깨끗이 씻어 성결케 한 다음(Consecrate) 옷을 깨끗이 빨아(wash their clothes/robes) 입은 후 오르라는 것이다(「출애굽기」 19:10 & 14). 옷을 깨끗이 빤다는 것은 더러운 불순물을 제거하라는 것이다. 우리가 약품 연구소나 반도체 연구소에 들어갈 때 깨끗이 소독한 린넨 복(Linen Clothes)으로 입고 들어가듯이 신들이 있는 우주선 기지에 들어갈 때에도 마찬가지이다. '옷을 빨라!!' 이 말은 「요한계시록」 22장 14절의 "그 두루마기를 빠는 자들은 복이 있으니 이는 저희가 생명나무에 나아가며 문들을 통하여 성에 들어갈 권세를 얻으려 함이로다(Blessed are those who wash their robes, that they may have the right to the tree of life and may go through the gates into the city)"의 두루마리를 빤다는 것과 같은 의미이다. 자세한 것은 『바이블 매트릭스』 시리즈의 『하나님들의 과학기술과 우리가 창조해야 할 미래』편과 『예수님의 재림과 새 하늘과 새 땅』편을 참조하라.

http://en.wikipedia.org/wiki/Mt_Sinai

시파르(Sippar): 수메르어로 짐비르(Zimbir), 시파르란 '새(Bird)'와 '우투가 일어선 곳'을 의미, 즉 독수리들(우주선들)이 찾아오는 집이라는 뜻으로 시파르에는 신들의 우주공항이 있었음. 우주공항을 감독하고 다스린 신은 우투(Utu), 즉 샤마시(Shamash) 신임. http://en.wikipedia.org/wiki/Sippar

아눈나키(Anunnaki) **고위신**(高位神) **그룹**: 수메르시대의 수메르어로 쓰여진 고문서에 따르면 이 땅에 내려 오신 고위급 신들(Higher gods) 중 최고 12명으로 구성된 고위 신들의 그룹으로 위대한 아눈나키(Great Annunakki, Ahnunnaki, Anunakk, Annunakki, Anunnaku, Ananaki)라고도 함. 접미사 키(ki)는 지구(earth)라는 뜻으로 히브리 성경 「창세기」 1장 1절의 에레츠(Eretz, 지구). 엔릴(Enlil) 신(神)이 최고 높은(Most High or Great Mountain) 신으로 아눈나키의 수장이 됨. 반면 하늘의 고위 신들의 그룹은 아눈나(Anuna or Anunna)라고 함.

http://en.wikipedia.org/wiki/Anunnaki

http://en.wikipedia.org/wiki/Enlil,

http://www.bibliotecapleyades.net/sumer_anunnaki/anunnaki/1-anunnaki-main.html

아다드/이시쿠르(Adad/Ishkur) **신**(神): 수메르어로 이시쿠르, 아카드어로 아다드, 아람어(Aramaic)로 하다드(Hadad). 폭풍의 신(storm-god). 엔릴(Enlil) 신이 지구에서 나은 세 번째 아들임. 테슙(Teshub), 리막(Rimac), 라만(Ramman), 리몬(Rimmon, Rimon), 자바 디바(Zabar Dibba)라고도 함. 남아메리카 페루에서는 비라코차(Viracocha)라 불림, 마르둑(Marduk) 신과 네피림(Nephilim), 즉 이기기 신들(Igigi gods)과 결탁해 인간의 여성들과 결혼하여 거인(Great/Giant men)을 낳아 세를 레바논(Lebanon)과 바빌론(Bybylon)으로 확장하는 것을 저지하기 위해, 엔릴(Enlil) 신이 아들인 닌우르타(Ninurta) 신과 이시쿠르 신에게 가인(Kain)의 후예, 즉 수염이 나지 않는(Beardless) 후예들을 모아 안데스(Andes) 산맥, 즉 대홍수 이후의 지금의 티티카카 호수(Titicaca Lake) 지역에 정착해 금을 캐게 했는데, 이들은 높은 산에 있었기 때문에 노아의 홍수에서 살아남. 노아의 홍수 때 이시쿠르 신께서 티티카카 지역에 가서 이들을 보살핀 데서 비라코차라 불림. 이런 이유로 안데스 산맥에서 흑인이 발견되는데 이들은 가인의 후예로 '안데스 인디언(Andean Indians)'이라 불림. 아다드 신은 아람(Aram) 지역인 시리아(Aram=아람=시리아=Syria) 지역을 관할함. http://en.wikipedia.org/wiki/Adad, http://en.wikipedia.org/wiki/Viracocha

아담(Adam): 히브리어로 '지구의 흙(Earth's Clay)'인 아다마(Adama)로 만들어졌기 때문에 지구인(Earthling)이란 뜻. 고대 아시리아 왕 연대기의 아다무(Adamu). 카사이트(Kassite)족이 바벨로니아를 지배하던 c.BC 14세기의 『아다파의 신화(The Myth of Adapa)』에는 아담의 2세대(Filial 2=F2)인 아다파(Adapa, 모범적 인간)가 등장함(Mark, 2011: Rogers, 1912). 이는 엔키(Enki) 신이 아담의 딸들로부터 나온 똑똑한 인간으로 표현됨. 「창세기」 1장 26절에 나오는 "우리의 형상(our image=영=Spirit)을 따라 우리의 모양대로(our likeness=육신/육체=Flesh) 우리가 사람을 만들고"의 내용처럼, 신들이 처음에 원시적인 인간을 창조했을 때는 불완전한 인간을 창조했지만, 아담을 창조했을 때야 비로소 신들의 형상과 모습이 똑같은 아주 똑똑한 인간을 만들었다는 뜻임. 성경에 등장하는 아담은 검은 머리(Black-headed, black-hair)와 흑인 피부(dark red blood-colored skin)의 흑인(黑人). 자세한 것은 『바이블 매트릭스』 시리즈 2권 『인간 창조와 노아 홍수의 비밀』에서 소개하였다.

http://en.wikipedia.org/wiki/Adam, http://en.wikipedia.org/wiki/Adapa

아수르바니팔(Ashurbanipal): 에사르하돈(Esarhaddon)의 아들. 신아시리아 왕조의 마지막 왕. 구약의 '오스납발', 영문성경 KJV의 'Asnappar' -

http://en.wikipedia.org/wiki/Ashurbanipal

아카드(Akkad): 수메르어 'Agade', 아카드어 'Akkad', 「창세기」 10:10의 '악갓', 히브리어 성경의 'Akkad', 그리스어 70인 역의 'Archad'. http://en.wikipedia.org/

wiki/Akkad

아트라하시스(Atrahasis): c.BC 1640년에 아카드어(Akkadian)로 쓰여진 『아트라하시스 서사시』(Babylonian Epic of Atrahasis or Atra-Hasis, Akkadian Atrahasis Epic)』의 슈루팍의 왕인 아트라하시스(Atrahasis)로 '매우 현명하다(exceedingly wise)'라는 뜻. c.BC 2150년경에 수메르어로 쓰여진 『에리두 창세기』에 나오는 슈루팍(Shuruppak)의 왕인 지우수드라(Ziusudra), c.BC 1150년경에 아카드어(Akkadian)로 쓰여진 『길가메시 서사시』의 슈루팍의 왕인 우트나피시팀(Utnapishtim), 이들은 모두 구약성경의 홍수의 영웅인 노아(Noah)와 동일 인물. 노아와 아트라하시스는 영생을 얻지 못하지만, 우트나피시팀과 지우수드라는 영생을 얻음. http://en.wikipedia.org/wiki/Atrahasis

아트라하시스 서사시(Babylonian Epic of Atrahasis or Atra-Hasis): 1876년 고대 수메르 도시인 시파르(Sippar)에서 발견된 『아트라하시스 서사시』는 c.BC 1640년에 쓰여진 것으로, 이는 고대 수메르어로 된 『길가메시 서사시』(아직 발견되지 않음)를 아카드어 설형문자(Akkadian Cuneiform)로 각색 편집한 문서로 바벨로니아 버전이라 한다. 이 서사시에는 창조 신화와 노아의 홍수 이야기가 적혀 있다. 구약 「창세기」에는 노아(Noah, 쉬었다는 뜻)가 홍수의 영웅으로 등장하지만, 『수메르 창조 신화와 홍수 신화(Sumerian creation myth and flood myth)』, 즉 『에리두 창세기』에는 슈루팍의 왕인 지우수드라(Ziusudra, 영생을 찾다는 뜻, 우트나피시팀의 수메르어 이름)가 영웅으로, 『길가메시 서사시』에는 우트나피시팀(Utnapishtim, 영생을 찾다는 뜻, 수메르어 이름은 지우수드라의 아카드어 이름)이 영웅으로 등장하지만, 『아트라하시스 서사시』에는 아카드어 이름인 아트라하시스(Atrahasis, 매우 현명하다는 뜻)가 홍수의 영웅으로 등장한다. 시파르에서 발견된 길이 25cm에 넓이 19.4cm의 아카드어 설형문자 점토판들은 현재 영국의 대영박물관에 보관되어 있다.

안(An)/**아누**(Anu) **신**(神): 수메르어 안(An), 아카드어 아누(Anu), An=하늘=Sky=Heaven이라는 뜻, 따라서 Sky-God, the God of Heaven, the Lord of Constellations, King of Gods라는 뜻. 하늘에 거주하시며 연례적으로 이 땅을 방문하셨던 신. 적자(嫡子)인 엔릴(Enlil) 신과 서자(庶子)인 엔키(Enki) 신(神)의 아버지. http://en.wikipedia.org/wiki/Anu

압수(Apsu=태양=Sun): 처음부터 존재했던 자(one who exists from the beginning), 태고의 물의 신(the god of the primordial waters). http://en.wikipedia.org/wiki/

Apsu

야훼(히브리 성경의 Yahweh=YHWH=JHWH=Jehovah, 영문성경의 'the LORD' 또는 'the LORD God', 한글성경의 '여호와' 또는 '여호와 하나님', 가톨릭 성경의 '주님' 또는 '주 하느님'): 이스라엘의 신인 야훼(Yahweh, 히브리어= יהוה)의 실제 이름은 영문성 경인 New Living과 가톨릭 성경의 「출애굽기」 3장 15절에 처음 등장한다. 다른 영문성경인 NIV, KJV, 그리고 Good News에는 야훼 신을 'the LORD'라 표현하고 있다. "하나님이 또 모세에게 이르시되 너는 이스라엘 자손에게 이같이 이르기를 나를 너희에게 보내신 이는 너희 조상의 하나님 곧 아브라함의 하나님, 이삭의 하나님, 야곱의 하나님 여호와라 하라 이는 나의 영원한 이름이요 대대로 기억할 나의 표호니라(God also said to Moses, "Say this to the people of Israel : Yahweh(1), the God of your ancestors - the God of Abraham, the God of Isaac, and the God of Jacob - has sent me to you. This is my eternal name, my name to remember for all generations. / (1) Yahweh is a transliteration of the proper name YHWH that is sometimes rendered "Jehovah"; in this translation it is usually rendered "the LORD")(New Living, 「출애굽기」 3:15)." 그리고 영문성경 New Living에는 Yahweh는 'YHWH'의 음역(transliteration)이며, 때때로 'Jehovah'로 간주되기도 하고 'the LORD'로 번역되기도 한다는 각주가 붙어 있다. 이때의 Yahweh는 「출애굽기」 3장 14절에 정의를 명시한 "I AM WHO I AM"(NIV, KJV, Good News) 또는 'I WILL BE WHAT I WILL BE'이다. 또한 「출애굽기」 6장 2절과 3절에도 등장한다. "하나님이 모세에게 말씀하여 가라사대 나는 여호와로라. 내가 아브라함과 이삭과 야곱에게 전능의 하나님으로 나타났으나 나의 이름을 여호와로는 그들에게 알리지 아니하였고(And God said to Moses, "I am Yahweh - 'the LORD.' I appeared to Abraham, to Isaac, and to Jacob as El-Shaddai - 'God Almighty' - but I did not reveal my name, Yahweh, to them(New Living, 「출애굽기」 6:2-3)"이다. 이때 KJV 에는 'JEHOVAH'라 표현하고 있으며(「출애굽기」 6:3), 대부분의 한글성경은 이를 '여호와'로 번역하고 있고, 가톨릭 한글성경은 '야훼'로 번역하고 있다. 중요한 것은 아브라함과 이삭과 야곱에게는 전능의 하나님(히브리어로 El-Shaddai = God Almighty)으로 나타났으나, 그들에게는 이름이 무엇인지 알리지 않았고, 이제서야 그 이름이 야훼(Yahweh)라고 알렸다는 점이다. 그렇다면 문맥상 야훼(Yahweh, the LORD, Jehovah, 여호와)라는 이름은 「출애굽기」 이후에만 등장해야

한다. 그렇지만 「창세기」 2장 4절부터 'the LORD God'(KJV/NIV 등 대부분의 영문성경) 또는 'Jehovah God'(ASV) 또는 'Yahweh God'(World English)이 등장한다. 이는 무엇을 의미하는가? 성경이 이스라엘의 입장에서 이스라엘의 신인 야훼가 유일신(唯一神)이라는 것을 강조하기 위해 유대교(Judaism) 입장에서 유대인들(Jews)이 편집했다는 것을 의미한다. 즉 유대인들은 「출애굽기」를 가장 먼저 편집하였으며, 이어서 「창세기」와 다른 토라(Torah)의 내용들을 편집하였다. 따라서 「창세기」 1장과 그 이후에 등장하는 'God', 즉 '엘로힘(Elohim)'을 제외하곤 구약성경 어디를 보나 'Yahweh(the LORD)' 또는 'Yahweh Elohim(the LORD God)'으로 일관성 있게 정리되었다. 참고로 가톨릭 성경은 '하나님(God)'을 '하느님'으로, '여호와 하나님(the LORD God)'을 '주 하느님'으로, 그리고 '여호와(the LORD)'를 '주님'으로 표현하고 있다. http://en.wikipedia.org/wiki/Yahweh

에르쉬기갈(Ereshkigal, Ereckigala) 여신: 아래세계의 위대한 여인(great lady under earth)이라는 뜻. 때론 아라루(Aralu) 혹은 이르칼라(Irkalla)라 불리는데, 이것은 그리스 신화에 나오고 영문성경인 NIV의 「마태복음」 및 「요한계시록」에 나오는 하데스(Hades)와 같은 의미임(「마태복음」 16:18, 「요한계시록」 1:18 & 6:8 & 20:13 & 20:14). 죽은 자들이 가는 아래세계(Netherworld, Underworld)를 다스리는 여신으로, 난나(Nannar) 신이 지구에서 낳은 여신. 인안나(Inanna) 여신의 여동생임. 배우자는 네르갈(Nergal) 신임. http://en.wikipedia.org/wiki/Ereshkigal

에리두(Eridu, Eridug): '먼 곳에 지어진 집'이라는 뜻. 고고학적으로 이 땅에 제일 먼저 내려오신 신이 바로 엔키(Enki)이다. 엔키 신을 물의 신(Water of God)이라고 하는데, 바로 페르시아만 늪지대에 위치한 에리두를 건설하고 거기에 지구라트 신전인 압주(Abzu) 혹은 압수(Apsu)를 세웠다. 이러한 이유로 엔키 신을 종종 뱀(Serpent)으로 표현하기도 한다. 『수메르 왕 연대기』에 따르면 하늘로부터 왕권(Kingship)이 땅에 내려와(After kingship had descended from heaven) 최초의 도시를 건설했는데 그게 에리두(Eirdu, Eridug)였으며, 최초의 왕은 알루림(Alulim)이었다라고 기록하고 있다. 문맥상 일치하는 내용이다. 그런데 여기에서 의문이 하나 인다. 엔키 신은 왜 늪지대에 도시를 건설했을까? 처음에는 바다에서 금을 캐지 않았을까? http://en.wikipedia.org/wiki/Eridu, http://en.wikipedia.org/wiki/Sumerian_King_List

에리두 창세기(Eridu Genesis): 『수메르 창조 신화와 홍수 신화(Sumerian creation myth and flood myth)』, 즉 『에리두 창세기』는 고대 수메르시대(c.BC 5000-c.

BC 2023)의 도시인 니푸르(Nippur)에서 발굴된 것으로, 단 하나의 점토판(Clay tablet, 粘土板) 위에 c.BC 2150년에 수메르어 설형문자(Sumerian Cuneform)로 쓰여진 문서이다(Davila, 1995). 점토판은 수메르의 신들인 안(An), 엔릴(Enlil), 엔키(Enki), 닌후르쌍(Ninhursanga)등의 신들이 검은 머리에(black-headed)에 검붉은 피부를 가진(dark red blood-colored skin) 인간을 창조한 이야기에서, 왕권이 하늘로부터 내려와 에리두(Eridu), 바드티비라(Bad-tibira), 라락(Larak/Larag), 시파르(Sippar), 슈루팍(Shuruppak)에 도시를 건설했다는 내용으로 이어진다. 그 다음 슈루팍의 왕인 지우수드라(Ziusudra), 『아트라하시스 서사시』의 아트라하시스(Atrahasis), 『길가메시 서사시』의 우트나피시팀(Utnapishtim), 창세기의 노아의 홍수 이야기가 이어지고, 홍수가 끝난 후 '인간과 동물을 홍수로부터 보호했다는' 공을 인정받아 지우수드라는 하늘의 신인 안(An)과 이 땅의 최고 높으신 엔릴(Enlil) 신으로부터 영생(Eternal Life)을 얻고 그 당시 생명나무가 있던 동쪽의 해 뜨는 지역인 딜문(Dilmun)에 거처하게 된다는 이야기로 끝을 맺는다.

http://etcsl.orinst.ox.ac.uk/cgi-bin/etcsl.cgi?text=t.1.7.4#,

http://www.noahs-ark.tv/noahs-ark-flood-creation-stories-myths-eridu-genesis-sumerian-cuneiform-zi-ud-sura-2150bc.htm

에안나(Eanna): 수메르어 에-아나(E-ana), 아카드어 에안나(Eanna, Eana). 천상의 거처(house of heaven)라는 뜻으로 천상에 거주하던 최고 높은 신인 안(An)의 처소(house of An)라는 뜻. 안(An) 신이 이 땅에 연례행사차 내려오실 때 사용하던 신전임. 인안나(Inanna) 여신은 안(An) 신의 증손녀인데, 두 신이 연인관계가 되어, 인안나 여신의 거처가 되었음. 인안나 여신은 그래서 섹스와 사랑과 풍요와 전쟁의 여신이라 불리며, 구약성경에도 자세히 기록되어 있음. 자세한 내용은 『바이블 매트릭스』시리즈의 『하나님들의 과학기술과 우리가 창조해야 할 미래』 편을 참조하라.

http://en.wikipedia.org/wiki/E-anna

엔릴(Enlil) **신**(神): 수메르어 엔릴(Enlil), 아카드어 엘릴(Ellil), 바빌로니아어(Babylonian) 엘릴(Ellil). En=Lord=Bel이라는 뜻. Lil=Air or Loft라는 뜻. 따라서 Lord of the Open 혹은 Lord of the Wind 혹은 Lord of the Air라는 뜻. 이 땅에 내려오신 신들 중 최고 높은(Most High or Great Mountain) 신. 이 땅에 내려오신 신들 중 최고 12명으로 구성된 고위 신들의 그룹인 아눈나키(Great Annunakki, Ahnunnaki, Anunakk, Annunakki, Anunnaku, Ananaki, 접미사

ki=earth라는 뜻. 반면 하늘의 고위 신들의 그룹은 Anuna 또는 Anunna라고 함)의 수장. 따라서 Lord of the Command라는 뜻. 그 당시 우주통제관제센터가 있던 니푸르(Nippur)의 주신(Patron god). 엔릴 신의 지구라트(Ziggurat) 신전은 니푸르(Nippur)의 에쿠르(Ekur, 높은 집). 하늘에 거처하는 안(An, Anu) 신(神)의 적자(嫡子)로 하늘에서 태어남. 고고학적으로 발굴된 고대 수메르의 그림문자에는 엔(En)이란 거대한 안테나가 우뚝 솟은 구조물로 표현되어 있고, 릴(Lil)이란 신호를 주고받는 거대한 그물(vast net), 즉 오늘날의 거대한 레이더 신호들의 연결망으로 표현. http://en.wikipedia.org/wiki/Anunnaki
http://en.wikipedia.org/wiki/Enlil, http://en.wikipedia.org/wiki/Nippur

엔키(Enki) 신(神): 수메르어로 엔키(Enki), En=Lord=Baal=Bel이라는 뜻. 접미사 ki는 지구(Earth)라는 뜻으로 히브리 성경 「창세기」 1장 1절의 에레츠(Eretz=지구)와 같은 뜻임. 따라서 '지구의 주인'이라는 뜻. 담수물(Freshwater)과 지식(Knowledge)의 신. 따라서 땅의 주님(Lord of Earth)이라는 뜻으로 지혜의 신(God of Wisdom). 인간에게 과학과 기술을 전수하여 주신 신. 고대 도시인 에리두(Eridu)의 주신(Patron of Eridu). 수메르어로 에아(E-A)는 물의 집(the house of water)이라는 뜻. 아카드어로 에아(Ea)는 물의 신(Water of God) 또는 '그의 집이 물인 자'라는 뜻. 따라서 황도대(黃道帶, Zodiac)의 12궁 별자리 중 물병자리(보병궁, 寶甁宮, Aquarius, 제11궁)의 전형으로 묘사되는 신. 따라서 페르시아만 근처의 늪지대에 위치한 에리두에 건설한 엔키의 지구라트(Ziggurat) 신전은 압주(Abzu=E-abzu=E-engura)로 아카드어로 압수(Apsu)를 말함. 압주(Abzu) 또는 압수(Apsu)는 때론 엔키 신의 주요 관할지역인 아프리카나 아프리카의 짐바브웨를 뜻하기도 함. 이집트에서는 프타(Ptah) 신으로 불림. 수메르어로 이미지 패셔너(Image Fashioner)라는 뜻의 누딤무드(Nudimmud)로 불리기도 함, 이는 땅을 고르게 펴거나 관개수로로 바꾸거나 유전자를 조작해 인간을 만든 것에 비유하여 사용함. 물의 신으로 종종 뱀(Serpent)으로 표현됨. 인간 창조는 엔키 신과 아루루(Aruru, 닌후르쌍, Ninhursanga) 여신이 주도함. 엔키 신은 달(초승달)로 표현하기도 했는데 그 이유는 바다의 조석(潮汐)을 만들어냈기 때문임. 하늘에 거처하는 안(An, Anu) 신(神)의 서자(庶子)로 하늘에서 태어남. http://en.wikipedia.org/wiki/Enki, http://en.wikipedia.org/wiki/Nudimmud

엔키두(Enkidu, ENKI.DU): 과학과 지식 문명의 최고 신인 엔키(Enki) 신의 이름을 딴 피조물이란 뜻. 『길가메시 서사시』 〈점토판 1〉에 등장하는 원시 인간인(a primitive man, 猿人) 짐승 같은 엔키두(Enkidu, ENKI.DU). http://en.wikipedia. org/wiki/Enkidu

염색체(chromosome): 식물과 동물의 세포 내부에서 발견되는 그 정보의 운반자는 염색체이다. 이 염색체는 세포의 핵이 두 개로 나뉘기 전에 실 가닥 같은 모양을 드러낸다. 염색체(chromosome)란 단어는 'colored body'란 뜻으로, 과학자들은 현미경으로 세포를 쉽게 관찰하기 위해 염료를 사용했는데, 이것이 염료를 잘 흡수하는 까닭에 염색체라 이름 지어졌다. 모든 세포에는 단지 한 줄기의 염색체 만 있는데 반해, 인간과 다른 포유류의 생식세포에는 두 줄기, 즉 두 쌍의 염색 체가 있기 때문에 생식이 가능하다. 인간의 정자와 난자에는 1번에서 22번 염색 체와 남자와 여자의 성을 구별하게 해주는 X와 Y의 23개로 이루어진 두 줄기, 즉 두 쌍의 염색체가 있다.

영국 옥스포드 대학 수메르 전자문학문서(The Electronic Text Corpus of Sumerian Literature) : 고고학적으로 가장 오래된 고대 수메르(Smuer, 「창세기」 10장 10절 에 처음 나오는 시날=Shinar)의 도시들, 예컨대 에리두(Eridu), 니네베(Niniveh, 「창 세기」 10장 11절의 니느웨, 이라크의 모술=Mosul), 우르크(Uruk, 「창세기」 10장 10절 의 에렉=Erech=에레크), 니푸르(Nippur), 라르사(Larsa), 시파르(Sippar), 슈루팍 (Shuruppak) 등에서 발굴되거나 발견된 c.BC 3000~c.BC 2100년경의 수메르어 로 새겨진 점토판들(Clay tablets, 粘土板), 원통형 인장들(Cylinder seals), 그리고 유물/유적지에 새겨진 부조(浮彫)나 조각(彫刻)의 형태로 남아있는 문자로 이루 어진 문서들을 말한다. 이 문서들은 쐐기 모양의 설형문자(Cuneiform), 그림문 자(Iconography), 약호문자(Logogram), 그리고 기호문자(Symbology)로 새겨지거 나 기록되었다. 수메르의 설형문자는 1686년 독일의 자연주의자이자 내과의사 인 캠퍼(Engelbert Kaempfer)가 고대 페르시아(Persian)의 수도인 페르세폴리스 (Persepolis, 그리스어로 '페르시아의 도시', 페르시아인들은 파르사(Parsa)라 부름)를 방 문하여 발견하였다. 그 이후 수메르 지역에서 고고학적으로 발굴된 설형문자들 은 학자들이 음역(transliteration)하거나 번역(translation)하여 영국 옥스포드 대 학의 수메르 문학전자문서로 집대성하여 일반에게 공개하고 있다. 고대 수메르 지역에서 발굴된 총 400개 이상의 문서들을 목록에 따라 또는 번호로 매겨 집 대성하고 있다.

이 전자문서에는 신들의 고향인 열두 번째 행성인 니비루(Nibiru)에서 이 땅 에 내려와 인간을 창조하시고 인간에게 문명을 가르쳐 주신 엔키(Enk) 신(神)

부터 시작하여, 두 번째로 이 땅에 내려와 최고 7명의 고위 신들의 그룹인 아눈나키(Great Ahnunnaki, the great Anunakk)의 최고 높은(Most High or Great Mountain) 신이 되신 엔릴(Enlil) 신(神), 그리고 엔릴 신의 손녀 여신인 인안나(Inanna, Ishtar, 이시타르)가 등장하고, 홍수 신화(The Flood story)도 등장하며, 우리가 잘 아는 고대 영웅인 첫 번째 우르크(Uruk) 왕조(c.BC 2900-c.BC 2370)의 다섯 번째 왕인 길가메시(Gilgamesh, 半神半人=Demigod=2/3는 신이고 1/3은 인간 c.BC 2700, 통치 126년)를 칭송하는 수메르어로 쓰여진 5편의 시(Poems)도 등장한다. 따라서 이 고대 수메르 문서가 구약성경의 원천이라 말할 수 있으며, 또한 구약성경에서 말하지 않은 많은 역사적 진실을 말하고 있다. 이 땅에는 300명의 많은 신들과 신들의 배우자인 여신들, 기타 여신들, 그리고 200명의 젊은 신들이(「창세기」 6장 1절-4절의 하나님의 아들들=sons of God=네피림=Nephilim을 의미함) 내려왔으며(Charles & Laurence, 인터넷 공개, 에티오피아어의 번역, 외경인 「에녹1서」 7:7; Charles, 2002, 「희년서」 4:22-24), 인간을 왜 창조했는지, 노아의 홍수가 왜 일어났는지와 「창세기」 10장에 등장하는 고대도시를 다스린 신들과 왕들에 대해 자세히 기록하고 있다.

Black, J.A., Cunningham, G., Ebeling, J., Fluckiger-Hawker, E., Robson, E., Taylor, J., and Zolyomi, G., The Electronic Text Corpus of Sumerian Literature , Oxford 1998-2006.

http://www-etcsl.orient.ox.ac.uk/

http://www-etcsl.orient.ox.ac.uk/edition2/etcslbycat.php

http://www.sacred-texts.com/search.htm

http://www.ancienttexts.org/library/mesopotamian/index.html

우르크(Uruk): 수메르어로 우누그(Unug), 아카드어로 우르크(Uruk), 아랍어로 와카(Warka), 「창세기」 10장 10절의 '에렉=에레크(Erech)'. 우르크의 주신(Patron god)은 인안나(Inanna) 여신(女神). 인안나 여신의 지구라트(Ziggurat) 신전은 우르크에 세워진 에안나(Eanna)로 하늘의 집(house of heaven)이라는 뜻. http://en.wikipedia.org/wiki/Uruk

우바라-투투(Ubara-Tutu): 『수메르 왕 연대기』에 나오는 대홍수 이전(antediluvian)의 슈루팍(Shuruppak)의 왕으로 홍수의 영웅인 우트나피시팀(Utnapishtim)의 아버지임. 우바라-투투와 우트나피시팀은 대홍수 이전의 마지막 아홉 번째와 열 번째 왕이다.

http://en.wikipedia.org/wiki/Ubara-Tutu

http://en.wikipedia.org/wiki/Sumerian_king_list

http://en.wikipedia.org/wiki/Antediluvian

우투(Utu) 신(神): 수메르어로 우드(UD), 아카드어로 우투(Utu), 아시리아-바벨로니아어로 샤마시(Shamash), 모두 태양(Sun)이라는 뜻으로 태양의 신(God of Sun, Sun God). 우주공항이 있던 고대 도시인 시파르(Sippar, 수메르어로 Zimbir)의 주신(Patron god). 우투 신의 지구라트(Ziggurat) 신전은 시파르의 에-바브바라(E-babbara). 난나(Nannar) 신(神)이 지구에서 낳은 쌍둥이 남매 중 아들로 우투 신의 쌍둥이 여동생은 인안나(Inanna) 여신임. 샤마시(우투) 신은 시파르에 있던 우주공항과 레바논의 바알벡(Baalbek)에 위치한 세다 산(Cedar Forest/Mountain/Felling)의 우주공항, 그리고 그 당시 생명나무가 있던 페르시아만 동쪽의 해 뜨는 지역인 딜문((Dilmun, Til.Mun) 우주기지 등 전체 신들의 우주공항과 우주기지를 책임지고 있던 신이었음. http://en.wikipedia.org/wiki/Utu, http://en.wikipedia.org/wiki/Sippar

우트나피시팀(Utnapishtim): c.BC 1150년경에 아카드어(Akkadian)로 쓰여진 『길가메시 서사시』의 슈루팍(Shuruppak)의 왕으로 '영생을 찾다'라는 뜻의 아카드어 이름. c.BC 2150년경에 수메르어로 쓰여진 『에리두 창세기』에 나오는 슈루팍의 왕인 지우수드라(Ziusudra), c.BC 1640년에 아카드어로 쓰여진 『아트라하시스 서사시』의 슈루팍의 왕인 아트라하시스(Atrahasis), 이들은 모두 구약성경의 홍수의 영웅인 노아(Noah)와 동일 인물. 노아와 아트라하시스는 영생을 얻지 못하지만, 우트나피시팀과 지우수드라는 영생을 얻음. http://en.wikipedia.org/wiki/Utnapishtim

이기기 신들(Igigi gods), 네피림(Nephilim): 「창세기」 6장 4절에 등장하는 '복수'의 단어인 네피림(Nephilim)을 의미하는데, 하나님의 아들들(sons of God), 즉 '하늘에서 지구로 내려온 신들'이라는 뜻이다. 특히 계급이 낮은 젊은 신들(Lower Gods)을 지칭하는데, 『아트라하시스 서사시』 〈점토판 1~3〉과 『길가메시 서사시』의 〈점토판 11〉에는 네피림을 이기기 신들(Igigi-Gods)이라 표현하기도 한다. 이기기란 '돌면서 관측하는 자들(Those Who See and Observe)', 즉 '감시자 또는 주시자(Watchers)'이란 뜻이다. 또한 『창조의 서사시』 〈점토판 3(III)〉의 126줄과 〈점토판6(VI)〉의 21 줄과 123줄에도 이기기 신들이 등장한다. 이들은 주로 인간이 창조되기 이전에 신들의 고향 행성인 니비루(Nibiru)에서 이 땅에 내려와 광산에서 금을 캐거나 강을 막아 수로를 만들거나 신들의 고향인 니비루로 금을 실어 나르기 위해 지구 궤도 위에 있던 혹은 화성에 베이스를 둔 우주선 모선이나 우주왕복선에 속해 일을 했다. 특히 모선에 속한 300명의 이기기 신들은 인간이 창조된 후에는 인간과 지구의 기후상황을 주시하고 감시하는 감시자들(Watchers)이었다. 문제는 이들 감시자들이었다. 위경인 「희년서(Book of Jubilees)」 4장 22절과 「에녹1서(The Book of Enoch 1)」 7장 7절에는 천사 또는 감시자 또는 주시자로 표현하고 있으며, 이들이 주어진 역할과 위치를 이탈하고 200명 규모로 이 땅에 내려와 인간의 여성들과 결혼하여 거인(Great/Giant Man)을 낳았다고 기록하고 있다. 이는 「창세기」 6장 1절~5절의 내용과 일치한다. 자세한 것은 『바이블 매트릭스』 시리즈 2권 『인간 창조와 노아 홍수의 비밀』편을 참고하시라.

http://en.wikipedia.org/wiki/Nephilim, http://en.wikipedia.org/wiki/Igigi

인간에게 왕권이 주어지다: 고대 수메르 왕 연대기(Sumerian King List)에 따르면 대홍수 이전 시대(Antediluvian, pre-Diluvial)에 고위 신들은—이를 고위 아눈나키(Great Anunnaki 또는 the great Anunakk)라 함—신들의 권위의 상징인 왕관(Crown)과 왕권(Scepter)을 인간(처음에는 반신반인, 나중에는 인간)에게 주기로 결정한다. 그래서 고위 신들이 선택한 인간에게 왕권(Kingship)을 주어, 이들이 고위 신들의 말씀과 명령을 인간에게 전하고, 그에 따라 일을 하며 인간의 지식을 구축하도록 했다. 또한 신성한 구역(Sacred precincts), 즉 지구라트(Ziggurat)을 정해 신들이 거주하도록 하고, 이 신성한 지역에서 신들에게 봉사하는 제사장(Priesthood) 직책을 두도록 했다. 이후부터 신들은 인간에게 포도 재배법과 가축 기르는 법 등 각종 비밀의 지식(Secret knowledge)을 전수하여 인간의 문명화를 이룩하도록 한다.

인안나(Inanna) 여신: 수메르어로 인안나(Inanna) 혹은 이르니니(Irnini) 또는 닌니(Ninni), 아카드어로 인안나(Inana) 혹은 이시타르(이슈타르, 이사타르, Ishtar). 섹스와 사랑과 풍요와 전쟁의 여신(Goddess of sexual love, fertility, and warfare/battle). 하늘 황후 또는 하늘 여신(Queen of Heaven) 또는 신들의 여인(Lady of the Gods). 인안나 여신은 그리스 신화의 사랑과 아름다움의 여신인 아프로디테(Aphrodite)와 동일시되었으며, 로마 신화에는 아침과 저녁 별(the morning & evening star)인 금성(Venus)으로 표현함. 고대 도시인 우르크(Uruk)의 주신(Patron god). 인안나의 지구라트(Ziggurat) 신전은 우르크에 세워진 에안나

(Eanna)로 하늘의 집(house of heaven)이라는 뜻. 난나(Nannar) 신(神)이 지구에서 낳은 쌍둥이 남매 중 딸로 인안나 여신의 쌍둥이 오빠는 우투(Utu) 신(神)임. 인안나 여신은 구약성경에 실제로 등장하는데, 시돈(Sidon)과 두레(Tyre)의 여신인 아스타테(Astarte), 가나안(Canaan)의 여신인 아세라(Asherah), 그리고 가나안과 시돈의 여신인 아스다롯(Ashtoreth, Ashtoret, Astaroth)으로 불렸으며 지저분한 섹스의 여신과 매춘(prostitute)의 여신으로 기록되어 있음. 이 내용은 『바이블 매트릭스』 시리즈 4권 『하나님들의 과학기술과 우리가 창조해야 할 미래』에서 자세히 다루기로 함.

http://en.wikipedia.org/wiki/Inanna, http://en.wikipedia.org/wiki/Uruk

지구라트(Ziggurat): 하늘로 이어지는 계단식 피라미드(Step pyramid)의 신전(Temple)을 말한다. 신들께서 거주하는 고대 7개 도시들인 에리두(Eridu), 라르사(Larsa), 바드티비라(Bad-tibira), 라가시(Lagash), 슈루팍(Suruppak), 니푸르(Nippur), 라락(Larak/Larag) 등과 기타 도시에는 이와 같은 지구라트를 건설했는데, 대개 7개 계단의 피라미드였다. 이 지구라트에는 각 도시를 지배한 고대 주신(Patron god)이 이 땅에 거주할 때 머무르곤 했는데, 오로지 제사장(Priest)만이 이곳을 출입할 수 있었다. 제사장들은 각 층의 방에 접근하여 신을 모시고, 신의 음식이나 요구에 시중드는 역할을 했다. 따라서 수메르시대(c.BC 5000-c.BC 2023)의 수메르 사회에서 제사장의 권력은 엄청나게 컸다. 또한 각 도시의 인간 왕들은 반드시 신의 허락과 재가를 받아야만 왕권이 주어졌다. 엔릴(Enlil) 신의 지구라트 신전은 니푸르(Nippur)에 건설한 에쿠르(Ekur)였으며, 엔키(Enki) 신의 지구라트 신전은 에리두(Eridu)에 건설한 압수(Abzu, 아카드어로 Apsu)였고, 인안나(Inanna) 여신의 지구라트 신전은 우르크에 세워진 에안나(Eanna)였다. 그 이후 고대 바벨론시대(BC 1830-c.BC 1531)에 신권과 왕권을 찬탈한 마르둑(Marduk) 신의 신전은 에-사길라(E-Sagile)에 세워졌다. 아카드(Akkad, Agade)와 바빌로니아에서는 지구라트를 주키라투(Zukiratu), 즉 '신성한 영의 수상기(tube of divine spirit)'라고 불렸으며 수메르인은 에시(ESH) 즉 '최고의(supreme)' 혹은 '가장 높은(most high)' 혹은 '열을 뿜는 근원(a heat source)'이라고 불렀다. 히브리어(Hebrew)로는 불(fire)이란 뜻이다. 지구라트에는 최소한 계단 세 개 정도의 높이와 맞먹는 두 개의 거대한 통신용인 '고리 안테나들(ring antennas or two horns)'이 세워져 있었다. 따라서 지구라트의 진정한 역할은 하늘에 있는 신들과 인간들의 연결이 아니라, 하늘에 있는 신들과 지구에 있는 신들과의 통신을 하기 위한 것이었다(시친, I, 2009, p. 430). 필자가 보기엔 이 안테나들은 아마도 「요한계시록」에 등장하는 하나님 보좌 앞의 일곱 등불(seven lamps)과 예수님의 일곱 뿔과 일곱 눈(seven horns and seven eyes)인 온 땅에 보내심을 입은 하나님의 일곱 영(the seven spirits of God)과 관계가 있는 것 같다(계 1:4, 4:5 & 5:6). 이는 『바이블 매트릭스』 시리즈의 최종편인 『예수님의 재림과 새 하늘과 새 땅의 창조』편에서 자세히 다루기로 한다. http://en.wikipedia.org/wiki/Ziggurat

지우수드라(Ziusudra): 고고학적으로 고대문서를 살펴보면 구약성경의 현존하는 문서는 1947년에서 1956년에 이스라엘 사해(死海) 서쪽 해안가인 쿰란 동굴(Qumran Cave)에서 BC 150-AD 75년에 히브리어로 쓰여진 타나크(Tanakh)의 사본인 사해사본(死海寫本, 사해문서, 死海文書, Dead Sea Scrolls, DSS)이다. 이 사해사본이 가장 오래된 것으로 사해사본의 「창세기」에는 노아(Noah, 쉬었다는 뜻)가 홍수의 영웅으로 등장하지만, 고대 도시인 니푸르(Nippur)에서 발굴된 단 하나의 점토판(Clay tablet, 粘土板)에 c.BC 2150년에 수메르어로 쓰여진 문서인(Davila, 1995) 『수메르 창조신화와 홍수 신화』 즉 『에리두 창세기』에는 슈루팍(Shuruppak, Suruppag, Curuppag)의 왕인 지우수드라(Ziusudra, 영생을 찾다라는 뜻, 우트나피시팀의 수메르어 이름)가 홍수의 영웅으로 등장한다. 또한 1876년 고대 수메르 도시인 시파르(Sippar, 수메르어로 Zimbir)에서 발견된 c.BC 1650년에 쓰여진 것으로 추정되는 아카드어로 쓰여진 『아트라하시스 서사시』에는 아카드어 이름인 아트라하시스(Atrahasis, 매우 현명하다= exceedingly wise는 뜻)가 홍수의 영웅으로 등장하고, 1852-1854년에 큐윤지크(Kuyunjik)라 불리는 아시리아의 수도였던 니네베(Niniveh)에서 발굴된 c.BC 1150년에 신-리크-우니나니(Sin-liqe-unninni)가 옛 수메르 전설과 신화를 바탕으로 1-12개의 점토판들(Clay tablets, 粘土板)에 아카드어로 기록한 『길가메시 서사시』에는 슈루팍의 왕인 우트나피시팀(Utnapishtim, 영생을 찾다라는 뜻, 수메르어 이름인 지우수드라의 아카드어 이름)이 홍수의 영웅으로 등장한다. 이것은 원래 수메르어의 지우수드라가 각 시대에 따라 각기 다른 아카드어로 음역되거나 번역된 것이다. 그러므로 지우수드라=아트라하시스=우트나피시팀=노아는 같은 인물로 보는 것이 타당하다. http://en.wikipedia.org/wiki/Ziusudra,
http://en.wikipedia.org/wiki/Utnapishtim,
http://en.wikipedia.org/wiki/Atra-Hasis

쿰란 동굴(Qumran Cave): 예수님 당시에 약 4천 명이 동굴에서 엄격한 율법주의적

생활과 은둔생활을 고수하고 있었던 엣세나파(엣세나인, Essenes) 종파가 남긴 것으로 추정됨. http://en.wikipedia.org/wiki/The_Qumran_Caves

켄타우로(루)스(Centaurs): 그리스 신화에 나오는 상반신은 사람 하반신은 말의 모습을 한 괴물, 즉 반인반마(半人半馬)의 괴물. 여기에서 센터우루스 자리(Centaurus)라는 별자리가 파생됨. http://en.wikipedia.org/wiki/Centaurs, http://en.wikipedia.org/wiki/Centaurus, http://en.wikipedia.org/wiki/Centaur

키메라(Chimera): 사자의 머리, 양의 몸통, 뱀의 꼬리를 가지고 입에서 불을 뿜는 괴수인 그리스 신화의 동물. http://en.wikipedia.org/wiki/Chimera_(mythology)

키시 또는 구스(Kish, Cush, Cuth, Cuthah): 「창세기」 2장 13절의 지역 이름인 수메르 지역의 고대 도시인 구스(Cush). 히브리어 구스(Cush)라는 명칭은 노아(Noah)의 아들인 함(Ham)의 아들인 구스(Cush)와 같은데(「창세기」 10:6), 이는 지금의 수단 북동부 지역인 고대 누비아(Nubia) 또는 에티오피아(Ethiopia)를 가리킨다. 실제 영문성경인 NIV나 다른 영문성경에서는 구스(Cush)라고 표현하고 있지만 또 다른 영문성경인 New Living에서는 이를 에티오피아(Ethiopia)로 표현하고 있다(「에스더」 1:1; 8:9; 「욥기」 28:19). 또한 대부분의 영문성경은 구스 사람(Cushite)라고 표현하고 있지만, New Living에서는 이를 에티오피아인(Ethiopian)이라고 표현하고 있다(「사무엘하」 18:21, 23, 31, 32). 영문성경 NIV의 「다니엘」 11장 43절에는 구스 사람을 누비안(Nubians)이라 표현하고 있다. 그리고 에티오피아는 나일강의 중심 항구의 땅, 날개 치는 소리 나는 땅을 에티오피아라고 적시하고 있다(New Living, 「이사야」 18:1). 이 지역의 주신(Patron of God)은 엔키(Enki) 신의 셋째아들인 네르갈(Nergal, Nirgal, Nirgali) 신(神).
http://en.wikipedia.org/wiki/Kish_(Sumer)

테라헤르츠파(THz Wave): 최근 혁신적인 전자파 이용 신기술로서 메타물질(Metamaterial), 테라헤르츠(THz) 및 스마트 라디오(Smart Radio) 기술이 접목된 미래 신성장 동력 산업의 기반기술임. 미·일·유럽 등 선진국에서 범국가적 차원에서 전자파 신기술 개발을 가속화하고 있음. 테라헤르츠 대역 이용의 활성화를 위하여 소재 및 부품의 고성능화 및 고출력화, 응용 시스템의 소형화 등 다각적인 연구를 추진하고 있음. 전자파의 임의 조정이 가능한 메타물질 기술 도입으로 정보 통신, 전자 기기, 의료영상기기, 물의 분자구조를 마음대로 조율하여 신약 만들기 등에 대한 산업 전반의 패러다임 변화가 예상되고 있음. 메타물질은 『Science』 지에서 2003/2006년에 10대 혁신기술로 선정됨. 전파자원인 주파수 이용 효율 증대 기술 및 초광대역화/초고속화로 추구되는 기술임.

티아마트(Tiamat): 수메르어(Sumerian)의 'T(티)' = 생명(Life), 'Ama(아마)' = 어머니(Mother)라는 뜻임. 대양의 여신(the goddess of the ocean), 혼돈의 괴물(Chaos Monster), 태고의 혼돈(primordial chaos), 생명의 처녀(maiden of life), 소금의 물(salt water), 나중에 마르둑(Marduk) 행성과 충돌해 두 동강 나서 윗부분은 지구(Earth)가 되고 아랫부분은 산산조각이 나서, 「창세기」 1장 6절~8절에 나오는 태양계(Solar system)의 궁창(expanse/NIV, firmament/KJV, space/New Living, dome/Good News), 즉 하늘(sky/NIV/New Living, Sky/Good News, Heaven/KJV)을 의미하는 소행성대(The Asteroid belt)가 됨. 「창세기」 1장 2절에 나오는 깊음(the deep, abyss)의 뜻인 북서 셈어(Semitic)의 히브리어(Hebrew)인 테홈(Tehom)(תהום)도 티아마트에서 파생된 것임.

http://en.wikipedia.org/wiki/Tiamat, http://en.wikipedia.org/wiki/Deeps,
http://en.wikipedia.org/wiki/Chaos_(cosmogony)
http://en.wikipedia.org/wiki/Primordial_chaos, http://en.wikipedia.org/wiki/Tehom

헬레니즘(Hellenism): 고대 그리스(c.BC 1100-BC 146) 시대의 마지막 왕조인 마케도니아 왕조(Kingdom of Macedonia, BC 691 or 514-BC 146)의 알렉산더 대왕(Alexander Ⅲ, 통치 BC 336~BC 323)으로 이어지는 그리스 문명을 말하는데, 특히 알렉산더 대왕의 동방원정으로 그리스 문화와 오리엔트 문화가 융합된 새로운 문명을 말한다. 고대 그리스의 종식은 전통적인 시각으로는 알렉산더 대왕이 죽은 BC 323년으로 보는데, 이때부터 헬레니즘시대(Hellenistic period)가 시작된다. 그러나 로마제국(Roman Empire, 공화정시대, BC 509-BC 27)이 그리스와 마케도니아를 정복한 BC 146년을 고대 그리스시대가 끝나는 때로 보는 것이 일반적이다. 따라서 헬레니즘 문명은 BC 323년에서 BC 146년 사이에 그리스의 영향력이 절정에 달한 시대를 일컫는다. 혹은 알렉산더 대왕이 이집트에 세운 프톨레마이오스 왕조(Ptolemies Dynasty, BC 305-BC 30)가 로마의 지배를 받기 시작하는 BC 30년까지로 보는 경우도 있다. 헬레니즘은 이후 로마가 그리스의 정복지를 모두 지배하게 되면서 로마제국[Roman Empire, 제정시대, BC 27-AD 476(서로마제국) & AD 1453(동로마제국/비잔티움제국)]으로 넘어간다. 그러나 로마 제정시대에도 그리스 문화, 예술, 문학은 로마 사회에 스며들어, 로마의 지도층은 라틴어 (Latin language)와 마찬가지로 그리스어(헬라어, Hellas language, Greek language) 인 코이네(Koine)를 구사했다. 그리하여 헬라 문화는 무려 600여 년 동안(BC 300-AD 300) 지중해를 중심으로 한 당시의 세계를 지배하게 되었으며, 그리스어 인 코이네는 당시의 세계어로 발전하게 되었다. 그러므로 신약성경(新約聖經)이 당시의 세계어인 헬라어, 즉 코이네(Koine)로 기록된 것은 결코 우연이 아니다. 헬레니즘이라는 말을 처음 사용한 것은 1863년 독일의 요한 드로이젠(Johann Gustav Droysen, 1808~1884)이 그의 저서 『헬레니즘사(史), 1836~1843』에서 사용하기 시작하면서 등장했다. 이 말은 그리스 문화와 그리스 정신을 가리키기도 한다. 이 시대의 특징으로 그리스 문화의 확대 발전으로 보는 견해도 있고, 반대로 오리엔트 문화를 통한 그리스 문화의 퇴보로 보는 등의 견해도 있으나, 그리스 문화와 오리엔트 문화가 서로 영향을 주고받아 질적 변화를 일으키면서 새로 태어난 문화로 보는 것이 타당하다. http://en.wikipedia.org/wiki/Hellenistic_ Period

현생인류(Homo sapiens): 호모(Homo)는 사람(man)이란 뜻이고 사피엔스(sapiens) 는 현명하다(wise)는 뜻으로, 똑똑한 인간, 지능의 인간, 지혜의 인간이란 뜻. http://en.wikipedia.org/wiki/Homo_sapiens

훔바바(Humbaba): 아시리아어로 괴물과 같은 반신반인의 훔바바(the monstrous demigod Humbaba) 또는 바벨로니아어로 후와와(Huwawa). http://en.wikipedia. org/wiki/Humbaba

참고문헌

번역본

Sitchin, Zecharia, 『The 12th Planet(Book I)』(The First Book of the Earth Chronicles)』 Harper, 1976; Bear & Company, May 1, 1991[제카리아 시친 지음, 이근영 옮김, 『수메르, 혹은 신들의 고향』, SK, 2009]
http://www.bibliotecapleyades.net/sitchin/planeta12/12planeteng_index.htm

Sitchin, Zecharia, 『The Stairway to Heaven(Book II)』(2nd Book of Earth Chronicles), Avon Books, 1980; Bear & Company, 1992; Harper, 2007[제카리아 시친 지음, 이근영 옮김, 『틸문, 그리고 하늘에 이르는 계단』, AK, 2009]
http://www.bibliotecapleyades.net/sitchin/stairway_heaven/stairway.htm

Sitchin, Zecharia, 『The Wars of Gods and Men(Book III)』(Earth Chronicles, Book 3), Avon Books, 1985; Bear & Company, 1992; Harper, March 27, 2007[제카리아 시친 지음, 이재황 옮김, 『신들의 전쟁, 인간들의 전쟁』, AK, 2009]
http://www.bibliotecapleyades.net/archivos_pdf/wars_godsmen.pdf
http://www.bibliotecapleyades.net/sitchin/sitchinbooks03.htm

외국서적

ancienttexts.org, 『Epic of Gilgamesh』 - 아카드어 표준 버전 『길가메시 서 사시』의 I-XI까지의 영어 번역본 - http://www.ancienttexts.org/library/ mesopotamian/gilgamesh/

Berossus, 『Babyloniaca or History of Babylonia』, BC 280 at The Search for Noah's Ark. http://www.noahs-ark.tv/noahs-ark-flood-creation-stories-myths-berossus-xisuthrus-babyloniaca-history-of-babylonia-abydenus-apollodorus-alexander-polyhistor-josephus-eusebius-georgius-syncellus-oannes-280bc.htm

Black et al., 『Dumuzid's dream』, The Electronic Text Corpus of Sumerian Literature, Oxford 1998-2006.
http://www-etcsl.orient.ox.ac.uk/section1/tr143.htm,
http://www-etcsl.orient.ox.ac.uk/section4/tr4078.htm,
http://etcsl.orinst.ox.ac.uk/cgi-bin/etcsl.cgi?text=t.1.4.3&charenc=j#

Black et al., 『Enmerkar and the lord of Aratta』, The Electronic Text Corpus of Sumerian Literature, Oxford 1998-2006.
http://www-etcsl.orient.ox.ac.uk/section1/tr1823.htm
http://en.wikipedia.org/wiki/Enmerkar_and_the_Lord_of_Aratta
Black et al., 『Gilgamesh Related』, The Electronic Text Corpus of Sumerian Literature, Oxford 1998-2006. 길가메시 관련 5개의 시들(Poems) - 영어 번역본.
http://etcsl.orinst.ox.ac.uk/cgi-bin/etcsl.cgi?text=c.1.8.1*#
『Gilgamesh and Aga』
http://etcsl.orinst.ox.ac.uk/cgi-bin/etcsl.cgi?text=t.1.8.1.1#
『Gilgamesh and the bull of heaven』
http://etcsl.orinst.ox.ac.uk/cgi-bin/etcsl.cgi?text=t.1.8.1.2#
『The Death of Gilgamesh』
http://etcsl.orinst.ox.ac.uk/cgi-bin/etcsl.cgi?text=t.1.8.1.3#
『Gilgamesh, Enkidu and the nether world』
http://etcsl.orinst.ox.ac.uk/cgi-bin/etcsl.cgi?text=t.1.8.1.4#
『Gilgamesh and Huwawa(Version A)』 - 아카드어 표준 버전 『길가메시 서

사시』〈점토판 3-5〉의 내용과 일치.

http://etcsl.orinst.ox.ac.uk/cgi-bin/etcsl.cgi?text=t.1.8.1.5#

『Gilgamesh and Huwawa(Version B)』 - 아카드어 표준 버전 『길가메시 서

사시』〈점토판 3-5〉의 내용과 일치.

http://www-etcsl.orient.ox.ac.uk/section1/tr18151.htm

http://etcsl.orinst.ox.ac.uk/cgi-bin/etcsl.cgi?text=t.1.8.1.5.1#

Black et al., 『Inana's descent to the nether world』, The Electronic Text Corpus of Sumerian Literature, Oxford 1998-2006.

http://www-etcsl.orient.ox.ac.uk/section1/tr141.htm

http://www.bibliotecapleyades.net/sitchin/guerradioses/guerradioses11a.htm

Black et al., 『The Flood Story』, The Electronic Text Corpus of Sumerian Literature, Oxford 1998-2006.

http://etcsl.orinst.ox.ac.uk/cgi-bin/etcsl.cgi?text=t.1.7.4#

http://www.noahs-ark.tv/noahs-ark-flood-creation-stories-myths-eridu-genesis-sumerian-cuneiform-zi-ud-sura-2150bc.htm

Black et al., 『The Instructions of Suruppag』, The Electronic Text Corpus of Sumerian Literature, Oxford 1998-2006.

http://etcsl.orinst.ox.ac.uk/cgi-bin/etcsl.cgi?text=t.5.6.1#

Charles, R.H.(tr), 『The Book of Enoch: Chapters 1-105 & 106-108 ; also referred to as "Ethiopian Enoch" or "1 Enoch"』, 1917, Internet Publishing at sacred-texts.com. http://www.sacred-texts.com/bib/boe/index.htm, http://reluctant-messenger.com/book_of_enoch.htm

Dalley, Stephanie, 『Myths From Mesopotamia: Gilgamesh, The Flood, and Others』, 1998; Excerpted "Epic of Atra-Hasis, Tablet I-III" at http://www.noahs-ark.tv/

http://www.noahs-ark.tv/noahs-ark-flood-creation-stories-myths-epic-of-atra-hasis-old-babylonian-akkadian-cuneiform-flood-creation-tablet-1635bc.htm

http://www.bibliotecapleyades.net/serpents_dragons/boulay03e_a.htm

George, Andrew R.(Tr.), 『The Epic of Gilgamesh』, Penguin Books, 1999.

George, Andrew R., 『The Babylonian Gilgamesh Epic: Introduction, Critical Edition and Cuneiform Texts』, Oxford University Press, pp. 506, 875-876, 2003.

Horowitz, Wayne, 『Mesopotamian Cosmic Geography』, Eisenbrauns, December 1, 1998. p. 4 & 283.

http://books.google.co.kr/books?id=P8fl8BXpR0MC&pg=PA283&lpg=PA283&dq=A.RA.LI&source=bl&ots=JdXndCU0P6&sig=uNKuou-2d_TStbK0uhAScUXQyq0&hl=ko&ei=hsQeTpHIJZHRiAKhrPyhAw&sa=X&oi=book_result&ct=result&resnum=3&sqi=2&ved=0CDkQ6AEwAg#v=onepage&q=A.RA.LI&f=false

Jacobson, Thorkild, "Eridu Genesis" from 『The Harps that Once...: Sumerian Poetry in Translation』, Yale University Press, 1981 & 1998.

http://www.gatewaystobabylon.com/myths/texts/enki/eridugen.htm

http://www.livius.org/ei-er/eridu/eridu_genesis.html

http://www.livius.org/fa-fn/flood/flood2-t.html

Kleiner, Fred S. and Christin J. Mamiya, 『Gardner's Art Through the Ages: The Western Perspective - Volume 1』, 12th Edition ed., Thomson Wadsworth, pp. 20-21, 2006.

Lambert, W. G. and A. R. Millard, 『Cuneiform Texts from Babylonian Tablets in the British Museum』, London, 1965.

Lambert, Wilfred G. and Alan Ralph Millard, 『Atrahasis: The Babylonian Story of the Flood』, with, The Sumerian Flood story, by Miguel Civil, Oxford, Clarendon Press, 1969 and Eisenbrauns, Winona Lake, Ind, 1999.

Laurence, Richard(tr), 『The Book of Enoch : Chapters 1-60 ; also referred to as "Ethiopian Enoch" or "1 Enoch"』, Internet Publishing.

http://reluctant-messenger.com/1enoch01-60.htm

Laurence, Richard(tr), 『The Book of Enoch : Chapters 61-105 ; also referred to as "Ethiopian Enoch" or "1 Enoch"』, Internet Publishing.

http://reluctant-messenger.com/1enoch61-105.htm

Mark, Joshua, 『The Myth of Adapa』, Ancient History Encyclopedia, 2011.

http://www.ancient.eu.com/article/216/

Rogers, Robert W., 『Adapa and the Food of Life』 [From "Cuneiform Parallels to the Old Testament"], 1912. http://www.sacred-texts.com/ane/adapa. htm, http://www.ancienttexts.org/library/mesopotamian/adapa.html

Smith, George, 『The Chaldean Account of Genesis』, London, 1876.
http://www.sacred-texts.com/ane/caog/index.htm
http://wisdomlib.org/mesopotamian/book/the-chaldean-account-of-genesis/index.html

Smith, George, 『The Chaldean Account of Deluge』, London, 3 December 1872. http://www.sacred-texts.com/ane/chad/index.htm

Smith, Ray, 『The Ray Smith Notebook of Metalworking Origins』, Copyright ⓒ 2002 Ray Smith, HTML Copyright ⓒ 2002 Jock Dempsey.
http://www.anvilfire.com/21centbs/stories/rsmith/mesopotamia_2.htm

Temple, Robert, 『A verse version of the Epic of Gilgamesh』, 1991.
http://www.angelfire.com/tx/gatestobabylon/temple1.html
http://www.bibliotecapleyades.net/serpents_dragons/gilgamesh.htm

Thackara, W.T.S., 『The Epic of Gilgamesh: A Spiritual Biography』, Sunrise Magazine Online. http://www.theosociety.org/pasadena/sunrise/49-99-0/mi-wtst.htm

Thompson, R. Campbell(Tr), 『The Epic of Gilgamish』, London, 1928.
http://www.sacred-texts.com/ane/eog/index.htm

논문

Davila, J. R., "The flood hero as king and priest", 『Journal of Near Eastern Studies』, 54(3), pp. 202-203, 1995.

Hasel, Gerhard F., "The Genealosies of GEN 5 and 11 and Their Alleged Babylonian Background", 『Andrews University Seminary Studies』, 16, pp. 361-374, 1978. http://faculty.gordon.edu/hu/bi/ted_hildebrandt/OTeSources/01-Genesis/Text/Articles-Books/Hasel-Gen5Babylonian_AUSS.pdf

Proust, Christine, "Numerical and Metrological Graphemes: From

Cuneiform to Transliteration", 『Cuneiform Digital Library Journal』, 2009, ISSN 1540-8779.

http://cdli.ucla.edu/pubs/cdlj/2009/cdlj2009_001.html

기타

HUMANPAST.NET - 『Zecharia Sitchin's SumerianTale』(146, 137).

http://humanpast.net/files/sitchin.htm

바이블 매트릭스 3 : 고대 수메르 전자문학문서

2014년 5월 15일 초판 1쇄 인쇄
2014년 5월 20일 초판 1쇄 발행

지은이 차원용
펴낸이 권오상
펴낸곳 갈모산방

등록 2012년 3월 28일(제2013-000090호)
주소 경기도 고양시 일산서구 대화동 2232번지 402-1101
전화 031-907-3010
팩스 031-912-3012
이메일 galmobooks@naver.com

ISBN 978-89-969524-8-0 04230
ISBN 978-89-969524-4-2 (세트)

값 15,000원